国有企业
管理规范与管理现代化 研究

RESEARCH ON

THE MANAGEMENT STANDARDIZATION AND
MANAGEMENT MODERNIZATION OF
STATE-OWNED ENTERPRISES

徐 炜 姚望春◎主编

经济管理出版社
ECONOMY & MANAGEMENT PUBLISHING HOUSE

图书在版编目（CIP）数据

国有企业管理规范与管理现代化研究 ／ 徐炜，姚望春主编. -- 北京：经济管理出版社，2024. -- ISBN 978-7-5243-0051-9

Ⅰ. F279.241-65

中国国家版本馆 CIP 数据核字第 2025XC9334 号

组稿编辑：范美琴

责任编辑：范美琴

责任印制：张莉琼

责任校对：熊兰华

出版发行：经济管理出版社
　　　　　（北京市海淀区北蜂窝 8 号中雅大厦 A 座 11 层　100038）

网　　址：www.E-mp.com.cn

电　　话：（010）51915602

印　　刷：唐山玺诚印务有限公司

经　　销：新华书店

开　　本：720mm×1000mm/16

印　　张：17.5

字　　数：376 千字

版　　次：2025 年 3 月第 1 版　　2025 年 3 月第 1 次印刷

书　　号：ISBN 978-7-5243-0051-9

定　　价：98.00 元

序　言

两位主编让我介绍一下本书的成书过程。

2008 年席卷全球的金融危机到 2010 年愈演愈烈。由于中央企业大多数居于实体经济领域，在这次危机中受到的冲击也较为严重，在需求和价格下降双重压力夹击下，中央企业生产经营面临严峻挑战，甚至有的中央企业出现行业性的整体亏损。在形势严峻的背景下，国务院国资委连下十二道"金牌令"，要求中央企业清理项目，控制成本，强化风险防范，坚持现金为王，捂紧钱袋子准备过冬。同时要以危机为契机，加强管理，完善制度，规范经营，练好内功，进一步夯实企业经营发展基础。

推动中央企业加强管理规范体系建设和管理创新，一直是国务院国资委的一项重要工作。这项工作从国家经贸委时期延续至今，在持续总结和推广全国企业管理典型经验方面，所做工作得到了中央企业的欢迎和支持。时任分管委领导邵宁副主任结合当时的严峻形势，契合苦练内功的主题，有远见地提出邀请专家做几个相关课题，研究出一套中央企业规范的管理体系。最理想的是中央企业人手一本管理规范，看到管理规范就知道怎样进行操作。管理规范既能够作为企业管理的制度基础，又可以用作培训新员工的教材。

在此背景下，我和我的学术团队受国务院国资委的邀请，承担了这项重要的委托课题。国资委和企业改革局领导表态称，"郑海航教授长期从事企业改革和管理的研究工作，自国家经贸委时期就与企业司（后来的企业改革局）合作过多个课题，其团队也多是从事一线研究工作的专家学者，工作细致、认真，课题交给郑教授的团队，企业改革局是比较放心的。事实证明，在课题研究过程中，为了更加深入地了解企业管理实际，课题组及每个子课题的研究人员都多次到企业调研，甚至有的在企业一待就是几个月，深入挖掘企业典型经验，取得了宝贵的第一手资料，为课题的圆满完成奠定了坚实基础"。这体现了对我们课题组的高度信任。

企业管理涉及方方面面，课题的章节选题重点围绕着时任国务院国资委副主任邵宁提出的问题：在企业经营管理过程中，究竟是哪些环节最容易出问题、出漏洞？甚至出"商业腐败"？课题组通过调研，有针对性地找出了采购、招投标、营销等突出领域和重要环节，作为课题研究的着力点。借助调研、访谈、问卷调查等工具和方法，课题研究力图有别于以往过去教科书式的理论，也有别于完全的案例剖析，而是站在企业的角度，运用企业的工作思路、语言和工作习惯，充分展现中央企业管理的现状，总结存在的主要问题，并结合国际、国内优秀企业的最新实践，有针对性地提出完善机制等改进措施和对策。

经过课题组全体成员一年多的调研、讨论等辛勤工作，对课题报告反复修改，几易其稿。2010 年下半年，恰逢国资委提出培育具有国际竞争力的世界一流企业目标，课题研究报告经过专家评审组严格评审，课题不但顺利结项，而且获得"优秀"的评价。借鉴该课题研究成果，2012~2014 年，国务院国资委开展了为期两年的中央企业管理提升活动，提出了采购管理、全面风险管理、全面预算管理、产权管理等十三个重点提升领域，课题研究的成果，也为管理提升活动的顺利开展打下了坚实的基础。特别是采购管理方面，在课题组深入全面总结中石化经验的基础上，中央企业管理提升活动领导小组以中石化的采购管理经验专门组织编写了《采购管理提升辅导手册》，该手册成为管理提升活动的第一本示范性辅导手册，得到了中央企业的一致好评。

本书经过多次修改润色，充分结合党的十八大、十八届三中全会及党的十九大、党的二十大精神实质，对研究成果进行了再沉淀、再细化、再修改、再提升。本书的付梓，力求对近年来广大国有企业宝贵的管理经验做一些初步总结，又对落实党的二十大精神，推动国有企业进一步深化改革，对标世界一流企业，完善机制、增强活力、激发动力，开展"价值创造行动"尽绵薄之力。

本书的主体源于委托课题，首先应衷心感谢国务院国资委的各位领导！感谢中石化、中国移动等众多央企！这些企业不仅在实践中创造了很多宝贵的管理经验，也为我们课题组的深入调研提供了全力支持与合作。可以说，课题报告中的许多闪光点、创新点，只不过是对它们宝贵经验的概括和升华，企业实践才是管理理论的源泉。

郑海航

2024 年 5 月 1 日

前　言

2008 年国际金融危机发生之后，国有企业，尤其是中央企业面临着非常严峻的外部挑战，同时，内部的管理规范化和管理现代化改革有待继续推进。国务院国资委领导高度重视国有企业应对调整、推进改革中的方向性、典型性问题，设立专门课题，寻求国有企业管理规范和管理现代化建设的有效路径。

应国务院国资委企业改革局的邀请，长期从事企业改革管理研究工作的郑海航教授带领课题组成员，针对当时国有企业在推进管理规范和管理现代化过程中存在的突出矛盾和重大现实问题，有针对性地选择了国有企业采购、招标投标等重点研究领域，就有关问题展开深入调研和理论探析，形成了课题报告。

在完成课题报告之后，特别是党的二十大以来，课题组主要成员以习近平新时代中国特色社会主义思想为根本指导，持续关注国有企业管理规范和管理现代化的重大课题，与时俱进，对课题报告内容进行梳理、调整、补充，完成了本书的写作。

本书力求在理论上有所突破，针对国有企业加强管理规范建设和推进管理现代化发展提出系统化而富有创新性、操作性的对策建议。

本书包括 11 章和一个附录，主要内容是：

（1）采购是企业经营活动中的前端基础性工作，如果缺乏良好的制度建设和管理规范，则企业存在较大风险隐患。第一章介绍了采购管理制度的基本内容，深入分析了企业采购管理的重点控制环节，详细阐述了企业的供应商管理、采购管理的电子商务系统、采购管理风险控制点，提出了包括重视采购制度建设、发挥集团统一集中采购的规模优势以降低管理成本、应用现代物流技术、优化供应链管理、建立采购信息系统建设、推进网上采购等在内的国有企业完善采购管理规范的对策建议。特别是，课题组对国有企业采购管理规范建设的先进典型中石化进行了为期一个月的深入调研，系统总结了中石化采购管理的创新过程和成功经验，包括集中采购、权力分置、电子平台全程追溯、供应商管理——重准入严考核、严密的过程控制等方面，为国有企业采购管理规范的转型和完善提供了基本遵循和重要启示。

（2）《中华人民共和国招标投标法》的颁布实施，标志着国有企业招标投标管理进入了法治化、规范化阶段。然而，国有企业招标投标管理工作长期以来存在诸多痛点、难点问题，如招标投标管理机构机制不健全、决策机制不完善、缺乏有效的风险控制机制等。第二章阐述了招标投标管理的基本内容，根据现代经济学理论分析了招标投标管理的内在机制，介绍了国际和国内招标投标管理的实践经验，指出了国有企业招标投标管理存在的问题，并对加强国有企业招标投标管理提出了包括建立健全管理规则和组织机构设置、合理进行权力配置、健全监督机制与加大监督力度在内的有针对性的政策建议。

（3）质量管理贯穿企业经营活动的全流程，为国有企业实现"做强做优、世界一流"的目标提供了重要保障。第三章关注质量管理的基本内容，概述了企业质量管理的经典理论，介绍了国外企业和国内企业质量管理的经验，剖析了国有企业质量管理领域，如工业产品和服务质量管理中存在的问题，提出了包括树立质量意识与建设质量文化、建立组织机构与制定规章制度在内的全面推进国有企业质量规范化工作的对策建议。

（4）财务管理是企业高效运营和价值创造的决定性因素之一，对培育具有国际竞争力的世界一流企业至关重要。第四章讨论了国有企业财务管理的基本内容与模式选择，较为全面地梳理了国内外企业财务管理规范化的经验，分析了国有企业集团财务控制存在的主要问题，如企业集团财务治理主体不完整、企业集团财务治理客体存在模糊性、企业集团财务治理手段有滞后性，明确了国有企业财务管理基本原则和内容体系，提出了国有企业财务管理规范化的政策建议，包括理顺集团公司与子公司、分公司的财务关系，建立符合集团结构特点的财务机构和财务制度，建立财务预警系统，防范风险等。

（5）人力资源管理规范化是国有企业管理规范化的重要内容。第五章回顾了我国人力资源管理的发展阶段，探讨了人力资源管理的新挑战和新趋势，如人力资源网络化、虚拟人力资源外包，展示了国内外企业的优秀人力资源管理实践成果，总结了国有企业人力资源管理的现状及存在的问题，提出了以战略人力资源管理理念为基础的完善国有企业人力资源管理规范的基本对策。

（6）国有企业公司治理现代化是国有企业持续深化改革的首要议题。第六章阐释了公司治理的基本内容和研究情况，介绍了国外公司治理的发展趋势和以新加坡淡马锡公司为代表的典型案例，回顾了国务院国有资产监督管理委员会成立以来中央企业公司治理的措施、成效与问题，提出了以"内外主体平衡论"为关键思路的国有企业公司治理现代化的政策建议。

（7）营销是企业实现价值、提高效益的重要环节，营销管理规范化是企业实现更好生存和高质量发展的重要前提。第七章介绍了国有企业营销管理的基本内容，展望了现代营销管理的趋势，如企业需要建立客户驱动型的组织管理和支持结构、营销信息系统的信息流走向将从系统所有者主导型向系统使用者主导型转变、营销者的角色从企业向客户转移等，概述了国有企业营销管理的实践历程，总结了中国企业联合会企业营销管理创新成果中的宝贵经验和存在的问题，提出了以战略营销管理的思维开拓市场、培养战略品牌管理的能力、加大研发投入打造企业核心竞争力等推进国有企业营销管理现代化的对策建议。

（8）国有企业，特别是中央企业，肩负着科技创新责任和使命，必须紧紧围绕企业核心能力打造科技创新体系，加快实现科技创新管理的现代化。第八章揭示了科技创新管理现代化的内涵，综述了科技创新及其管理体系理论，开展了国际国内企业科技创新管理的案例研究，提出了构建企业科技创新管理的"1+6"（1是动力，6是文化与方向、创新投入、组织与结构、人才与激励、成果与产权、创新评价）模式体系的对策建议。

（9）当今世界充满了风险，如何进行风险管理逐渐成为各国政府和企业界关注的热点问题。第九章介绍了企业风险管理的基本概念和国际经验，总结了国务院国资委成立以来国有企业关于风险管理的实践经验，指出了国有企业风险管理中存在的主要问题，例如部分企业发展战略不清晰、个别企业风险管理工作落实不到位、风险管理体系建设急需进一步深化等，提出了包括充分发挥董事会在控制企业风险管理中的主导作用、不断完善全面风险管理体系和工作机制、建立健全内部控制体系在内的推进国有企业风险管理现代化的政策建议。

（10）推进国有企业环保与社会责任管理现代化，是贯彻落实绿色发展理念的具体重要行动。第十章强调了国有企业承担环保与社会责任的意义，介绍了企业承担环保与社会责任的国际先进经验和国内典型经验，剖析了国有企业承担环保与社会责任的问题，如制度层面保障不完善、企业没有形成系统管理，提出了加强企业环保制度文化建设、加强研发投入管理、构建企业系统化的环保管理体系等对策建议。

（11）加快"走出去"步伐，实施国际化经营战略，既是中央企业的历史使命和重要责任，也是中央企业做强做优、培育国际竞争力的必然选择。第十一章介绍了企业国际化经营的基本内容，概述了企业国际化经验的有关理论，回顾了中国企业国际化的进程，指出了国有企业国际化经营中的问题，包括把握和运筹国际市场的经验和能力不足、在全球范围内资源配置的能力有待提升、缺乏合理的产权结构和管理运营机制等，给出了国际化战略规划和控制能力的构建及评估、国际化经营风险的防范和控制等国有企业如何做好国际化经营的答案。

希望本书能够为国有企业改革深化提供有益启示。

课题委托人：国务院国资委企业改革局

课题负责人：郑海航

课题组主要成员：吴冬梅、戚聿东、柳学信、宋克勤、徐炜、高静波、邓艳芳、魏秀丽、姚望春

课题组其他成员：张梦霞、蔡立新、李东升、牛晓娟等

本书主要作者：郑海航、戚聿东、吴冬梅、徐炜、高静波、熊小彤、邓艳芳、魏秀丽、姚望春

目　录

第一章　国有企业采购管理规范

　　采购就是选择购买物料，是指企业为实现其生产经营和发展目标从市场获得所需产品、物资、服务的行为。通过采购获取的产品、物资、服务是企业资源的重要组成部分，连同其他资源一道共同确保企业经营活动的顺利开展。

　　采购是作为企业的经营活动存在于企业中的，即采购是企业的重要经营活动要素，这是对采购在企业中定位的描述和作用的界定。采购管理是针对从计划下达、采购单生成、采购单执行、到货接收、检验入库、采购发票的收集到采购结算的采购活动的全过程，对采购过程中物流运动的各个环节状态进行严密的跟踪、监督，实现对企业采购活动执行过程的科学管理。

　　在总结国有企业，特别是以中石化为代表的中央企业先进管理经验的基础上，本书课题组就预防国有企业采购管理中可能会发生的违规、违纪甚至商业腐败，保证采购质量和提高企业经济效益，提出了比较系统、全面地加强采购管理规范的逻辑框架和实践路径，为国有企业制定采购管理规范奠定了重要基础。

第一节　企业采购管理的基本内容

一、采购流程

　　从全世界范围来看，采购和销售是公司唯一能够"挣钱"的部门，其他任何部门发生的都是管理费用。传统的采购研究主要停留在两个方面：一是采购与供应链管理，侧重于研究与供应商的关系；二是采购成本的控制。

　　采购活动涉及企业外部和企业内部，如图 1-1 所示。

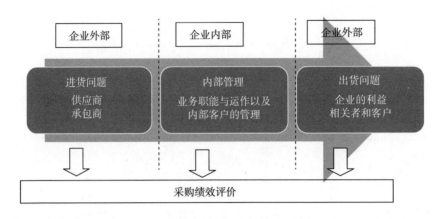

图 1-1 采购的完整过程

图 1-1 是采购的完整过程，或者说是广义上的采购，是按照供—产—销的流程定义的采购。

从企业内部循环来看，采购是与付款联系在一起的，从这个视角来定义的采购，如图 1-2 所示。

由图 1-2 可见，采购工作建立在生产部门的生产计划之上，其工作流程涉及生产部门、仓储部门和财务部门，是连接业务部门的桥梁和核心。因此，业务循环流程的控制要点是规范采购制度、程序和职责，防止商业贿赂，避免腐败。

二、采购管理的主要内容

采购管理制度（或采购管理办法）是在对国家相关政策、体制及企业的采购管理目标进行分析的基础上，对采购活动做出的制度性安排，是企业采购管理的指导性文件。

基于采购管理制度的采购管理的主要内容包括：

（一）采购范围和采购主体

一般来说，对于企业使用固定资产投资资金和使用成本费用（除人工成本、财务费用、折旧摊销等外）的资金采购应全部纳入采购范围；采购的原则即根据企业实际情况，特别是部门职责设置实现的采购授权方式及权限范围和制衡机制。

根据帕累托最优模型，可以推导出采购范围，帕累托曲线反映采购物项、供应商数量、库存持有物项以及其他，因此帕累托曲线也叫作 80/20 曲线。更多的时候，可以称之为 ABC 分析法，由它划分出的物项 A/B/C 三类如表 1-1 所示。

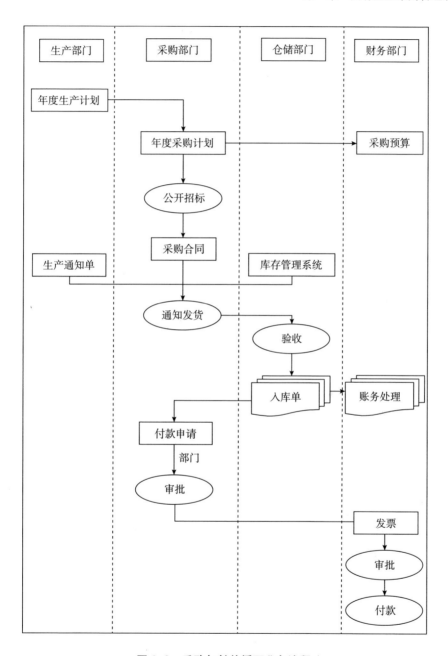

图 1-2　采购与付款循环业务流程

表 1-1　A/B/C 采购信息表　　　　　　　　　单位:%

类别	占总采购数的比例	占总采购金额的比例
物项 A	10	70~80
物项 B	10~20	10~15
物项 C	70~80	10~20

实际上,采购价值是单位价格与数量的乘积,因此仅仅以价格高或者数量大来定义物项 A 是远远不够的,百分比的具体数据因企业不同而不同,甚至可以根据企业情况进行更多层次的划分。ABC 分析法提供了一种思路供我们划定采购范围并确定采购主体。

在企业运行中,一般物资的采购通过采购部门进行,物资采购部门适宜单独设置,其职能区别于其他部门,更便于提高效率,使部门间权力制衡,从而能避免腐败。重要物资的采购审批权限集中在采购委员会,由采购委员会通过的采购事项交由采购部门完成具体工作。采购委员会在组织结构中像薪酬委员会一样,是董事会的辅助机构,其权威性自不必说,因此审批事项的重要程度和风险程度务必达到一定的界限。

从我国大型国有企业机构设置来说,根据公司业务特点,一是设立集团采购部门,负责集团内部的集中采购工作;二是设立二级采购子公司,通过内部关联交易开展采购活动;三是委托独立的专业采购公司为集团提供采购服务。第一种和第二种形式立足于企业内部,第三种形式是采购外包,也是比较超前的形式。而目前我国国有企业采用较多的职能设计是:在集团层面设立采购委员会和采购部门,二级公司设有负责采购职能的部门,三级公司设有采购岗位,上下配合协调采购工作。

(二) 采购机制

采购机制即采购管理的方式。目前我国国有企业,尤其是大型国有企业,基本上按照现代企业制度的要求,建立了以母子公司为基本组织形式的企业集团。在发展主业和提高企业核心竞争力的监管要求下,国有企业的总公司为管理机构,子公司在各自区域范围内发展壮大业务,因此子公司间业务内容基本相同或相近,应实行总部、省两级采购管理,总部、省、市三级采购操作的采购管理体系。各级物资采购与管理部门作为采购工作的职能管理部门,负责归口管理采购工作。

(三) 采购操作模式

采购操作原则上分为采购需求、采购准备、采购谈判、采购决策、采购合同签署与执行五个阶段。

采购需求阶段由采购需求部门负责提出采购需求，组织编制技术规范书。采购需求的主要内容包括：项目名称、需求物资、采购预算等。启动采购需具备如下条件之一：可研批复、费用预算批复、所属单位的签报或管理层会议纪要。

采购准备阶段由采购实施单位根据采购需求等相关部门意见和建议，按照公司相关要求，编制采购方案。采购方案主要内容包括：采购方式、供应商范围、评价方法、价格公式模板、报价方式、供应商中选原则、合同关键条款。

采购谈判阶段由采购实施单位牵头，采购需求等相关部门参与，组成谈判小组，依据采购方案组织进行。采购谈判可根据项目情况分为两阶段实施，先进行技术、商务谈判，再进行价格谈判。

采购决策阶段由采购实施单位牵头组织，依据采购方案和谈判结果提出决策建议，提交审批。采购决策的审批方式与采购方案的审批方式相对应。采购决策建议的主要内容包括：①项目背景与采购方案；②采购过程；③供应商报价结果与综合排序；④中选供应商、采购量、区域分配建议。

采购谈判和采购决策必须按照批准后的采购方案执行，应严禁在采购谈判和决策过程中调整采购方案。如果需要对采购方案的关键内容进行调整，须由采购实施单位中止本次采购，重新组织编制采购方案，经审批后再次实施采购。

采购合同签署与执行阶段由采购实施单位牵头，采购需求部门、财务部门、法律部门等配合，组织合同签署、到货和付款等相关事宜。

采购实施单位要及时整理采购过程文件，并将在这一过程中形成的文件交档案管理部门归档备查。

（四）采购的监督与检查

美国本田汽车公司时任采购副总裁戴夫·纳尔逊曾说："本田意识到采购这一职能的重要性的原因之一就是一辆汽车80%的成本是采购成本。因此，如何采购就是如何经营本田。"采购对企业来说至关重要，所以在开展这项工作的时候就必须注重监督和检查。

关于采购授权，对正常采购额度范围内所需物资的采购通常做一般授权，指定采购部门审批和执行；对超过正常金额的采购则需要进行特殊授权，应由企业专门设立的采购委员会审批后交由采购部门执行。

关于岗位职能设置，这涉及两个层次的问题：一是平行关系，即与采购相关的岗位和职能的设置。审批与执行务必分离，具体来说，从工作流程来看，请购、审批、采购、付款职务务必分离；采购人员不能直接承担物品或劳务的验收工作；付款审批、付款执行和记录职能应独立于采购部门，且人员分离。业务操作中应采取环环相扣、步步检查的方式，上一个环节不完善，不能进入下一个环节，下一个环节能够起到监督和检查的作用。二是纵向关系，即在企业内部独立于采购及采购相关职能外的监督与检查岗位的设置，如企业的纪检和审计部门。纪检监察部门应对采购活动进行监督，重点加强采购方案审批、采购谈判、采购结果审批等环节执行情况的监督。审计部门对采购活动进行审计检查，必要时，可以对各级采购实施单位进行专项审计。

（五）采购风险控制

在整个采购流程中，能否建立起一套能够对各部门起到制衡作用的制度是整个采购制度的关键风险点。例如，采购计划的制订需要供应部根据企业使用部门的实际需求提出，同时还要采购部根据以往的采购经验和已经掌握的供应商资源共同确定采购的规模和方式；对供应商的选择不能由采购部的一家之言决定。虽然采购人员对产品的市场价格及供应商行情有比较全面的了解，但必须由质量部在对采购物品质量标准进行分析的基础上，对潜在供应商的产能及技术标准进行切实的审核和监督，并发挥专家委员会的集体决策作用；订单的跟踪方面可以由采购和物流、信息部门共同监督。

采购部门掌握着使用部门对物料的需求和项目进程等整体规划的信息，物流部门对物料的运输、到货状况能够及时地更新，两者及时的信息沟通能够使订单的追踪更为高效；在订单验收的环节，物流的相关检验接收部门收到货物后，应得到质量部对该批次货物的质量以及其他订单图纸要求的技术参数合格的认证，才能确认接收，同时质量部门如果有合理原因认为物品存在质量问题则可拒绝出具证明，两者互相制约；最后在对采购绩效评价时，对供应商的评价需要由全程参与采购流程的采购以及质量、物流、质检、财务等部门对供应商的报价、所供物料质量以及交货的准时率等因素进行综合评价。同时，对采购部门及其主要负责人员的绩效进行评价，也需由使用部门、上级主管部门、审计监督部门、企业内部不同部门以及采购人员自身共同参与，如图1-3所示。

（六）采购绩效评价

在企业分配资源中，采购是一个主要的决策点，因此在制定企业战略、执行战略以及抓住未来发展机遇时，采购都是主要的考虑因素。采购对于企业经营及战略的贡献如何考量？可以对供应商、采购人员以及采购部门进行不同的绩效评价。对供应商应着重于价格方面的考量；对采购人员应侧重于人员选拔、采购效率及质量方面的评价；对采购部门产生的业绩应从效率、成本等方面进行评价。

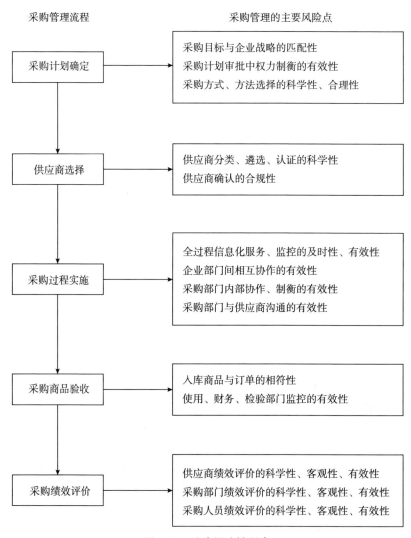

采购管理流程　　　　　　　采购管理的主要风险点

采购计划确定 →
- 采购目标与企业战略的匹配性
- 采购计划审批中权力制衡的有效性
- 采购方式、方法选择的科学性、合理性

供应商选择 →
- 供应商分类、遴选、认证的科学性
- 供应商确认的合规性

采购过程实施 →
- 全过程信息化服务、监控的及时性、有效性
- 企业部门间相互协作的有效性
- 采购部门内部协作、制衡的有效性
- 采购部门与供应商沟通的有效性

采购商品验收 →
- 入库商品与订单的相符性
- 使用、财务、检验部门监控的有效性

采购绩效评价 →
- 供应商绩效评价的科学性、客观性、有效性
- 采购部门绩效评价的科学性、客观性、有效性
- 采购人员绩效评价的科学性、客观性、有效性

图 1-3　采购风险控制点

第二节　企业采购管理的重点环节

一、采购模式

企业采取哪种采购模式取决于风险评估。风险评估是制定战略的重要步骤。

评价供应风险有几种评估方法，上述的 ABC 分析法即为其中一种，它是将交易额与供应商的比例、存货比率、订单数量等变量的关系进行了比较，主要将战略集中在较大金额的采购上。同时，还应评估市场风险，这就需要引入二阶矩阵。企业将需要采购的商品和服务可以放置在恰当的象限内，根据象限制定宏观战略，具体商品可以通过象限中的商品来决定，最终形成的采购模式包含最合适的采购战略和采购的最佳工具，如图 1-4 所示。

市场风险	高	瓶颈采购 独特的规格 供应商的技术非常重要 需求量较低或供应源较少导致生产短缺 几乎没有其他替代品 用量不稳定 潜在的存储风险	战略采购 持续的可得性非常重要 定制设计或独特的规格 供应商战略非常重要 拥有足够技术能力的供应商数量很少 更好供应源非常困难 几乎没有其他替代品
	低	非关键采购 标准的规格或商品类型 很容易得到替代品 具有很多供应商的竞争性供应市场	杠杆采购 单位价格很重要 可以得到其他替代品 拥有几家供应源的竞争性供应市场
		低　　　　　　　　重要性　　　　　　　　高	

图 1-4　采购二阶矩阵

从市场风险角度来看，非关键采购和杠杆采购具有同样的市场风险，风险程度处于中下水平；瓶颈采购和战略采购具有同样的风险水平，风险程度高于非关键采购和杠杆采购。

非关键采购和杠杆采购就意味着存在很多供应商和市场利率，使得价格方面的竞争性很强。由于物品的标准化程度相当高，替代性物品很多，因此质量就成为采购时需要考虑的关键因素。随着标准化需求量的增加，杠杆采购的机会也在不断增加，单价就成为关键因素。所谓杠杆采购就是利用杠杆原理，即材料成本的小幅变动会对企业的经营利润起到大幅度的影响。这种类型的采购对企业的经营状态具有关键作用，它通过交易额与规模之间的平衡，实现价格节省，能够使企业在采购中占有优势。电子商务的发展为杠杆采购提供了操作空间，通过把供应商数量控制在风险状况所要求的水平，采购就能够为企业带来很多的价格节省，从而节约成本，使资源得到优化配置。

瓶颈采购的风险处于中等水平，由于物资规格的独特性使得这类采购较难管理。从这类物资中获取价值的工具包括跨职能合作、价值分析、总成本模型以及客户关系管理。例如，很多汽车制造商在不影响购买期望和公司定价战略的前提下，能够成功地实现汽车生产和款式方面的标准化。

战略采购与瓶颈采购具有同样的市场风险，物资具有明显的定制化特征，但是战略采购能够使企业采购实现最大潜力。战略采购是通过与行业领先或市场上有重要影响力的供应商建立长期稳定的合作伙伴关系，从而提高企业核心竞争力，实现供需双方互惠互赢的一种高层次采购业务模式。

战略采购适用于对企业生产经营和工程建设有重要影响的大宗、通用或市场稀缺的少数物资品种，如火力发电厂对于发电动力源——煤炭，宜采取战略采购模式。每年的煤炭订购会也起到了这方面的作用。现在越来越多的企业意识到战略采购的意义，为了维持供应商的稳定，在战略采购中采取了更加灵活的手段，如框架协议采购。

框架协议采购是企业集合物资需求，通过公开竞争的方式，确定少数业绩优秀的供应商，与之签订一定时期的一揽子采购协议，并在协议项下执行订单操作的一种采购业务模式。在电信行业，框架协议采购应用颇多。中国移动每年按照年度集中采购产品目录，根据需要组织部分省公司和主要供应商共同编制产品技术规范，明确采购产品（或服务）的主要技术要求及规格型号。然后由公司统一与通过招标投标方式中标的供应商签订集中采购框架协议，确定当期采购规模、采购产品型号、价格及其他主要商务条件。框架协议采购相对战略采购更加灵活便捷，具有可操作性。

二、采购方式

（一）分散采购

分散采购是指企业的各个部门或子公司自行购买以满足其采购需求，从而完成采购计划的采购管理方法。分散采购的主要优势有：一是需求部门可以对临时性的、紧急需要的材料自行购买，灵活性强；二是可以就近采购，节约了运输成本；三是在需求部门统一领导下，便于与各部门协调、沟通；四是采购部门能与其他相关部门及时沟通，可节省时间、提高效率。但分散采购的缺点较为明显，主要表现为：一是选择供应商的范围小，竞争对象少，一对一讨价还价很难降低采购成本；二是容易出现暗箱操作，如经办人贪图私利，国有企业将蒙受巨大的损失；三是同性物料分散采购，不能取得数量折扣利益；四是采购渠道分散，采购环节增多，总体采购成本加大；五是信息渠道窄，难以采购到质优价廉的物资，购买产品的质量风险大；六是采购机构重复设置，致使整个企业的采购部门和采购人员众多；七是各核算单位着眼于局部利益及眼前利益，较少重视材料质量，从而会影响到产品质量；八是采购品短缺时易造成内部争抢资源，不利于企业内部资源的优化配置。

（二）集中采购

集中采购就是集合和统一各企业的采购需求，形成一个大的采购订单，对多个供应商进行综合绩效考察、询价、比价，择优采购，从而获得对采购物品的品质和供应商服务质量的控制，同时通过统一的采购、库存和结算控制，降低企业采购成本，提升企业竞争能力。目前集中采购主要表现为两种形式：第一种是由不同的需求用户通过相对松散的组织形式进行采购，以团购或者采购联盟的形式出现；第二种则是大型集团化企业开展的集中采购活动。这种集中采购，有相关的组织机构、健全的管理制度和规范的采购流程。在此情况下，集中采购演变成集团企业战略的一部分，它是大型企业普遍采取的降低成本、提高盈利能力、增强竞争力的重要管理措施。

对于集团企业来说，集中采购管理模式不但有利于实现各个环节间的分工、协作、专业化，同时也有利于整个集团资源的监控和整合。首先，通过权力的集中监控，能够实现集团公司对下属公司经营情况的有效监管，及时发现下属公司在经营活动中出现的问题，从而采取有效措施规避企业的经营风险。其次，集团公司可以从全局高度审视和评估资源的使用效率，通过有效协同对公司内外部资源进行整合和优化，从而可以增强企业整体竞争力，回避各种问题和风险，充分发挥集团企业规模化的优势。最后，通过信息共享流程优化，实现效率提升。在集团的统一协调和管理下，可以消除各企业固有的"信息孤岛"现象，削弱信息的不对称性，使集团企业内部形成一个有机的、完整的、健全的信息共享平台，使正确的信息在准确的时间和地点送给正确的用户，以便使用户做出正确的判断和决策，进而可以使信息使用者根据企业内外环境条件的变化及时掌握各种动态信息，从而迅速做出响应、科学决策。

为实现集团采购业务集中管控的业务需求，集中采购包括以下几种典型模式的应用：集中定价、分开采购；集中订货、分开收货付款；集中订货、分开收货、集中付款；集中采购后调拨等。采用哪种模式取决于集团对下属公司的股权控制、税收、物料特性、进出口业绩统计等因素，一个集团内可能同时存在几种集中采购模式。

1. 集中定价、分开采购模式

这种模式是指集团总部或采购公司负责管理供应商及制定采购价格等采购政策，然后由各分支机构根据各自情况在统一的采购政策下分别进行采购。例如，中国石化的总部组织集中采购即为该模式的操作方法。总部组织集中采购是指由中石化的物资装备部牵头，组织集团公司所属各企业共同优选确定主力供应商名单，通过联合谈判或集中招标确定采购价格，签订一揽子采购框架协议，各企业在框架协议项下执行订单采购的一种业务操作形式。在总部组织集中采购工作中，各企业主要负责配合总部考核评价确定主力供应商名单，参与招标和联合谈判工作，并按照总部牵头组织签订的框架协议向供应商下达具体订单，负责采购过程控制、接货验收、结算付款、仓储保管和现场配送等工作。

这种模式确保了集中采购的最大优势——价格，操作便捷，如果能对分支机构的验货、付款等环节做出统一规定，且有日后监督机制，该模式会更加操作简便。

2. 集中订货、分开收货付款模式

该模式隐含了一个前提条件就是在集中订货前已经完成了"集中定价"，而集中定价的方式与前述模式类似。集团总部或采购公司负责管理供应商及制定采购价格等采购政策，并且负责采购订货工作。分支机构提出采购申请，集团总部或采购公司进行汇总、调整，并根据调整结果下达采购订单，发收货通知单给分支机构；分支机构根据收货通知单或采购订单进行收货及入库，之后各分支机构各自安排付款。

这种模式相对前一种模式有所改进，既保证了集中采购的价格优势，同时确保了统一采购的产品规格，各分支机构在财务独立的前提下完成了付款。验货环节各分支机构独立进行，对采购质量应制定统一的验收标准。

3. 集中订货、分开收货、集中付款模式

集团总部或采购公司负责管理供应商及制定采购价格等采购政策，并且负责采购订货工作，分支机构提出采购申请，前者进行汇总、调整，并根据调整结果下达采购订单，发收货通知单给分支机构；分支机构根据收货通知单或采购订单进行收货及入库；前者汇集后者的入库单与外部供应商进行货款结算，并根据各分支机构的入库单与分支机构分别进行内部结算。

这种模式相对于前两种模式是将付款也"集中"了。财务管理中要控制内部结算，且账务处理务必清晰，路径可依。

4. 集中采购后调拨模式

集团总部或采购公司负责管理供应商及制定采购价格等采购政策，并且负责采购订货工作，分支机构提出采购申请，前者进行汇总、调整，并根据调整结果下达采购订单；前者完成后续的收货、入库、外部货款结算处理。之后，根据各分支机构的采购申请，前者启动内部调拨流程，制定调拨订单并做调拨出库，后者根据调拨订单做入库处理，两者最后做内部结算处理。

这种模式与前三种模式最大的不同是集团总部较为强权，管理模式高度集中，适于分总公司之间往来。中国移动的集中采购模式就类似于这种模式。它是在集中采购后有一个分配管理办法。在集中采购供应商后根据区域化管理原则，对产品实行区域化分配管理。根据国家行政区域划分，结合各省份经济发展状况和各区域经济总量，将各省份公司划分为若干大区，中标供应商的产品原则上按大区相对集中分配使用，并可结合供应商所在地进行分配。在对具体产品进行分配时，每个大区原则上安排一家主流供应商，两家至三家普通供应商。

（三）操作路径

无论是分散的零星采购还是集中采购方式，具体的操作路径有以下五种：

1. 公开招标

我国自 1999 年颁布《中华人民共和国招标投标法》以来，特别是 2002 年颁布的《中华人民共和国政府采购法》，均规定公开招标应作为采购的主要方式。这样做是因为公开招标在程序上公开、公平、公正，能够提高效率。公开招标和邀请招标的主要区别是是否限定投标人的范围。

2. 邀请招标

这是与公开招标相对的一种招标采购方式，主要内容是：企业应在可行范围内向尽可能多的供应商或承包商邀请报价，在可能情况下至少应有三个。对于向其邀请报价的每一个供应商或承包商，均应告知是否把货物或服务本身所收费用以外的其他费用，如任何适用的运输和保险费用、关税和其他税项也算在价格之内。每一个供应商或承包商只允许提出一个报价，而且不允许改变其报价。采购实体与某一供应商或承包商之间不得就该供应商或承包商所提的报价进行谈判。采购合同应授予提出符合采购实体需求的最低报价的供应商或承包商。

3. 竞争性谈判

在竞争性谈判过程中，企业应与足够数目的供应商或承包商进行谈判，以确保有效竞争。向某一供应商或承包商发送的与谈判有关的任何规定、准则、文件或其他资料，应在平等基础上发送给正在与企业进行采购谈判的所有其他供应商或承包商。企业与某一供应商或承包商之间的谈判应是保密的，谈判的任何一方在未征得另一方同意的情况下，不得向另外的任何人透露与谈判有关的任何技术资料、价格或其他市场信息。谈判结束后，企业应要求在此过程中剩下的所有供应商或承包商最迟在某一规定日期提出有关其建议各个方面的最佳和最后报价。企业应在此种最佳和最后报价基础上选定中选报价。

4. 单一来源采购

企业可通过向单一的供应商或承包商征求建议或报价的方法采购货物、工程或服务。根据《中华人民共和国政府采购法》，单一来源采购的适用条件是：只能从唯一供应商处采购的；发生了不可预见的紧急情况不能从其他供应商处采购的；必须保证原有采购项目一致性或者服务配套的要求，需要继续从原供应商处添购，且添购资金总额不超过原合同采购金额的10%。

5. 询价

在所采购的物资规格、标准统一，现货货源充足且价格变化幅度较小的情况下，可以通过询价的方式进行采购。对于这类采购，由于市场价格每天都处于变动中，因此掌握价格变动的趋势比掌握某个特定时间的价格更为重要。因此，如果采取这种渠道采购，价格支付企业最好能够建立评估系统和用于价格滑动查看的价格索引。在采购过程中，要谨慎合理地安排采购时间。

三、供应商管理

供应链是企业创造价值的重要依托，在以客户为导向的现代企业发展模式中，供应商管理日益成为采购管理的关键内容，如图1-5所示。

图1-5　企业供应商管理的三个关键环节

从供应链管理的角度出发，企业与供应商之间的联系是企业对外发生联系的一种情况，另一种情况是销售或者分销联系。企业通过内部生产等环节将两个外部关系联系在一起。

现代企业发展的趋势表明，采购不单单是纯粹的购买，与供应商建立合作共赢且长久的发展态势更为重要，与供应商分享信息，并努力帮助其改进质量、数量、交付、价格与服务等新的方式是明智且实际的。

（一）企业与供应商的关系管理

企业与供应商之间的信誉尤为重要，这种信誉必须精心培育、悉心维护，其实企业采购部门、采购人员处理与供应商的关系，应该像营销经理与其客户的关系一样。国外企业在这方面的经验是利用第三方调查研究机构，通过一定的调研来评价供应商的信誉。

企业与供应商之间的关系可以通过"采购—供应商满意模式"进行描述，如图1-6所示。

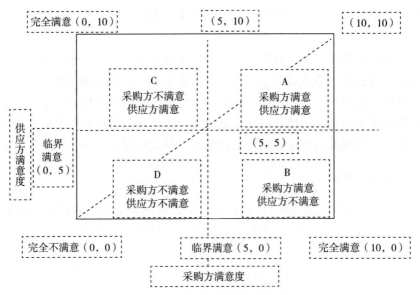

图1-6　采购—供应商满意模式

20世纪80年代，日本公司普遍与供应商关系密切，"采购方—供应方"合作伙伴关系风靡一时，它被认为是达到优质、快速交付、持续改进等目标的关键因素。在美国，这样的合作伙伴关系的追随者有施乐、霍尼韦尔、宝丽来、摩托罗拉、国际商用机器公司等。向合作伙伴模式的演变，使采供关系逐渐摆脱了传统模式。两种模式的区别如表1-2所示。

表1-2　采购方—供应方关系：范式转换

传统模式	合作伙伴关系
最低价格	采购的总成本
产品规格导向	最终用户导向
短期、市场反应	长期
避免麻烦	机会最大化
采购方责任	职能交叉小组，高层管理者参与
战术	战略
双方几乎没有信息沟通	双方互通长期、短期计划
	共担风险与机遇
	标准化
	合营
	共享数据

（二）供应商的选择

为了保证采购产品的质量优良、价格便宜、交货及时和技术先进，要对相关的供应商进行筛选、认证，包括企业规模、企业制度、生产场地、设备、人员、主导产品、主要客户、体系认证情况、主要原材料来源等。通过分析这些信息，可以评估其生产能力、供应的稳定性、资源的可靠性，以及其综合竞争能力。通过对供应商进行调查、论证等过程后，将符合国有企业要求的备选为供应商。

供应商选择的目标是供应商数目最少、关键供应商的供货数量最大、尽可能缩短从需求到实际接收订单的时间。目前国外企业的经验是开始利用第三方调查研究机构，通过一定的调研来评价供应商，因此对供应商的评价就非常必要。

一般来说，供应商的管理能力和财务状况是供应商评价与选择的最关键因素。采购人员应随时关注重要供应商的财务状况的变化情况，确保能够在供应商财务状况恶化时及时提出应急方案。评价供应商的财务状况，不应仅限于信用等级、资本结构、获利能力、营运资本、净资产收益率等。稳定强健的财务状况是供应商管理良好、富有竞争力的有力表现。对管理能力的关注应主要集中于管理团队及业务模式的稳定性，即供应商能够继续按照以往的模式运作提供企业所需的产品或服务。

对供应商的评估主要是从质量、数量、交付和价格等传统因素方面追踪供应商的改进情况。根据对目前调研等情况的了解所制定的供应商评估体系如表1-3所示。

表1-3　供应商评估体系

序号	因素	权重（%）	分值档次
1	质量	20	20，15，10，5
2	数量	15	15，10，5，0
3	交付	15	15，10，5，0
4	价格	20	20，15，10，5
5	服务目标	15	15，10，5，0
6	其他	15	15，10，5，0
	合计	100	

以交付为例说明分值档次设置标准：15分是指准时交付率在98%以上；10分是指准时交付率在95%~98%；5分是指准时交付率在90%~95%；0分是指准时交付率低于90%。

在选择供应商时还应注意企业规模与供应商规模的匹配与协调。通常来说，企业需求越大，供应商规模就应越大。一般情况下，规模较小的供应商总是用来满足本地较小的需求，柔性、反应速度、可获得性往往比价格重要；规模较大的供应商更适合于大量需求，这时技术、质量与总成本更为关键。中性供应商介于这两者之间。但现实生活中总是存在例外事项，即小型的供应商往往喜欢并且能够填补大型供应商的不足或者缺失。店大欺客也许会成为过去式，大型供应商的稳定性强、资源多，这样势必可以大大降低供应商业务的日常风险。

采购部门跟踪订单解决与供应商的纠纷和投诉，负责与物料、仓库、财务、技术研发等部门的协调沟通，在企业自身需求和供应商的能力之间做出权衡。这就要求负责采购管理的相关人员不仅要参与供应商的来料检验，更要监督供应商的制造工艺和过程，参与到产品的整个生产过程，帮助供应商发现问题，及时采取矫正措施解决问题。

安排供应商在规定的时间将规定数量的物资交到指定地点。采购到货后，由质量检验部门对物料进行检验，检验结果录入到货单，再由采购系统对采购物料的数量、价格和金额进行自动计算。最后，安排物料的入库、交付使用部门。在此过程中涉及对所采购的商品制定定额、规章制度、工作程序、采购标准及验货条件的核对、检查，可实现对采购部门及相关采购人员、供应商的有效制衡。

四、采购管理绩效评价

根据本企业确定的采购管理目标，需要对采购管理活动的全过程所涉及的部门、人员、供应商进行考核、监督、评价和反馈等。主要涉及对供应商绩效的评价、对采购人员绩效的评价、对采购部门绩效的评价。

（一）对供应商绩效的评价

为了解并评价供应商完成的工作是否达到了预期目标，从而为下次采购做出更为明智的选择，在战略性供应关系中，企业需要向供应商提出工作改进的建议，因此在对供应商业绩的评价中，价格是最常见的衡量标准之一。有两种评价途径：第一种是价格的直接比较，包括以前价格与现在价格的比较、最低可接受投标价与最后价格的比较、实际与预算的比较、供应商投标价与最终中标价格的比较等。第二种是评估实际支付价格是否合理，即比较实际价格与市场价格，通过与市场价格进行比较，支付价格的趋势是更好还是变差就一目了然。

作为供应商业绩评价的配套措施，应适当建立以下机制：

1. 严格实行资格预审制

供应商资格预审制要求所有供应商必须经过事先考核、评价和资格审查，合格后方可进入供应商网络，物资供应部门所有采购业务必须在集团供应商网络中选择供应商进行交易。

2. 建立供应商年审制度

每年对供应商的各种资质进行审查确认，每年对供应商的整体实力、供应保障能力、供应风险进行综合评估，提报年审结论，对问题供应商进行现场考察、提出问题、限期整改、制定风险防控措施。

3. 建立业绩引导订货机制

依据供应商动态量化考核评分排序和年审评价结果，择优确定主力供应商群体，对业绩差的供应商暂停交易资格或予以淘汰。在招标、询比价、签订框架协议等采购中，向考核业绩好的供应商实施订货倾斜，改变了以前选择供应商过分注重当期表现和报价、忽视历史一贯表现的短视问题，培育形成战略供应商和一大批主力供应商，为保证集团公司生产建设物资供应提供了坚强后盾。

4. 建立供应商奖惩制度

对于在重点工程建设、重大装备和材料国产化、救灾抢险等工作中给予央企支持，做出突出贡献，以及在生产保障及装置抢修、新技术研发及应用等方面给央企带来巨大经济效益和社会效益的供应商，根据贡献大小给予嘉奖。同时，严格执行违约供应商零报告制度，各企业按月将有质量问题、延迟交货问题、廉洁从业等问题的供应商报物资装备部。物资装备部在调查核实的基础上，视情节、按规则对违约供应商处以警告、集团公司内部通报、暂停交易资格和取消网络成员资格的处罚。供应商奖惩结果以及嘉奖、扣分情况实时更新并记入供应商电子档案。

5. 矫正机制

要根据国有企业所需物料的性质决定检测与验收的标准以及人员的设置与权限，从事前、事中、事后全过程进行制衡，而矫正管理需贯彻在全过程中。基于采购主管提出的审核需求，将进行特定的过程审核。当需确定新供应商的过程能力或基于现存供应商业绩表现改进需求时，可进行过程审核。如果供应商对纠正措施要求没有反应或识别出的根本原因无效时，需进行过程审核。过程审核的质量管理体系的可接受程度由审核小组判断确定。供应商将需要提供能够证明所建议的措施已得到实施的文件证据。纠正/预防性措施的有效性必须由供应商验证，并以书面形式通知。之后，如果要监测未来类似的缺陷，可要求进一步确认。完成的措施和有效性的记录必须输入系统或在系统中参考，实现采购管理的不断改进。

（二）对采购人员绩效的评价

在对采购人员进行绩效考核的问题上，跨国公司有许多经验可以借鉴，其中的精髓是量化业务目标和等级评价。业务指标体系主要包括：采购成本是否降低；采购质量是否提高；质量事故造成的损失是否得到有效的控制；供应商的服务是否增值；采购是否有效地支持了其他部门，尤其是生产部门；采购管理水平和技能是否得到提高。这些具体的指标还要一一量化，用相同指标对不同人员之间进行横向对比，再对不同时期进行纵向对比，就得到业务绩效的综合评价。根据这些硬性指标完成评估之后，企业可以把采购人员划分成若干个等级，或给以晋升、奖励或维持现状，或给以警告或辞退。将这些绩效考核与员工的切身利益紧密联系，能够起到很好的激励作用。

（三）对采购部门绩效的评价

从传统意义上来讲，通常对采购部门的绩效评价是纵向对比，即将当前的业绩与过去进行比较，便于采购部门分析趋势、决定改进的方向。但是作为企业部门设置的一部分，采购部门业绩的衡量也应尽可能量化。将实际发生的采购成本与预算进行比较，是绩效评价最为直接的方法。如果差异过大的话，应首先分析预算的假设是否发生了变化，其次再判断绩效是否满意。另外，可以从采购效率和采购效益两个角度评价当期的采购部门业绩。

1. 效率指标

对采购部门的绩效评价涉及采购材料成本的降低、经营成本和订单的处理时间，因此指标如下：①采购订单的平均成本：部门运营的总成本/采购订单的数量；②经营成本与采购总价值之比：部门运营总成本/采购总价值；③经营成本与销售收入之比：部门运营总成本/销售收入。这些指标可以横向比较，即与其他部门的业绩相比，特别是后两个指标，是与其他部门相比的最好指标；也可以纵向比较，即与历史期间相比，挖掘效率的趋势。

2. 效益指标

效益指标包括最终顾客满意度、利润、收入或者资产的增加，也可以是降低的经营成本或材料成本、缩短的工期等。采购业绩的评价也适用360度综合评价。采购部门的成员之间互相评价，如领导评价成员、外部管理者评价采购部门业绩等。

3. 与采购绩效基准比较，实现国际对标

采购绩效标准评价公司在采购或物资供应活动中取得的成效，采购过程标准则用来确定公司如何在采购和供应过程中创造成效。从1989年开始，亚洲公益事业研究中心（CAPS）从公司中收集数据建立采购标准、价值和质量衡量标准。到目前为止，CAPS调查中心已经建立了20个标准，可以进行跨行业比较，这些标准包括：①采购额除以销售额的百分比；②采购经营成本除以销售额的百分比；③采购经营成本除以采购成本的百分比；④每位采购员工的采购经营成本；⑤采购员工数除以公司员工数的百分比；⑥每位采购员工的采购花费；⑦采购部门管理/控制的采购花费的百分比；⑧平均每年在每位采购员工身上花费的培训费用；⑨主管引导的培训时间占总培训时间的百分比；⑩以网络/电脑为基础的培训占总培训时间的百分比；⑪总成本的节约除以总节约的百分比；⑫成本避免节约除以总节约的百分比；⑬成本缩减节约除以总节约的百分比；⑭占采购80%的费用的活跃供应商的百分比；⑮各个供应商采购花费的百分比；⑯能够进行电子采购供应商的百分比；⑰通过电子采购费用的百分比；⑱通过电子拍卖采购费用的百分比；⑲通过电子采购卡采购费用的百分比；⑳通过战略联盟采购费用的百分比。

采购管理与国际接轨，首要的就是业绩能够进行比较而且标准一致，这也是对我国国有企业做大、做强、做优的要求。

第三节　国外企业采购管理的先进经验

通用电气公司（GE）是国际知名的跨国公司，在采购管理方面具有先进的经验。

通用电气公司对供应商的开发流程如图1-7所示，需要不同部门对供应商的各项认证资格进行考核，为今后供应商资格的确认提供参考。

通用电气公司所有的生产用料和产品只能从已经认证的供应商处购买，未经允许擅自向其他供应商购买任何产品或服务将不被批准并受到处罚。

供应商的资格确认种类根据采购产品或服务的类型和重要性，以及产品或服务对最终产品质量影响的不同而不同，供应商包括以下四类：

第一类为非生产供应商。这类供应商生产的产品或服务不直接成为GE的产品，也不直接对GE的客户造成影响。

第二类是为工程师研发或实验提供样品的供应商。这类供应商提供的产品不直接销售给GE的客户，而是用于工程师研发或实验的样品。

第三类为间接供应商。这类供应商提供的原料、产品以及服务被GE的运营过程消耗，或者是对日常运作的绩效产生影响。

第四类为直接供应商。这类供应商提供的物料和产品最终将成为GE销售给客户的设备或者将对GE工厂或提供服务的部门产生功能性的影响。

供应商所提供的产品是医疗装置或关键安全部件或被列入"GEMS CKRH"清单中的资格确认要求包括：全套供应商开发工具程序（Full Supplier Development Tool）、所有质量体系审核（Full Quality System Audit）、供应商评定模块（SAM）、采购材料质量要求（PMQR）程序。

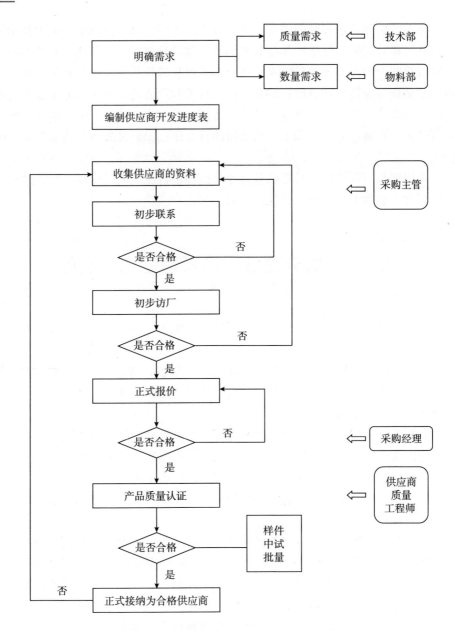

图1-7 通用电气公司对供应商的开发流程

供应商每年提供的材料或服务金额大于200万美元，且供应商不包括在种类一中，资格确认要求包括两个方面。如果供应商通过了ISO9000认证，资格确认要求包括：全套供应商开发工具、供应商评定模块、采购材料质量要求；如果供应商未通过 ISO9000 认证，资格确认要求包括：全套供应商开发工具、所有质量体系审核、供应商评定模块、采购材料质量要求。

直接影响 GE 客户的所有直接材料供应商的资格确认要求包括：供应商开发工具、采购材料质量要求、供应商评估模块。

不直接影响 GE 用户的所有其他间接材料供应商，依据采购主管及供应商质量工程师的判断作出要求。

另外，如果是由 GE 兼并而新添的供应商，评审其前身公司在被 GE 兼并之前的有效质量程序，如可获得供应商资格确认的文件化记录，则该供应商将被视为合格供应商。新兼并公司的供应商必须签署 PMQR，并且必须在 6 个月内将其返回。该记录文档将被转移到 "GEMS 供应商主文档" 保存（GEMS Supplier Master Files）。如果是当前被另一家 GE 业务机构使用的供应商，根据其绩效记录以及由 GE 相关业务机构出示的合格供应商业绩文件声明，可以被认为是合格供应商。供应商的选择是采购的第一道关口，选择可靠优质的供应商才能保证产品质量。在这一环节，通用的经验是对不同重要程度的供应商采取不同的准入标准。对于那些关系到产品质量的供应商需要严格按照事先已经形成的固化标准来进行资格认证，并且每一个步骤需要独立的采购部门的不同团队来完成批准和审核。

第四节　国有企业采购管理的成功经验

一、中国石化采购电子商务系统

网络信息技术的高速发展推动了贸易电子化进程，特别是 2000 年以后，越来越多的企业实现了供应商搜寻、考核与评估、采购交易和采购过程控制、需求和物流信息以及资金支付等全过程网上运行，开启了采购管理全面 e 化的新时代。

中国石化采购电子商务系统是链接石化总部、企业和供应商，实时互动的大型 B2B 交易网站。生产经营和工程建设所需主要化工原辅料、钢材、煤炭、机电设备全部实现网上采购。国务院国有资产监督管理委员会将这一系统称为 "国有企业物资采购的阳光工程"，于 2009 年 12 月列入首批中央企业信息化示范工程。

企业采购电子商务系统的主要功能有以下四个。

（一）自动集成需求信息

企业可以将 ERP 系统或其他办公管理系统与电子商务平台对接，使得需求信息能够自动上传到采购电子商务系统并生成采购订单。如果没有 ERP 系统，也可以手工录入需求信息到采购电子商务系统。系统将集团内各企业的需求按专业、权限进行分类归并，形成采购批量。

（二）实施标准化流程化的网上采购

针对所采购的物资种类不同，选择招标、协议等采购方式和标准流程进行网上采购。以招标为例，一般的采购流程如图 1-8 所示。

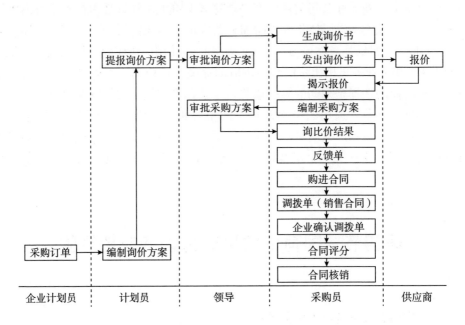

图 1-8　中国石化网上招标采购流程

（三）网上审批和评价合同

网上直接生成采购合同，主要内容包括供需方名称、物资明细、数量、价格、运输方式、交货时间、地点等。合同经过审批后，对合同执行情况进行打分评价，合同执行完毕后核销合同。

（四）网上监控采购过程

采购电子商务系统自动保存物资需求、询报价、审批和合同信息，经过授权的各级管理人员可以随时查阅分析当期和历史的全部数据，对采购业务各环节的合规性、及时性、准确性进行监控，实现了采购过程和结果的永久追溯。

电子商务系统主要流程如图 1-9 所示。

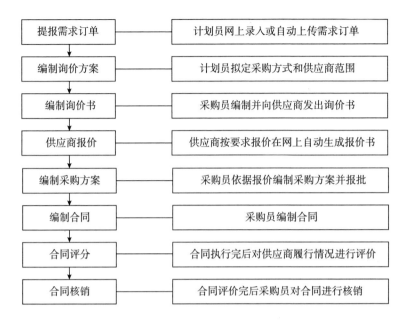

提报需求订单	计划员网上录入或自动上传需求订单
编制询价方案	计划员拟定采购方式和供应商范围
编制询价书	采购员编制并向供应商发出询价书
供应商报价	供应商按要求报价在网上自动生成报价书
编制采购方案	采购员依据报价编制采购方案并报批
编制合同	采购员编制合同
合同评分	合同执行完后对供应商履行情况进行评价
合同核销	合同评价完后采购员对合同进行核销

图1-9 电子商务系统主要流程

二、洛阳石化推进电子商务采购的措施和成效

2000年，中国石化提出了以物资采购电子商务为平台的网上采购，并加以推广，洛阳石化借此改造传统采购业务，具体措施如下：

（一）建章立制，为规范电子商务采购奠定基础

组织专业人员编写了符合企业情况的《电子化采购管理规定》《电子化采购实施方案》《电子化采购绩效考核办法》《供应商管理规定》等规章制度，从源头上规范了电子商务采购。

（二）强化培训，持续提高业务人员的工作水平

邀请专家对物资采购管理人员、业务人员进行电子商务采购理念和操作的讲解；利用"网络课堂"平台，采取每日一题，每周一讲、每月一考的形式，持续加强业务培训，增强实际动手能力。

（三）转变观念，协助配合，为电子商务采购提供良好的环境

正确引导，在物资供应部门提出了"上班先上网""不上网就下岗"等要求，从业务科室到具体操作人员层层分解任务、明确目标、传递压力，逐步形成了部门与部门、科室与科室、人员与人员之间协同配合的工作团队和良好的电子商务采购环境。

（四）严格程序，不断提高电子商务采购水平

物资供应业务人员严格按照标准流程进行网上操作，严格履行网上审批程序。

（五）细化考核，完善电子商务采购的监督约束机制

按照电子商务采购绩效考核办法，加强电子商务采购的业务监管，每月业务员自查、管理人员通报电子商务采购情况，将电子商务采购率作为绩效考核重要因素，当月兑现。

第五节　国有企业加强采购管理规范建设的对策

中央企业在采购制度建设方面取得了一定成效，但总体而言，我国的采购市场仍然处在发展阶段，采购体制机制、民主法制监督和企业自律管理还有待进一步健全。针对中央企业采购制度的现状，可以从以下八个方面着手予以完善。

一、要重视采购制度建设

中央企业要按照现代企业制度来打造核心竞争力，一些重要骨干企业要发展成为世界一流企业，这些企业势必要与其他世界一流企业进行面对面的竞争。这就要求中央企业必须在采购制度上与国外先进企业对标。当前，通过完善采购制度，一方面要确保采购的各类物资、设备与技术的质量，提升国有资金的使用效率；另一方面要促进经济发展与人口、资源、环境相协调。

二、要发挥集团统一集中采购的规模优势，降低管理成本

中央企业通过实施集中规模采购，可以打破地区垄断和地方保护，维护公平竞争的市场秩序，进一步实现资源的优化配置，有利于实现集团化运作、集约化发展和精细化管理。同时，利用采购的规模优势，对提高企业系统投资决策的科学和民主水平，促进企业增强市场意识和法律意识、改善经营管理、降低管理成本、保障企业资金的有效使用也具有重要意义。

三、要应用现代物流技术，优化供应链管理

中央企业通过引入现代物流理念和技术，优化供应链管理，加强多方合作与联动管理，可以有效保护国家利益、企业利益和市场相关主体的合法权益，促进社会主义市场机制的不断完善。在招标采购领域引入信息管理系统，还有利于增

强采购工作的透明度和公开性，有利于优化业务流程、缩短项目周期、降低采购成本、提高采购质量。

四、要建立采购信息系统建设，推进网上采购

网络为电子商务的发展提供了巨大的潜力。对于采购者来说，采购电子商务系统的重点仍然是采购人员的技术与技巧。在推行采购电子商务方面，大企业通常比小企业更有活力。电子商务系统对于降低成本、增加供应源、提高效率无疑是有极大作用的，更重要的是通过系统设定了严格的操作程序，从而减少了人为的操作空间，由于层层授权的程序设计能够使操作步骤可以追溯，因而采购过程公开、透明。在电子商务中建立物资目录，实行统一的代码体系，减少一单一询价、一单一谈判、一单一签约，能够提高效率。同时，在系统中将战略采购协议所确定的供应商、价格、运输费用、批量折扣、价格调整等进行灵活配置，可以简化交易过程。

五、要实施战略采购，立足企业，面向全球

战略采购已经成为国外大公司采购的主要方式，大部分的采购量通过战略采购完成。在总的采购协议下，通过点对点网络链接等技术手段，实行供应商参与库存管理乃至直接管理库存，供求之间无缝对接，使采购效率提高，保供能力增强。由于电子商务系统的出现，全球采购成为现实。在全球经济一体化影响下，中央企业作为我国国民经济的支柱，国际化已经是一种趋势，在全球范围内搜寻供应商、配置资料，不仅能够通过充分竞争获取质量更可靠的产品和更优质的服务，还能够搭建国内外企业互相学习交流的平台，传播先进理念和管理经验，推动采购管理向更高水平迈进。

六、要制定采购支付策略，控制采购资金

采购以准确、合理的资金预算为前提，因此应避免资金在采购环节沉淀，提高资金的使用效率。采购与付款是采购资金控制活动的载体。对采购与付款流程的不同环节、不同岗位分级授权，坚持采购与付款业务不相容、岗位相互分离，相互监督和制约，是规范采购与付款行为、防范采购与付款过程中的差错与舞弊、降低财务成本、保障资金安全必要的控制措施。采购资金支付是资金控制的另一关键环节。企业要根据实际选择恰当的结算方式和支付方式，提高资金使用效率，增加无息、低息的可用资金，降低直接与间接结算成本，减少资金使用成本，避免或降低结算风险的发生。

七、要建立责任追究机制，严格采购流程，提高社会责任

建立采购管理制度，在制度设计上应保证授权的审批权限和责任、程序、监督三方面互相牵制、相互制约，后一个环节建立在前一个环节工作的基础上，同时也检核上一个环节的工作成果。在将采购管理纳入绩效考核的同时，也要建立对采购管理工作的责任追究机制，从流程操作中把控风险。同时，在采购管理中应恰当地引入监督检查机制，如企业的纪律检查部门应在事后介入采购活动，而审计部门可以在采购进行中和采购完成后分别介入采购活动。衡量企业社会责任的重要指标就是可持续发展。

八、要稳步提高采购工作者的素质

自招标采购制度被引入中央企业以来，一些企业不同程度地存在员工素质不一、专业水平不高甚至法治意识淡薄等问题，因此采购过程中的违法犯罪活动时有发生。必须坚持不懈地对采购人员加强教育与培训，提高其法治观念和专业水平；加强监督和管理，探索培训与评价相结合的方法，提高从业者的素质和采购部门的整体水平；不断创新体制机制，研究建立适应社会主义市场经济体制的长效机制，探索建立符合中国国情的采购模式。

第二章　国有企业招标投标管理规范

招标投标是配置和获取工程、货物和服务等资源的一个重要方法，是商品经济高度发展的产物。经济发达国家和国际组织都把招标投标纳入了法制化轨道，以提高采购的经济效益和透明度，维护平等竞争，规范招标投标行为，保护公共利益。作为一种有组织的、规范化的交易方式，招标投标制度具有保护有效的竞争、规范市场的运作准则、促进资源的合理化配置和实现最优化效益的功效，同时也是遏制腐败的有效措施。在当今强调竞争和效率的世界经济活动中，这种交易方式已经越来越受到重视并被广泛采用，成为国际贸易的主要方式之一。

招标投标制度的核心功能在于，它通过法律规定一套程序，保证了货物、工程和服务的招标采购活动能够公开透明、有序竞争、高效实施。通过实施有效的招标投标管理可以使招标方通过对各个投标竞争者的报价和其他条件进行综合比较，从中选择报价低、技术力量强、质量保障体系可靠、具有良好信誉的供应商、承包商作为中标者，与其签订采购合同，最终达到节约资金、提高质量的目的。同时，可加强对企业的资金和物质投入的控制，加强对工程项目投资成本、产成品成本和质量的控制，有助于企业挖掘效益潜力，提高资金的运转效率和企业的运行效率，增加收入。

总的来说，在国有企业中实施招标投标制度并对招标投标进行严格管理可以达到以下作用和目的：一是有利于促进市场资源的优化配置；二是有利于确保公开、公平、公正的市场竞争原则；三是有利于鼓励企业自主创新。

第一节　企业招标投标管理的基本内容

一、招标投标管理的基本含义

招标是招标单位（或采购人）事先提出货物、工程或服务的条件和要求，发表招标公告，在一定数量的投标单位前来投标之后，按照法定或约定程序从中择优选定最佳交易对象的一种市场交易行为。一般情况下，广义上的招标包括招标和投标两个基本环节，前者是招标人以一定的方式邀请不特定的自然人、法人或其他组织投标，后者是投标人响应招标人的要求参加投标竞争。没有招标就不会有供应商和承包商的投标；没有投标，采购人的招标就得不到响应。因此，招标和投标是一对相互对应的范畴，在世界各国和有关国际组织的招标法律规则中，尽管大多数只称招标，如国际竞争性招标、国内竞争性招标、限制性招标等，但无不对投标做出相应的规定和约束。

在市场经济条件下，招标作为一种有效地选择交易对象的市场行为，起着优化资源配置（特别是优化配置公共财产资源）、降低交易成本以及促进供给竞争的重要作用。这种交易方式除政府在采购商品、劳务、服务及实施基础设施建设时采用外，各类企业在商品采购、工程建设上也广泛采用，其始终贯穿着竞争性、公开性和公平性的原则。

二、招标投标管理的特点

（一）全方位开放，透明度高

招标活动历来有"阳光"事业之称，招标的目的是在尽可能大的范围内节约资金、提高效率，寻找符合要求的中标人，招标信息发布、确定评标方法、评标过程以及中标标准披露等各方面工作都在公众的监督之下进行，可以有效地防止不正当交易行为的发生。

（二）程序规范

按照目前世界各国、国际经济组织的做法以及国际惯例，招标机构须事先制定并公开颁布招标投标的程序和条件。这个程序和条件一般不能随便变更，对招标投标双方均具有法定约束效力，在进行招标活动时双方当事人必须严格按照既定的程序和条件来执行。

（三）交易双方一次成交

与一般交易在多次谈判协商之后才能有所成交不同，在招标采购中，主动权基本上掌握在招标人手里，绝大多数情况下投标人只能报一次价格，而招标人也必须以合理的评标方式来选择中标人。

（四）公正、客观

招标的整个过程都要本着公平竞争的原则，按照事先规定的程序和条件来进行。任何符合招标文件中资质要求的投标人在招标人发出招标公告或投标邀请书后均可参加投标，招标人和评标委员会也必须本着公平、客观的态度对待每一个投标人，不得有任何歧视或排斥某一个投标人的行为。

基于以上显著特点，招标在提高采购的客观性和透明度，达到最大限度的竞争，使投标人获得公平、公正待遇，促进资金节约和实现效益最大化等方面都发挥着极为重要的作用。

第二节　企业招标投标管理的理论研究

拍卖和招标不仅在经济活动中扮演着重要的角色，而且也与经济学理论息息相关。从 20 世纪 50 年代开始，博弈论基础理论的研究逐步深化、成熟，并取得了重大突破，博弈论也开始成为分析拍卖和招标行为的有力工具。拍卖为经济理论尤其是近年来日益受到关注的不完全信息博弈论提供了一个有用的试验场，拍卖的实证尝试主要集中在石油开采权、森林采伐权和国债发行权的拍卖方面。拍卖和招标理论是很多根本性理论工作的基础，极大地促进了我们对其他价格形成方式，尤其是标价和议价的理解。

弗里德曼（Friedrman，1956）首次运用运筹学方法研究了招标投标问题。后来人们在他的基础上做了大量工作，尤其是 20 世纪 60 年代美国得克萨斯州海底油田的租赁开采，极大地促进了关于招标投标问题的进一步研究。人们开始借助于数学模型这一有力工具，通过理论分析来指导招标投标决策。英格布雷希特·维根斯（Englbrecht-Wiggans，1981）对一般拍卖、投标模型进行了评述和归纳，并对以后的研究提出了很多问题。近年来，随着关于博弈论的研究越来越深入，关于招标投标的对策问题与均衡报价的研究也越来越多。

一、拍卖理论

（一）拍卖

拍卖是指用竞价方式买卖动产或不动产，其实质是一种商品交换和市场行为。在现代经济中，拍卖有其独特的存在价值。当一个卖方垄断者出售一件商品（如一件艺术品）或一个买方垄断者购买一种服务（如政府发包工程）时，他们不知道潜在的买方是如何评价该商品的，或者潜在的承包商提供这种服务的成本有多大，于是就会采取拍卖这种市场机制而不是简单地给商品或劳务贴上一个价格标签。因为在拍卖机制下，一些买方（承包商）的保留价格可能会高（低）于卖方垄断者（买方垄断者）所规定的价格，参与者通过投标机制可以揭示他们对商品的评价或他们愿提供服务的成本（价格揭示功能）。而且，拍卖过程的规范性提供了其他方式所不具备的合法性，人们很少对拍卖价格质疑，因此公共物品的购买等均要求采用拍卖形式，以保证公共利益不因某一小部分人谋求私利的行为受到损害。

拍卖行为的痕迹可以从经济学的一般均衡理论中隐约地发现。法国经济学家瓦尔拉斯最早在经济学的一般均衡理论中对拍卖行为进行了抽象定义，后来的经济学家深化了瓦尔拉斯"搜索"的内涵，认为它实际上是指抽象的拍卖行为。具体来说，瓦尔拉斯隐含地假设存在一个拍卖人，他负责喊出所有商品的价格（用货币或货币等价物来计值），所有的行为人都在瞬间内可得到这一价格信息，并很快地根据其对商品的需求函数及供给函数计算出其对各种商品的需求及供给，假定所有这一切均无成本。如果在这一价格下，不能使所有商品市场出清，则没有任何交易发生；或者行为人可试签合同，但如果哪个市场未出清，则可重新签订合同。直至拍卖人喊出均衡价格，这时交易在均衡价格下进行，所有商品市场全部出清。这种把一般均衡的抽象问题形象化为"拍卖"的方法，在一般均衡理论的现代形式中仍起着重要作用。

一般均衡理论的现代发展是阿罗—德布鲁的竞争均衡理论。1950年左右，阿罗和德布鲁开始对瓦尔拉斯的一般均衡理论进行严格表述。他们运用拓扑学中的不动点定理证明了均衡价格的存在性，还证明了这一均衡价格具有帕累托最优性质，即均衡价格的任何改变都不会使一些人变得更好而另一些人保持不变，因而从社会福利的角度来讲，它是最优的。另外，他们对均衡价格的唯一性、稳定性也做了研究。尽管竞争均衡模型的数学形式很优美，但从理论本身还不能推知在现实中如何实现这种具有社会福利最优的均衡价格。为实现这一目的，只有再次假设抽象拍卖市场的存在，以保证现实市场价格与理论均衡价格的一致性。

可见，如果不使一般均衡理论流于形式，而要对现实经济问题具有解释力，一个近似于抽象拍卖市场的机制的存在是必要的。但是所有的一般均衡理论又都把拍卖市场作为外生给定，而且假设其具有最高效率，忽视了对拍卖行为本身的研究。

（二）拍卖的形式及其决策规则

维克利（Vickrey，1961）根据治理交易的制度规则把拍卖分为四种类型：①英式拍卖。一般首选由拍卖人宣布卖方的保留价格或从参加竞拍的人中得到的第一个报价，任何报价一旦被拍卖人接受就成为既定的标价，投标人无法撤回，只要报价高于既定标价都是可以接受的，最后当没有人愿出一个更高的价格时，拍卖品就出售给最后一个投标者（也是出价最高的人），成交价格等于其出价。②荷兰式拍卖。规定出示价格水平一般高于任何一个买方所愿意支付的价格，然后，拍卖人逐渐降低价格直到有第一个买方接受，拍卖品在这一接受价格卖给这个买方。③第一价格拍卖。这是最普通的封闭投标拍卖形式，最高出价者按该价格购得拍卖品。④第二价格拍卖。这也是一种封闭投标拍卖形式，但与第一价格拍卖不同，提交最高价的投标者赢得拍卖品，但按次高标价支付。

（三）四种类型的拍卖各有其特殊的决策规则

在英式拍卖中，对于追求效用最大化的投标人，只有当标价低于其保留价格时，他才会继续投标，否则他将退出竞拍。因此，标价既不取决于投标人的风险偏好，也不依赖于他对其他投标人标价的预期，只决定于个人的保留价格和当时已报出的最高标价。从这个意义上说，使个人效用最大化的投标是"优胜"策略，满足纳什均衡条件。英式拍卖机制引致资源的帕累托效率配置，因为这时的总剩余即卖方剩余（成交价）和买方剩余（保留价格减去成交价）之和最大。

对于荷兰式拍卖，投标人在决定报价最大的预期收益时，需要分析他所拥有的关于其他人可能出价的全部信息，而其他人的报价又依赖于他们对第一投标人行为的预期。产生收益的可能性随着价格的不断下降而出现，但是随着价格的降低和收益的增加，得到这一收益的可能性却在减少。因此，每个投标人都必须根据他所掌握的关于其他人的可能出价的信息，权衡这两个因素。

第一价格拍卖的买方必须考虑他们所拥有的关于其他投标人可能的出价信息，不会使自己的标价等于自己的保留价格；效用最大化策略取决于每一个投标人的风险偏好和他对其他投标人出价的预期，没有优胜策略；具有最高保留价格的投标人并不一定是最高出价人。如果标价是保留价格的增函数，同时所有投标人具有相同的风险偏好，并且对其他对手的出价有相同的预期，那么这种拍卖机制会引致帕累托效率。

实施第二价格拍卖程序时，投标人所采取的预期效用最大化策略使标价等于保留价格；投标策略与投标人的风险偏好或其对他人策略的预期无关；最后的赢家是拍卖品对其具有最大价值的那个人，这时的资源配置达到了帕累托效率。

上述只是拍卖活动中最基础的模式。如暗标拍卖（各投标人密封标书投标，统一时间开标，标价最高者中标）中，除投标方式、开标方式等技术性问题的规定外，实际上只给出了一条具体的有实质内容的规则，就是标价最高者中标。在这种最简单的拍卖规则下，标价最高者中标，而不中标者无任何损失，即使只有一个投标方投标，且标价极低，卖方也必须以此价格将拍卖品卖给他。这种方式虽然能保证成交，但是却隐含着许多对卖方不利的风险因素。为了避免风险，卖主可以对拍卖的规则作进一步改进，如预先设置一个底价，最高价不超过这个底价时不能成交；要求投标人交付一定的投标费用，使投标人即使不中标也有一定的成本，促使其积极争取中标。

二、基于博弈论的招标投标机制研究

博弈论作为经济学的重要研究工具，随着自身理论体系的不断完善，应用领域也在逐渐扩大。招标采购便是其中之一。人们在采用博弈论研究招标采购的过程中，能够很好地解释一些现象，同时也对现实的招标投标机制设计提出了一些要求。招标投标中应用的博弈论工具主要包括委托代理关系理论、声誉理论、激励理论等内容。

（一）博弈论及其在招标投标中的应用

博弈论是研究招标投标最为强有力的工具，目前对于招标投标的相关研究主要是基于博弈论对招标的规则设计、投标价格决策、招标投标在不同行业中的应用等方面进行研究，而基于博弈论的招标投标机制，尤其是针对招标代理人、评标人和投标人的激励、约束和监督机制的研究相对较少。

依曼和摩根斯坦合著的《博弈论与经济行为》建立了博弈论的基本分析框架，标志着系统的博弈论初步形成。纳什明确提出了"纳什均衡"这一基本概念，提示了博弈论和经济均衡的内在联系。

（二）委托代理理论及其在机制设计中的应用

不从交易双方的利益冲突角度出发，而从交易双方信息不对称角度看，招标投标还是一个委托代理关系的集合体。委托代理理论既是西方现代产权经济学也是信息经济学的一个主要分支，其理论核心是设计一种合理的激励机制，使代理人能按照委托人的预期目标努力工作，使委托人与代理人在相互博弈的过程中实现双赢的格局。该理论的主要目标是通过考察委托人和代理人所面临的风险分担、利益分享和激励机制之间的关系，确定合理的产权结构安排，提供设计激励机制的基本原理。

（三）基于博弈论的招标投标代理人激励、约束和监督机制

相对于分散招标采购，集中招标投标的规模大得多，涉及活动环节很多，必须依赖专业的招标代理人组织运作。由于招标代理人具有很多"私人信息"，并且其行为并不易被招标人直接观测，因此与招标人之间形成了委托代理关系，需要进行机制设计，激励其积极参与集中招标投标活动，约束其机会性短期行为，维护招标人利益。

在机制设计中，委托人要解决三个方面的问题：首先要解决的问题是激励理性代理人有兴趣接受委托人设计的机制，从而参与博弈，这要求代理人在该机制下得到的期望效用必须不小于他在不接受这个机制时得到的最大期望效用，这个问题被称为参与约束或个人理性约束。其次要解决的问题是在条件容许的情况下，尽量消除委托人和代理人之间的信息不对称，从而使委托人能够监督代理人

的类型和行为，便于约束。最后要解决的问题是给定委托人对代理人的类型不知道或知之甚少的情况下，约束代理人在委托人所设计的机制中积极选择委托人所希望的行动，这要求代理人此时得到的期望效用不小于他选择其他行动时得到的期望效用，这个问题被称为激励相容约束。

由于激励和约束机制并不能完全促使代理人全心全意为委托人努力工作，因而在激励约束机制外辅以一定合理的监督机制就十分必要。监督机制的目的是消除委托人和代理人之间的信息不对称。

第三节　国外招标投标管理的先进经验

一、国外招标制度总体借鉴

招标投标制度在市场经济国家已成为一项非常重要的制度，经过不断发展和完善，形成了一套可供借鉴的管理制度。

（一）注重立法，实行法制化管理

招标投标及采购法律法规是市场经济国家以及有关国际组织的基本法律制度之一。

早在 18 世纪英国就制定了有关政府部门公共用品招标采购法律，美国在 20 世纪 30 年代初制定了一系列与招标采购有关的法律法规及实施细则，如《联邦采购政策办公室宪法》《联邦采购规则》《联邦国防采购补充规则》等。除此之外，意大利、瑞士、比利时、韩国等国家也较早制定了相应的法律法规，分别规定了本国招标采购的基本原则、基本框架及基本程序。

国际组织也相继制定颁布了招标采购法律。世界银行为规范借款国的招标采购行为，1981 年颁布了《世界银行借款人和世界银行作为执行机构聘请咨询专家指南》，1985 年颁布了以强化招标采购监督而著称的《国际复兴开发银行贷款和国际开发协会信贷采购指南》。欧盟在《成立欧洲经济共同体条约》的指导下，相继制定了有关政府采购、工程、服务和公用事业等方面的招标规则。联合国贸易法委员会为促进国际贸易法律的规范化和统一化，于 1994 年颁布了《货物、工程和服务采购示范法》，以指导各国特别是发展中国家的招标采购立法。

尽管西方国家和一些国际组织的招标采购立法体系不同，某些具体内容也有差异，但从总体上看，它们具有一些相同点。

一是贯穿竞争、平等、公开、开放的宗旨。在价格、质量、及时提供产品或服务等方面最大限度地满足招标采购人的要求，坚持报价最低或条件最优惠的投标人中标原则；促进和鼓励国内所有的供应商和承包商参与投标，并在一定限制内鼓励国外的供应商和承包商参与招投标，以体现充分竞争；坚持给予所有参加投标的供应商和承包商以公平和平等待遇的原则；保证招标采购过程所有的参与人在其权利受到侵犯时能及时获得有效的法律救济手段。

二是对公共采购实行强制招标。对公共（政府及国有企业、事业）采购实行强制招标。对公共采购推行强制招标是绝大多数国家采购法律又一个特点。普遍规定，凡是政府部门、国有企业以及某些对公共利益影响重大的私人企业进行的采购项目达到规定金额的都必须实行招标。美国和欧盟（包括各成员国）按传统的公共采购部门和公用事业部门的采购将其分为两类：一是将传统公共采购部门的货物和服务招标限额按中央政府部门和其他公共采购部门划分为两类；二是将公用事业部门的货物和服务招标限额不同部门划分为两类。如美国法律规定，中央政府部门的货物或服务采购金额达到 13 万特别提款权的必须实行招标；欧盟法律规定，中央政府部门的货物或服务采购金额达到 137537 欧元的必须实行招标。从种类和限额划分可以看出以下几个特点：第一，货物与服务的招标限额是一样的，比工程的招标限额要低得多，一般后者为前者的十倍以上。第二，在传统公共采购中，中央政府部门限额要比地方政府和其他公共采购部门的限额低。而在公用事业部门的采购中，水、能源和交通运输部门的限额要比电信部门的限额低，也就是说，中央政府、地方政府比其他公共部门要严格得多。第三，欧盟除中央政府部门的货物和服务的招标限额与美国的相同，其他有关的招标限额都比美国的要低一些。

三是可以自由选择招标方式，但对谈判招标方式（议标）进行严格限制。法律对招标方式不作硬性规定，招标人可以根据实际情况选择招标方式，也就是说既可选择竞争性招标，也可以选择有限竞争招标，还可以采用谈判招标方式（议标），但都对谈判招标方式进行严格限制。

（二）加强监督，保障招标采购依法运作

西方发达国家和国际组织非常重视招标采购监管体系的建立和完善。美国于 1990 年成立了联邦采购规则委员会，负责监管联邦公共采购法律的实施。通过相应的行政的、司法的和仲裁的措施，有效地监督招标法规的执行。奥地利、比利时采购法律和欧盟采购指令对公共采购的监管作了严格规定。总的原则是，对于招标过程中招标人的违法行为，投标人可以向成员国或欧盟委员会提出控告。

（三）成立专门机构，推行职业化管理

由于政府采购是经常性且任务量大的工作，招标采购的专业性又很强，所以建立招标采购机构、培养专业采购人员，是有效运用法律、提高采购效率的有力保证。目前在欧盟乃至世界范围内从事公共采购的职业已经成为与律师、会计师一样重要的、专业化的社会职业。不少国家，如瑞士、意大利、英国政府都设有专门对采购进行政策导向和协调的综合性管理部门。美国联邦政府各部门如国防部、商务部、宇航局等都设立了专门的采购机构，负责本部门的采购业务。国有企业和对公共利益影响较大的某些私人企业，也有自己的专门采购机构。

二、美国招标采购管理制度体系

西方市场经济国家尤其是美国、英国等发达国家，都建立了完善的招标采购管理制度，对招标采购行为进行严格的管理，以保证采购资金的有效利用，保证招标采购过程的公开透明且提高办事效率。美国的招标采购管理制度体系相比之下比较典型、比较成熟和严密。

（一）美国招标采购管理的基本制度

美国政府规定，政府部门和公用事业部门对工程、货物和服务的采购，超过一定限额的，必须进行招标。美国对招标采购的管理，遵循公开竞争、公众利益和承包商利益平衡，以及保证承包过程完整性三大原则，主要制度有：

1. 公开招标制度

一是统一招标文件格式，制定了通用的招标公告、标书、招标文件及合同条款等文本规范；二是规定招标步骤和程序，对招标管理人员和操作人员明确定位，确定不同人员在招标过程中的工作范围、互相衔接和配合办法；三是以制度管理招标采购合同条款。使用统一的格式和条文对合同实行规范化管理。比如，条款中的价格条件，政府给出 6 种标准可供选择，同时规定每种价格条件的含义与解释；在技术规格条款中，有明确的规格设计的原则、方法以及应当参照的国家标准等。

2. 作业标准化制度

这一制度详细制定了招标采购的操作规程。例如，将国际招标分为 8 个阶段，每个阶段又分数项步骤，还将细分后的步骤制成"招标采购项目进度表"，统一编目和编号，并将其发给招标采购管理人员和操作人员，每一个步骤完成之后签字交付，待整项工作完成后形成资料齐全的档案。这套科学的管理制度在大型的招标采购中，特别是头绪多、时间长的国际工程招标采购项目中发挥了很大的作用。

3. 供应商评审制度

供应商评审制度规定了供应商的资料种类和归档方法，按照国家标准局规定，提出了本国企业审查的项目、应提交资料、审查标准以及对国外企业审查的标准、项目和方法，并要求审查后及时整理编目、提出分析报告或列出合格供应商名单。

4. 审计监察制度

审计监察制度分为招标采购审计和管理审计两部分。招标采购审计内容为审查采购部门的政策与程序、采购数量和成本价格，以及招标采购过程中发生的一切财务事项。管理审计主要观察投标企业的组织结构、资料系统、工作效率、考核办法等有关管理事项。同时考核招标采购部门的工作计划和工作进度情况。审计分为定期和不定期两种，且内部审计与外部审计相结合。

5. 交货追查制度

按工作程序分为三步：第一步是检查合同的签订，催促其按时完成；第二步是检查交货情况，督促其按时、按质、按量履行交货义务；第三步是交货完成后整理资料归档，以便对物资和项目的使用情况进行跟踪调查。

（二）美国招标采购管理的相关机构

美国招标采购管理机构主要由法律监督机构、采购执行机构和纠纷处理机构三部分构成。

1. 法律监督机构

一是 1990 年成立的联邦采购规则委员会，主要负责监管联邦公共采购法律的实施；二是总会计师事务所，作为美国国会下属的机关，根据宪法执行对招标采购活动的监督；三是总审计署办公室，有权对行政机关的招标采购活动进行评估和审计，受理投标人及其他有关当事人对招标采购的投诉。此外，联邦政府各部门还设有独立的监察办公室，负责审定是否需要对本部门的招标采购采取纠正措施。

2. 采购执行机构

采购执行机构分为三个层次：一是联邦采购办公室，主要在招标采购制度的制定过程中起总体的指导和领导作用，负责发布普遍适用于各部门的规章制度，协调具体的采购活动；二是政府机关中的管理部门；三是合同官员，政府采购合同的实施是通过某些合同官员来进行的，每项采购所涉及的官员有不少，但签订合同的权力限定给一些确定的官员，他们通过对采购系统的高效管理和监督来保护公共资源，并且给整个招标采购系统带来确定性。

3. 纠纷处理机构

纠纷处理机构由合同上诉理事会、美国联邦赔偿法院和美国联邦巡回上诉法院构成。

三、德国的招标投标管理及投诉机制

德国的招标主体是政府机关、国有企业，以及关系到公共事务的私营垄断行业如水、电、公共交通行业等。招标范围主要是建筑工程、服务业、普通货物产品等。

德国的招标投标工作有一系列法律法规支撑，主要有联邦政府议会通过的价格法、反对限制竞争法、财政预算法等，以及经济管理部门制定的相应实施细则、条例等。同时，德国的招标投标工作还要符合欧盟的相关法律法规，主要包括建筑领域准则、普通产品供货准则、服务业准则，铁路、通信准则，以及农产品国产化比例规定等。

德国的招标投标工作主要由德国联邦政府反对限制竞争局负责管理和协调，该局有员工150余人，主要是精通各行业的法律专家，在各州有办事处。政府机关、国有企业等需要购买产品时，根据产品复杂程度，可自行或委托专业机构编制标书。20万欧元以上的产品及服务、500万欧元以上的建筑项目必须在欧盟官方网站上以多种语言公布或以官方文件形式发表，实际是面向全球公开招标。公布的信息里，有招标产品的基本情况，如购买产品内容、基本要求、招标方式、开标时间、投标企业资质要求、联系电话、联系人等。标书上还要注明，今后如发生争议，执行仲裁的具体法院名称等。感兴趣的企业可向招标方进一步咨询。投标企业如发现标书中有歧视性条款，可进行投诉。

评标结束后，评标结果要在网站上公布，并通知每一个投标企业。投标企业如发现评标不公正，可投诉。投诉企业首先是向联邦政府反对限制竞争局进行投诉。接到投诉后，在通常情况下，该局会组织三人评判委员会。委员会中两人是局里法律专家，一人是外聘的该行业的业务专家，在规定时间里，做出复核结果。相关单位或企业，如对结果不服，可向标书上列举的法院提起上诉，该法院判定将为最终结果。如发现评标中有明显的犯罪行为，投诉企业也可直接向法院起诉。如果由于投诉的处理时间较长，最终结果出来后，评标结果已无法改变，政府将给予投标损失方国家赔偿。在德国，被告、原告始终是招标、投标双方，而不是政府部门。在处理经济活动中的争议时，政府只是初级仲裁。

为了提高招标采购效率，更好地防止腐败发生，德国还采取了以下有效措施：一是推行电子采购来提高采购招标投标活动的透明度；二是对招标采购管理部门的人员实行轮岗制度，防止采购员与供应商建立起利益关系；三是政府成立腐败登记处，对历史上有过腐败行为的供应商进行登记；四是由司法部门抽调人员组成反腐败小组，对政府采购招标投标活动进行事前和事后检查。

四、澳大利亚和新西兰两国政府采购及招标投标管理概况

澳大利亚和新西兰两国的政府采购及招标投标管理工作机构设置合理、法治建设完备、招标采购方式科学、监管制度健全。

（一）机构设置合理

澳大利亚政府采购主管机关是联邦财务与行政管理部，下设 6 个部门，其中涉及政府采购的部门主要有商业服务部、预算部、合作部和财政和电子商务部。这几个部门的主要职责分别是：商业服务部是立法和宏观管理部门，不直接参与政府采购的具体事务性工作，主要负责联邦政府采购的政策、法规的制定、修改，以及执行情况的监督、检查；对商品及服务供应商的市场准入资格进行审查和认定；接受个人以及商品和服务供应商对政府采购事项的投诉。预算部主要负责各代理机构政府采购项目、预算的审批，预算资金的划拨、预算执行情况的检查和评估，以及各部门采购预算的协调、建议等。合作部主要负责联邦政府各部门之间政府采购计划、项目的协调、分配，同时负责财政和公共管理部内部的政府采购，向各部门提供信息管理和服务。财政和电子商务部主要负责政府电子招标采购的宣传工作，建立电子商务系统和网络，促进电子招标采购发展。

新西兰政府采购机构采用委员会制，其政府物资委员会负责修改政府采购制度、制定政府采购政策、审定政府采购的标准合同、培训政府采购专业人员、实施或参与政府采购工作，通过接受公共部门的采购订货，将采购信息发布于有关信息网，运用市场竞争条件寻找最佳供货商。

（二）法治建设完备

澳大利亚和新西兰两国政府制定了较完备的法律制度。澳大利亚政府采购的法律法规包括以下四个层级：第一层级由法律、制度和国际性条例组成。法律主要包括《宪法》《1999 年公共服务法》《1914 年犯罪法》《1982 年信息自由法》等；制度主要包括政府政策、公开竞争、强制性报告等。国际性条例主要包括澳大利亚—新西兰政府采购协议，以及与美国、泰国和新加坡签订的双边自由贸易协议等。第二层级以《财政管理责任法》（1997）和《联邦机构和公司法》（1997）为基础，还包括《财政管理和责任条例》《财政管理和责任命令》《联邦机构和公司条例》等。第三层级是政府采购工作框架，包括《联邦采购指南》《强制采购程序指导》等。第四层级主要指导招标采购人员进行具体的采购活动，包括《首席采购官指南》《内部程序》《采购指导》等。

由于具有比较完备的法律法规，两国在工程建设方面出现的诸多问题均有法可依。两国政府使用法律构建安全、效率的工程建设管理体系，满足政府和公民对廉洁工程的要求。其法律详细规定了政府和建设管理者的权利和义务，明确了投资建设者的权责划分和公民权益的法律保障。尽管两国工程建设量不大，但政府规定每个公共工程都需经过充分论证、公示，并广泛征求意见，以有效避免工程建设在实施过程中的人为障碍。此外，两国在基础设施建设领域应用 PPP 模式，即政府（Public）、私人（私营企业）（Private）、合作伙伴（Partner），并且澳大利亚已成为世界上 PPP 模式应用体系最为成熟的国家之一。这种模式能够大量引入民间资本，缩减国家对基础设施建设投资的同时，也使政府管理更加科学。

（三）招标采购方式科学

澳大利亚和新西兰两国政府招标采购方式主要有以下三种：

（1）公开招标。即采购部门在政府招标采购网或部门网站发布招标公告，并在截止日期前，接受所有符合条件的潜在供应商的标书后进行选择。公告应包括部门名称及联系方式、采购商品或服务描述、其他参与条件、标书投递地址及截止时间、所需商品或服务送达时间等。

（2）选择招标。即采购部门向经过选择的所有潜在供应商发出邀请，并对收到邀请且提交标书的供应商进行选择，同时需确保选择过程未对任何供应商产生歧视。选择招标适用于以下三个方面：一是具有可供多次使用的名单。名单列有已经过预选并符合相关采购要求的潜在供应商，并按商品或服务的种类划分，选择招标应以进入名单的供应商为基础。二是采购部门提出明确要求，如候选名单需由位居行业前列的供应商构成。三是被授予某种特别资格或符合法律规定的某些特殊供应商。

（3）单一来源。即采购部门只邀请一个供应商或供应商联合体参与采购活动，且符合"物有所值"的原则。单一来源采购在有限的条件下适用，如参加投标的供应商不符合采购的最低要求、急需却没时间进行公开招标、采购特别产品或只有一家供应商、需从原供应商处获得零配件以及其他软件支持等。

（四）监管制度健全

澳大利亚、新西兰两国有着较为健全的行政监管制度。廉政公署接受公众对政府不当和不良行为的投诉，监督政府依法行政，改善政府管理，维护社会公正。通过接受和调查公众对政府机关的投诉，发挥对政府及其公务员的监督作用，促进行政机关及其公务员工作的合法、廉洁、高效。

新西兰高度重视廉政建设。早在 1962 年就建立了廉政办公室，议会还在通过相关廉政法律打击垄断与暗箱操作的同时，加大公众参与程度。新西兰各地方政府只负责提供交通、住房、供水、供电等生活服务，管理范围和权限都十分有限，在很大程度上避免了权钱交易和权力滥用。其政治运作高度透明，议会严格监督政府决策，议会的所有正式会议都对公众开放，议会发言情况通过广播、电视等同步向全国播出。

第四节　国内招标投标管理的成功经验

1999 年 8 月和 2002 年 6 月，全国人民代表大会常务委员会分别通过了《中华人民共和国招标投标法》（以下简称《招标投标法》）和《中华人民共和国政府采购法》（以下简称《采购法》）。《采购法》根据 2014 年 8 月 31 日第十二届全国人民代表大会常务委员会第十次会议《关于修改〈中华人民共和国保险法〉等五部法律的决定》修正。这两部法律对招标项目、招标原则、招标方式以及投标、开标、评标和中标等内容进行了规定，其颁布和实施标志着在我国从法律层面确立了招标投标的地位。

一、中国移动招标采购管理体系

中国移动自 2004 年实施招标采购的集中化管理以来，招标采购成本得到了有效控制；同时在招标投标管理、供应商管理等方面不断加大集中化管理力度，并积极开拓创新，取得了很好的效果。

（一）建章立制，推进集中化管理

中国移动从实施招标采购集中化管理以来，逐步在全集团建设了统一的"一套流程、两级管理、三级操作"的集中化管理体制，统一了供应商的产品质量、服务品质，充分发挥集团规模优势，提高投资效益，产品性价比不断提升，取得了很好的效果。

在招标投标方面，中国移动贯彻执行《招标投标法》及相关法规规章，并结合法律法规相关要求，对招标投标每个环节都制定了严格的规章制度，规范操作流程，明确工作职责，加强对招标采购的闭环管理，营造公开、公平、公正、透明的招标环境。

建立资格预审制度，剔除不适合履行合同的潜在投标人，提高了招标效率，降低了履约风险；建立产品分配制度，使中标供应商产品分配工作制度化、流程化，更加公平、公正；建立供应商管理制度，加强对供应商的合作与管理，逐步构建了安全、稳定、和谐、高效的供应链管理体系；建立文件资料管理制度，实现招标文件管理的标准化、规范化、程序化；在招标采购的技术规范制定方面，加强与业界主流供应商的广泛交流、沟通与合作，相互促进和影响，使中国移动的技术标准始终处于业界主流，并引导未来发展方向。

通过建章立制，加强了集中化管理，建立了标准化、流程化的工作制度，保证了企业招标采购活动有序、规范地开展。

（二）建立了完善的招标活动监督机制

中国移动非常重视招标采购活动的廉洁自律，建立了完善的监察机制，保证招标采购工作的公开、公平、公正和透明。

第一，建立了完善的招标采购监督制度，规范了招标采购项目监督内容和监督程序，保证对招标采购活动的有效监督；建立了合同签约履行监管制度，规范了合同签约流程，防范经营风险。

第二，纪检监察部门对每次招标采购均全程予以监督，并参与决策，保证了招标采购活动的公平、公正。

第三，建立了招标投标活动投诉受理体系。根据国家相关法律法规，公开发布投诉渠道、流程、受理部门、联系方式，有效保护了企业和招标投标当事人的合法权益，维护了社会公平竞争的经济秩序。

第四，每年度组织对省公司招标采购活动的专项检查工作，促进全集团招标采购工作的规范化管理。

（三）开拓创新，构建更加和谐的行业环境

中国移动参考国际最佳实践并结合自身实际情况，不断开拓创新，采取了一些行之有效的新模式、新方法，提高了采购效率，降低了采购成本，使招标活动更加公正和透明。中国移动在采购信息化、双向后评估等四个方面取得了创新成果。

一是电子招标投标的广泛应用。中国移动通过网站媒体公开发布招标、中标信息，供应商可以通过门户网站在线购买标书、电子投标。电子招标投标构建了更加公开、公平、公正、透明的竞争环境，提高了招标投标的工作效率。

二是采购信息化的应用和推广。中国移动基于先进的电子采购平台，以集中化的思路，建设了统一管理、全网使用的 B2B 电子商务系统。采购信息化系统实现了从招标采购到订单执行的 B2B 电子商务全过程电子化，提高了招标采购工作的效率，降低了双方的操作成本。

三是供应商后评估与招标采购紧密结合。将供应商后评估成绩引入招标采购的评标中，改变了以往每次招标为孤立行为的情况，完善了招标采购的闭环管理。后评估结果在评标体系中占有约 20%的权重，激励供应商提高产品质量、改善服务，促进了企业和优秀供应商的长期合作。

四是创造性地开展了供应商反向后评估，即由供应商从招标、订货、签约、履约和合作自律等方面，对中国移动自身的管理提出意见，帮助公司发现和有针对性地改进自身管理存在的不足。2006~2008 年，中国移动的反向后评估开展了三年，深入应用到总部和各省公司的采购管理中，发挥了很好的作用，其自身管理工作不断完善，供应商对中国移动的整体评价也明显改善，综合评分从2006年的87.3分上升至2008年的95.8分。反向后评估的开展，使中国移动与供应商平等合作、相互促进，推动了产业链的和谐发展。

（四）加强从业人员的队伍建设

中国移动非常重视招标采购从业人员的队伍建设。在总部和31个省级公司建立了专门的招标采购机构，专业的招标采购人员超过600人。为了不断提高采购人员的专业水平和职业修养，中国移动定期开展专业技能培训和廉洁自律教育，建设了一支高素质、高效率、专业化的招标采购团队，以更好地为企业发展服务。

为发挥整体资源优势，进一步规范企业招标采购活动，中国移动根据自身特点，建立了十二大类、二十小类专业类别的集中采购专家库，规范对集中采购专家的监督管理，保证招标采购活动的公平、公正。目前专家库内专家已超过1500人，在招标采购中发挥了重要作用，保证了评标、厂验、产品检测、供应商认证等活动的规范、顺利开展。

二、中石化招标采购管理体系

中石化2006年修订了《中石化物资招标采购管理办法》，在集团总部层面，建立健全了招标采购的业务操作流程和实施细则，以及一整套相对统一的评标标准。各级子公司按要求制定了企业层面的招标管理实施办法，建立健全了企业层面的招标管理组织机构和管理运行机制。

（一）建立健全招标采购管理体系

中石化实施"集中管理、分层操作、网上运行"的招标管理模式，建立了物资装备部归口集中管理、国际事业公司和企业分层操作的招标采购管理体系。"集中管理"就是由集团总部物资装备部负责招标采购工作的管理、监督、指导和协调。"分层操作"就是由国际事业公司负责集团化采购中总部直接集中采购、总部组织集中采购物资和总部授权集中采购物资的招标工作。各子公司负责企业自采物资和总部委托的总部组织集中采购物资招标采购。"网上运行"就是通过中国石化电子商务网和商务部的国际招标网实现国内外招标网上运行，招标过程在网上全程公开、全程在案、永远可追溯。

（二）着力推行网上招标，不断提高招标规范化水平

中国石化电子商务网的网上招标系统可以把招标采购的全过程搬到网上实现，包括在线提报招标计划、生成标准招标文件、发布招标公告、开标评标、编制评标报告和公布中标结果等功能。

通过网上电子化招标，统一了各级企业物资招标采购工作流程、招标文件、

评标方法和评标专家库，为各级企业实施招标采购业务提供了统一、高效的操作平台，而且实现了对企业招标过程的实时监控，充分体现了招标工作效率。

（三）推行框架协议招标和集中招标，提高工作效率

集中招标是把多个项目、多个用户、相同物资品种的多个标段集中在一起，一次开标。框架协议招标是指把技术标准相对统一、采购频次高的物资需求进行有效集中，实施规模化招标，确定中标供应商、中标价格或定价公式，签订框架采购协议，并在协议项下实施订单采购操作的一种招标采购方式。先后在镇海、天津等百万吨乙烯建设项目，电气仪表隐患治理等重点工程项目，以及阀门、电缆、无缝钢等大宗通用物资的采购中实施了集中招标和框架协议采购招标，取得了十分明显的效果。

（四）大力推行理性招标，招标采购科学化水平持续提高

一是严格实施各投标供应商的资格预审。建立了严格的招标供应商资格预审制度，在招标前对投标供应商的资质条件和供货业绩进行严格的审查，履行现场考察、资质审核等必要手段。二是坚持贯彻落实供应商业绩引导订货机制。对于具有良好供货业绩、产品质量好、交货及时、服务优良、诚实守信的优秀供应商，在评标办法中汇总给予量化加分，对于历史供货业绩差、曾经有违约行为的供应商在评标办法中给予适当的量化罚分。业绩引导订货机制有效地防范了供应商在价格方面的恶性竞争，规避了低价劣质风险，对保障企业安全供应、安全生产起到了良好作用。

第五节　国有企业加强招标投标管理规范建设的问题与对策

一、国有企业招标投标管理存在的问题

由于招标投标机制能够有效解决交易双方信息不对称问题，促进交易半径的扩大，降低采购费用，具有公开、公平、公正的特点，并且能够有效防止腐败，因此被越来越多的国有企业特别是中央企业作为采购的主要方式。

国有企业招标投标的总体发展是好的，招标投标活动日益普及，招标投标活动的质量也日益提高，招标投标信息愈加公开透明。但是本书课题组通过对部分中央企业招标投标情况的调查研究发现，从招标投标管理的情况来看，其仍处在起步阶段，真正运用招标投标对企业物资进行采购的范围不广，水平也不高，目

前国内只有少数企业建立起了全流程网上招标平台。另外，招标投标管理尚不规范，虽然国家及有关部门出台了《招标投标法》《工程建设项目招标代理机构资格认定办法》《工程建设项目招标范围和规模标准规定》《工程建设项目招标投标活动投诉处理办法》《工程建设项目自行招标试行办法》《关于禁止串通招标投标行为的暂行规定》《国家技术创新项目招标投标管理办法》《国家重大建设项目招标投标监督暂行办法》《评标委员会和评标方法暂行规定》《评标专家和评标专家库管理暂行办法》《招标公告发布暂行办法》《招标投标违法行为记录公告暂行办法》《中央投资项目招标代理机构资格认定管理办法》等法律法规，但在实际工作中仍然缺乏必要的措施来约束企业行为。同时，中央企业招标投标管理工作的水平各异，相差甚远，如中国移动、中国电信、中国联通、国家电网和中国华电集团等企业均在其主要网站设有招标投标管理平台，但是没有设置招标投标管理电子平台的企业仍占绝大多数。

具体来看，目前国有企业在招标投标方面主要存在以下问题：

（一）招标投标管理机构机制不健全

一是多数企业的招标工作按项目内容由不同业务部门主管，存在事实上的多头管理，操作程序不尽统一；二是招标组织人员多为经济、技术岗位人员，缺乏招标专业知识，处理突发事件、把握程序细节的能力明显不足；三是缺乏责、权、利对称统一的评价约束机制，责任追究不到位，评价激励明显不够，主管部门、人员的积极性没有充分发挥。

同时，某些主管机关、主管部门出于地方保护、行业保护的目的，制定了不平等的评标政策，排斥外地、外系统投标人，或向招标单位暗示、推荐投标人或授意评标意向，干预招标；强制为招标单位推荐、指定招标代理机构，甚至越俎代庖，出面组织招标，由监督主体变为管理主体；非善意管理，巧立名目，搭车收费，如收取政策咨询费、标底审查费等。

（二）决策机制不完善

一是评标委员会的构成不合理，行政领导、有关部门管理人员多，有的甚至按部门分名额，面面俱到，不能保证技术、经济等方面的专家不少于2/3的比例要求，评标变成行政决策，权威性降低。

二是随着国企改革改制的深入，招标主管部门人员精减，力量有限，不得不较多采用无标底招标，有的即便编制有标底，因没有建立价格信息库，多为"纸上谈兵"，对评标参考价值不大。评标办法概括、笼统，缺乏定性定量相结合、操作性强的评标细则，评标多依据投标报价而非评标综合价，感性因素多，随意性强。

三是诱导性评标，评标时常先由评委会主任根据招标人意图发表"指导性"

意见，评委再进行打分或投票，评标缺乏公正。

四是评标与定标相脱节，《招标投标法》及有关部门规章对评标、定标间隔期限未进行明确界定，实践中许多企业常常将评标、定标割裂开分阶段进行，很少当场授标，招标透明度低。

（三）缺乏有效的风险控制机制

（1）价格风险。一是由于供应商与相关业务人员在投标前相互串通、透露标底，使企业采购蒙受损失。二是由于采购人员对价格预测失误而进行批量采购，造成价格风险。

（2）采购质量风险。一方面由于供应商提供的物资质量不符合要求，从而导致企业不能正常生产，给用户造成经济、技术、人身安全、企业声誉等方面的损害。另一方面供应商提供的物资以次充好，直接影响到企业产品的整体质量、制造加工与交货期，降低了企业信誉和产品的竞争力。

（3）计划风险。因市场需求发生变动，影响到采购计划的准确性；采购计划编制不适当或不科学，与目标发生较大偏离，出现采购计划风险。

（4）合同风险。一是合同条款模糊不清，盲目签约；违约责任约束简化，只有口头协议、君子协定；鉴证、公证合同比例过低。二是合同行为不正当。卖方为了改变在市场竞争中的不利地位，往往采取一系列不正当手段，如对采购人员行贿，套取企业采购标底；给予虚假优惠，以某些好处为诱饵兜售假冒伪劣产品。而有些采购人员则贪求蝇头小利，牺牲企业利益，不能严格按规定签约。三是合同日常管理混乱。

（5）验收风险。在数量上缺斤少两；在质量上鱼目混珠，以次充好；在品种规格上货不对路，不合规定要求。

（6）存量风险。一是采购量不能及时满足生产之需要，生产中断造成损失而引发的风险。二是盲目进货，造成积压，大量资金沉淀于库存中，降低了资金周转率，形成存储风险。

（四）管理制度不健全，缺乏规范的程序与流程管理

课题组通过对一些企业的调查研究发现，一些企业根据《招标投标法》相应地制定了符合其自身特点的招标投标管理办法，例如，中国移动总公司制定了《中国移动集中采购专家库管理办法》《集中采购产品投标资格预审管理暂行办法》《工程建设项目招标投标活动投诉处理办法》《中国移动采购项目编号管理办法（暂行）》。但还有相当一部分企业没有建立与自身企业实际相符的招标投标管理办法，缺乏全套的、规范化的流程来约束企业的招标投标管理工作。

（五）招标投标决策的绩效考核不规范

对于招标投标工作的决策考核，目前大多数国有企业均没给出相应的规范。

首先，没有明确的、权威的招标投标绩效考核评价管理机构，也未构建规范的指标体系。当下，企业有关部门的采购绩效评价主要通过若干固定的财务、技术和工程管理指标进行全过程评价，评价侧重于技术、工程和资金使用的合规性，对采购资金的使用效益评价不足。同时，各部门评价指标设置呈平面化和单一性，缺乏一套建立在严密数据分析基础上的科学、统一、完整的采购指标体系，不能从不同层面、不同行业、不同支出性质等方面进行综合、立体评价。由于缺乏科学、规范的方法和指标，影响了财政支出绩效评价结果的公正性和合理性。

同时，支出评价内容不完整。主要体现在：一是侧重于合规性评价，忽视效益评价。从总体上看，目前各有关部门进行的招标投标绩效评价工作带有明显的审计特征，即重点审核项目支出行为是否符合现行财务政策和国家对企业招标投标的有关规定，往往忽视对项目效率或发展效益方面的评价，或由于评价指标设置不完整，不能进行项目的效益评价。二是评价对象仅局限于项目本身，而忽视对项目内外因素的综合分析。

支出评价结果的约束乏力。由于各部门采购绩效评价工作体系不健全，缺乏企业内部规范，招标投标绩效评价结果只作为各有关部门项目建设档案保存，或作为有关部门加强新上项目管理的借鉴或参考，招标投标项目中的成绩、问题与相关责任对项目执行过程中的各环节责任人并没有任何直接约束，使招标投标绩效评价工作流于形式。

（六）母子公司的招标投标管理权限划分不明确

对于大部分国有企业特别是中央企业来说，集团总部和地方分公司在相应物资上的采购也不尽相同，很多时候考虑到经济因素、地区因素，许多采购工作要让地方分公司来做，而这就需要有个相应的划分标准，确定哪些物资由集团总部采购，哪些物资由地方分公司采购，如果出现了特殊物品如何和上级沟通，从而实现最终采购任务的合理分配。例如，中国移动、中国联通每年均有地方采购，集团总部制定了采购物品目录和分公司采购物品目录。而对有些国有企业而言，母子公司的招标投标管理权限划分需要进一步合理化。

（七）评委专家库不健全，管理不完善

一是门槛过高，达标人数少。专家库人员偏少，不能满足评审需求，造成专家库人员偏少的主要原因是对专家资质要求过高。有些项目的评审专家只有屈指可数的几个人，而且往往集中在一个部门单位，每次评标只有几张老面孔出现，很难做到保密。随着采购规模的扩大，偏门、冷门、技术复杂的项目越来越多，现有专家库中的专家很难适应需要。

二是资源分散，缺乏整合。专家不能满足需求，但又有很多机构在建立自己的专家库，专家的使用频率低，才能得不到充分发挥，没能实现横向联系，造成专家资源的浪费。社会中介代理机构都建有各自的专家库，但也没能得到很好整合。

三是素质参差不齐，影响评审质量。虽说都是专家，但专家的水平并不一致。有些专家来自科研机构、大专院校，专业理论水平很高，但对市场行情并不了解。有些专家来自监理或供应商，既有专业水平，又懂得市场行情，但只了解工程招标相关政策，对政府采购的政策规定又缺乏了解。有些专家缺乏应有的职业道德，打着招标采购评审专家的招牌，整天和供应商打成一片，成为供应商的代言人，这些因素都无疑影响着招标采购的质量和信誉。

四是缺乏有效约束。作为招标采购的评审专家，既可以参与项目论证，出具权威报告，也可以参与咨询，提供决策性意见，更可以通过直接参与评标，决定标的的去向。但对招标采购专家的相关监管措施却很不完善。很多专家一经录用，无论其在评审过程中表现如何，都终身享受这种待遇，没有一个正常的退出机制。

五是缺少激励奖惩机制。尽管都是招标采购的评审专家，但专家的待遇却有天壤之别。有的评审专家一天评审下来，可以领到上千元甚至几千元的报酬，途中机票、车票全报销，免费提供吃住，而有的专家只能领到区区几百元。另一个问题就是缺少激励机制。在招标评审过程中，每个评审专家在评审小组中发挥的作用是不一样的。有些专家资历深，经验相对丰富，担任评审小组组长，在评审过程中和出具评审报告时都需要由其特别把关，而他们在评审结束时和大家拿一样的报酬。而有些专家则刚进入专家库，或是对招标采购项目缺乏足够了解，只是人云亦云，评审结束时，也能和大家拿到一样的报酬。

（八）肢解工程，规避招标

在调查研究中发现，各大企业中公开抵制招标的现象已比较少见，但规避招标的现象却时有发生。一是肢解工程，化整为零。通常以隐瞒或少报工程工作量的方式进行议标报批，剩下的工程量作为追加部分或附属部分；或以资金不足为由，将工程分为若干期；或通过只申报项目主体，不报配套及其他项目等方法将应该招标的项目化大为小，使分解后的每一项都达不到所规定的招标数额，从而不进行招标。二是以赶工期、赶时间、计划仓促、前期准备工作不充分和项目"特殊"等为由，请领导出面说话施加压力不进行招标，或以谈判的形式代替招标而规避招标。三是将依法必须公开招标的项目，仅在较小的范围或本系统内发布招标公告，甚至违法搞邀请招标等规避招标。

（九）排挤潜在投标人

在招标中，有些企业针对不同的竞标人，将标段划得过细或过大，排挤潜在的投标人；有的通过提高投标保证金或在资格预审中人为设置其他附加条件，排挤潜在的投标人；有的在招标文件中制定倾向性条款，以利其意向投标人，排挤潜在投标人；有的滥用评标规定，排挤不中意的投标人。一些项目的招标公告不在国家有关部门指定的媒体或当地主流媒体上发布，或发布的时间不满足法定要求，使招标信息的传播局限在较小范围内。一些项目对投标人和项目经理的资质等级和业绩要求过高，排斥了大部分有能力进行项目施工的潜在投标人。有些项目尽管没有限制潜在投标人参加投标，但在评标分值的设置上往往有利于部分投标人，使其他投标人不能入围或丧失竞争优势。

（十）串标围标现象时有发生

比较典型的串标围标有以下三种方式：一是投标人与招标人串通，设置隐性招标条件。招标人在公开招标情况下，为使特定投标人中标，在招标文件较为隐蔽的地方故意设置陷阱，但又不属于排斥潜在投标人情形，从而在程序合法的情况下使特定投标人中标。另外有的招标人故意泄露投标人的报价信息，招标人向所有投标人打探投标报价，并将所有报价及招标人信息泄露给意向投标人。二是投标人相互串通"轮流坐庄"，或通过挂靠和借牌围标，有的投标单位挂靠数家有资质或资质高的企业参与投标，编制不同的投标方案围标，同时请这些企业的相关人员亲自参与投标，无论谁中标，最后都是自己中标。三是投标人与招标代理机构串通。为谋取非法经济利益，有的招标代理机构与投标人勾结，相互串通，谋取中标。有的招标人由于业务水平有限，代理机构在制作标书时故意制造陷阱，中标后招标人不得不按照投标人的意愿签订合同，从而为投标人谋取非法利益。还有的是招标人授意代理机构串标，招标代理机构在制定标书时，违背行业职业道德和法规规定，按照招标人的授意，为招标人相中的投标企业量身定做招标文件。串标围标现象不仅使招标投标工作改变了其本质和应有的积极意义，而且会造成一系列社会问题，降低投资效益，形成社会腐败现象使投标企业处于一种不健康的竞争环境中，不能实现有效竞争。

（十一）招标中监督机制缺失

上述中央企业招标投标管理中的存在问题，一般都带有普遍性。造成这些问题的根源首先就是监督体系不平衡，监督机制不健全，使监督失去了应有的效力。主要表现在：一是企业缺乏专门的监督机构，或是现有的监督部门没有专职的监督人员，在一些临时组织的招标投标工作小组中的成员都是由不同部门的人员来兼职，他们对法律、法规和政策的理解有限，直接导致在工作中不能应对实践工作中暴露的实际问题。二是没有建立健全科学、严谨的招标投标监督管理制度，造成实际工作中遇到了问题无法可依，互相推脱职责。三是监督的成本过高过大，有些项目中，工作人员既是"运动员"又是"裁判员"，这在一定程度上就很容易造成监督的松懈。四是把监督部门的监督视为束缚，在招标投标中，不通知监督人员参加。其次是对招标投标的重视程度不够，过程监督不到位，使项目监督失去约束力。在开标、评标、定标过程中缺乏对项目监督的警惕性，任由一些不公平、不公正的现象发生。例如，有的企业不按规定进行招标事项核准，擅自发布招标公告，发售招标文件，或者虽已核准，但未按照核准要求组织招标；有的招标人在信息发布上做文章，对依法必须公开招标的项目，没有在指定媒介上按要求发布招标公告，或者限制信息发布范围；有的招标人评标不规范，评标、定标办法不是在投标截止前确定，而是在投标书送达后确定，且缺乏操作性强的评标、定标细则，导致评标、定标缺乏客观标准，随意性大；有的评标人员素质较低，不能公正评标、科学评标；还有的招标人或代理机构不按照要求将有关招标文件送监督部门备案等。

二、完善国有企业招标投标管理的对策

针对国有企业在招标投标管理中存在的问题，结合国内外招标投标管理的实践经验，相关各方应从确立招标投标管理基本原则、明确完善招标投标管理的关键点及具体措施方面入手，努力提高国有企业的招标投标管理水平，有效达到优化资源配置、节约资金、促进经济稳定健康发展的目的。

（一）国有企业招标投标管理基本原则

一是公平化原则。所有企业招标采购项目的评标标准对供应商来说都应是一致的、平等的，要给予所有投标人平等的机会，使其享有同等的权利，并履行同等的义务，不能设置带有歧视性条款，在评标时要按事先公布的标准对待所有的投标人，应严格做到公正、公平、公开，让所有供应商都知晓。

二是规范化原则。规范化原则包含两方面含义：一方面，所制定的评标标准要科学、合理、规范，最大限度地控制自由裁量权，特别是同类项目的评标标准必须统一、规范；另一方面，所制定的评标标准要能起到规范行业行为的目的，要有意识地将供应商是否合法经营、依法纳税、遵守相关法律法规作为评判标准，促进供应商诚信经营。

三是适用性原则。适用性原则包括物有所值原则、物有所用原则，考虑使用成本、后续服务方便等原则。

四是可操作性原则。评标标准中的内容要便于获得、易于测算，能量化的尽可能量化。对一些评价指标如产品市场占有率、企业信誉、产品知名度、产品质量和性能等要编制数学模型，实行可量化管理。

五是程序化原则。招标投标的过程，应当按照国家相关的法律法规、政策规范，以及企业的相关制度，按照相应固定的程序步骤进行，减少人为因素的影响，降低招标投标主管人员的主观性对其结果的影响，切实做到公平、公正、公开。

六是效率性原则。企业进行招标投标，就是为了加强对企业的资金和物质投入的控制，加强对工程项目投资成本的控制、对产成品成本的控制和质量的控制，挖掘企业效益潜力，提高资金的运转效率、企业的运行效率，增加收入，因此企业在实行招标投标的过程中，必须考虑效率性原则。

（二）完善国有企业招标投标管理的关键点

完善国有企业招标投标管理的关键控制点主要包括建立健全管理规则和组织机构设置，合理进行权力设置，健全监督机制、加大监督力度等。

1. 建立健全管理规则和组织机构设置

设立行业招标投标管理办公室，具体负责对本行业、本系统招标投标活动的监督管理，依法制定招标投标工作具体的管理办法或实施细则，受理各类投诉，监督招标投标活动，督查合同的履行，纠正违法违规行为，对招标文件和评标报告等招标投标文件实行备案管理，负责本行业招标代理机构的资质审查，管理本系统的专家库。

招标投标活动要严格按照招标投标方面的法律、法规、规章和相关规定进行。各行业招标投标管理办公室要规范工作程序，严格工作纪律，做到公开、公正、公平执法。工作中要公开办事制度、工作程序、审批标准、执法范围、执法依据、执法程序、处罚标准。各招标项目要将预审标准、评标方式和评标原则等在招标公告中事先确定予以发布，避免随意性。要结合行业特点，及时制定有关规范招标投标行为、完善招标投标程序方面的规章制度。

2. 合理进行权力配置

要建立结构合理、配置科学、程序严密、制约有效的权力运行机制，在招标投标管理组织机构内部合理进行权力配置。要避免主要负责人的权力过分集中，并且得不到有效制约和监督的现象发生。在管理机构内部，决策职能、执行职能和监督职能要相对独立行使，使各种权力由不同部门或岗位行使，在各种权力之间形成合理的结构。职权配置要科学，体现分工明确、各负其责，职权和责任相统一。根据分权和各自的职权来设计权力运行的程序，从而使各部门或岗位既分工负责、互相配合，又互相制约、互相把关，保证招标投标活动的依法进行，防止滥用权力的行为发生。

3. 健全监督机制、加大监督力度

按照"事前监督、事中监督和事后监督相结合，日常动态监管和重点监管相结合，内部制约和外部监督相结合"的"三结合"制度，从招标方式确定、招标文件编制、资格审查、标段划分、评标定标、招标代理选择等方面入手，强化全过程监管，着力构建全覆盖监督网络。一是建立完善企业招标投标监督体系，建立、配备招标投标监督专职机构与人员，明确工作职责，有效开展招标投标监督工作。二是建立招标投标投诉举报制度，畅通投诉举报渠道，及时处理中标公示的异议和投诉。三是加大执法监督力度，严肃查处招标投标中存在的违法违纪行为。开展专项检查，重点查处工程建设中违规、虚假、规避招标及业主、投标人、评标专家、代理机构和执业人员违规操作与工作人员徇私枉法的行为。在企业招标投标监督过程中，不仅要注重从监督体系的建设抓起，更要注重体系以外的环境建设，如领导重视对从业人员的专业技术培养、对于从业人员的职业道德教育等。

（三）完善国有企业招标投标管理的具体措施

在明确国有企业招标投标管理基本原则及关键控制点的基础上，要积极实施完善国有企业招标投标管理的具体措施，主要包括以下方面：

1. 加强宣传力度，严格贯彻国家招标投标法规

采取各种方式、通过各种渠道强化招标投标法规的宣传，形成一个良好的舆论环境，使企业主管部门、业主单位、投标企业充分认识规范招标投标行为及培育公平、公正、公开的招标投标环境和净化建设市场的重要意义，促使它们在具体工作中依法办事，并以此来遏制工程建设领域腐败现象，规范招标投标市场，使之走上健康、有序、良性发展的轨道。

2. 严格招标程序

注重招标投标活动中重点环节的管理，严格执行招标投标法定程序。把建设规范的项目法人作为履行好招标投标的重要前提，健全机构设置，落实项目法人责任，建立和完善项目法人的考核制度与激励约束机制。严格按照规定招标，杜绝工程项目化整为零、规避招标，采用邀请招标的按照规定严格履行批准程序。规范招标文件编制，规范评标工作，制定科学合理的评标标准和方法，规范评标专家行为，保证评标工作公平、公正。加强对围标串标行为的治理，有效控制围标串标、恶意低价中标等行为的发生。

3. 规范招标代理机构管理

选择专业性强、业务素质高、服务意识好、依法经营、行业公信力高的专业招标团队。不断加强和深化招标代理机构的管理和培养，要在经过认真考察和详细评估的基础上，比选招标代理服务机构，建立招标代理合作关系，并与招标代理机构签订诚信合作协议。招标代理机构必须严格按照招标投标有关规定编制招标文件，有标准文件的应执行标准文件，招标文件应体现公开、公平、公正和诚实信用的原则，不得以不合理的条件限制或者排斥潜在投标人，不得对潜在投标人实行歧视待遇，不得要求潜在投标人或投标人提供与履行合同无关的资料。

4. 加强和完善专家库的建设和评标专家的管理

按照《招标投标法》的相关规定，建立行业评标专家库，明确评标专家的资格条件和评审程序，严格审查评标专家的资格，制定评标专家管理办法和工作制度，对评标专家实行定期培训和考核、动态管理和评估，不断调整优化专家库结构，做到有专业特长的随时补充，不合适的及时淘汰。开发应用评标专家网上管理系统，实现评标专家在线管理、网上抽取、评标记录自动生成、工作表现评价等信息化管理功能。利用每次评标机会，向专家宣讲相关的法律法规，明确评标原则，严肃评标纪律。

5. 推行诚信管理，规范投标企业行为

把信用管理作为招标投标监管和规范投标单位行为的重要手段：一是制定信用评价管理规定，将企业信誉档案作为资质审查、招标投标入围及最后中标的重要依据，引导企业树立诚信意识，重视社会信用评价。二是建立统一、规范的信用评价体系，以企业提供的产品和服务质量为考核重点，将市场管理和现场管理有机地结合起来，同时整合工商、税务、金融等方面的信用评价，形成全面、完整、通用的企业信誉档案。三是建立统一的信用信息共享平台，实现不同行业之间相通、互认和共享，同时将企业信用评价结果向社会公开，强化对企业信用的约束。

6. 严格资格预审

加强市场准入管理，严把资质审查关。尤其是对于投资数额大、技术密集、建设周期长，对工程质量要求高，对公共安全、环境保护影响大的招标项目，如果资质审查不严，不仅会带来巨大的经济损失，还会引起无穷后患，因此，在资质审查上既要慎之又慎，又要拓宽审查范围：一要看投标企业的资质等级与拟招标工程的要求是否相符、是否有能力承包工程、企业历年工作业绩、资信情况以及项目经理和项目技术负责人的有关证书。二要看其专业技术结构、工程技术资历、技术人员数量能否满足工程规模的要求，全面质量管理体系的运转情况，技术人员对安全和质量事故的控制能力，对新工艺、新技术的掌握和应用程度。三要看其主要机械装备的数量、装备的先进性和综合配套能力等指标是否符合需要。投标单位要按照发包方的招标通告提供符合资质条件的一切详细资料，通过系统地分析审查，合格者方可正式参加投标。

7. 采用科学的评标方法

评标标准体系改革的重点是把目前投标价格的竞争转移到企业管理水平和技术创新能力的竞争上来，要把供应商和承包商的业绩、社会信用状况、资源整合管理能力和技术创新能力作为评标、中标的主要标准。在招标中，招标代理机构应根据招标标的物的实际情况，按照施工、货物、服务等不同类别，根据招标方的资金状况、标的使用目的、人员水平、管理水平等综合因素划分具体分项的内容、打分标准和权值，使其尽可能体现科学、公平和公正的原则，真正把最优秀的投标人推荐给招标人，这项工作也体现了招标代理机构的工作质量和水平。

8. 建立现代化的招标投标信息系统及电子化招标投标平台

招标投标是一项复杂细致的工作，必须做大量基础准备工作，特别是信息的收集和整理。大量的数据和信息需要计算机来处理，需要建立数据库和数据处理系统，需要专业计算机操作管理人员，需要配备较强功能的软硬件设施。为了保证企业招标投标工作的顺利开展，企业应加大必要的硬件和软件投入，利用现代管理手段，在招标投标办公室建立企业招标投标网站和信息管理中心。

积极探索和建立电子化招标投标平台，提高招标采购透明度。信息公开透明，是保证招标投标的公开、公平、公正的前提。电子化招标采购平台的实施是一个系统工程，涉及政策法规的建立健全、企业和中介机构的支持和配合，结合现状，应大力推进电子招标采购。要加快电子招标采购立法工作，完善《招标投标法》及配套规定，为电子招标采购提供法律支持，更好地为政府和企业服务。

招标投标制度的推行，在打破市场垄断，建立公开、公正、公平的市场交易机制，完善社会主义市场经济体制，推动经济建设发展等方面发挥了重要的作用。坚定不移地贯彻执行国家关于招标投标管理的规定是中央企业进行招标投标管理的基本原则；明确的目标、完善的规章制度和有效的监督管理是招标投标工作的可靠保证；严格规范的管理措施、过程控制、流程优化和基础管理工作，是提高招标投标质量的根本措施。培育和发展招标投标市场是一项长期而艰巨的任务，需要各方面做出不懈的努力。在新的形势下，中央企业要按照完善社会主义市场经济体制的要求，做好招标投标管理工作，为投资建设和经济社会发展把好关、服好务。

第三章　国有企业质量管理规范

　　改革开放后，我国企业的质量管理工作开始于 1979 年从日本引进和推广全面质量管理。1979~1989 年，全面质量工作的特点是政府主导、自上而下有计划、有重点地在企业引进和推广。1989~1999 年，全面质量管理开始在我国普及和深化，1993 年全国人大通过了《中华人民共和国产品质量法》，标志着我国质量工作走上了法制化道路；1996 年 12 月国务院发布了《质量振兴纲要》(1996~2010)，明确了我国质量工作的指导方针和主要目标。1999 年至今，全面质量管理进入发展与创新阶段。在这一时期，企业逐步形成了"大质量"概念，确立了质量管理在企业中的战略地位，引入与采用了精益生产、六西格玛等先进的质量管理方法。

　　2009 年 6 月 11 日，国务院国有资产监督管理委员会（以下简称国务院国资委）与国家质检总局联合下发了《关于中央企业深入开展"质量和安全年"活动进一步加强质量工作的通知》（以下简称《通知》）。《通知》要求中央企业要充分认识开展"质量和安全年"活动的重大意义，积极、主动、创造性地开展"质量和安全年"活动，要加强领导、明确目标、精心部署，认真负责地抓好组织实施。

　　2009 年 6 月 27 日，国务院召开"加强工业产品质量工作座谈会"，时任国务院副总理张德江在会议上指出，加强产品质量工作，是应对国际金融危机的战略部署，是保增长、扩内需、调整产业结构、转变发展方式的战略举措，是加强企业管理、提高我国产品国际竞争力的战略任务。要充分认识加强工业产品质量工作的重要性、紧迫性，牢固树立"质量是企业的生命"和"质量第一"的观念，加强领导，齐抓共管，常抓不懈，抓出成效，切实把工业产品质量提高到新水平。

　　2012 年 3 月，国务院国资委提出，中央企业全面开展管理提升活动，为培育世界一流企业奠定坚实基础。管理提升活动的主要目标是，力争用两年时间，通过全面开展管理提升活动，加快推进中央企业管理方式由粗放型向集约型、精细化转变，全面提升企业管理水平。中央企业实现"做强做优、世界一流"的目标，要把更多精力放在加强管理，不断提升管理的科学化、现代化水平上来。中央企业要从各项经营管理业务中最基本的记录、数据、标准、制度和现场管理、日常管理等方面入手，切实加强基层建设、基础工作和基本功训练，全面梳理优化工作流程，建立系统、科学、实用的标准和制度体系。要沉下心来，从细处着眼，苦练内功，持之以恒，将强化基础管理工作做细做实，改变企业管理粗放的现状，为企业发展上水平奠定基础。

第一节　企业质量管理的基本内容

一、质量

在国际标准化组织（ISO）颁布的国际标准 ISO9000：2000 中，将质量定义为"一组固有特性满足需要的程度"，即某种事物的特性满足某个群体的程度。该定义中的特性，既是产品和服务，也可以是活动、过程、组织、体系或人以及上述各项的任何组合。该定义中的要求是由组织利益相关者，如顾客、股东、雇员、供应商、合作伙伴、银行或社会等所提出的，反映了利益相关者对于质量概念所描述对象的需要或期望。

在新的市场竞争条件下，对质量的内涵提出了全面要求：既包括有形产品的质量，又包括无形服务的质量；既强调反映产品基本性能的内在质量，又要求考虑外观、包装等外在质量；既要保证产品交货时的检验质量，又要保证产品投入使用后经得起时间和使用条件考验的可靠性质量；既要重视产品的性能、效用质量，更要重视产品的安全、卫生与环境保护质量；既要强化制造过程中的全流程质量管理，又要向前追溯到市场需求调研、产品设计等源流质量管理和向后延伸到售后服务、市场信息反馈等售后质量管理；既要重视产品本身的质量，也要重视决定产品质量的企业质量管理体系和质量管理工作。

二、质量管理

在国际标准 ISO9000：2000 中，将质量管理定义为"在质量方面指挥和控制组织的协调一致的活动"。这些活动通常包括制定质量方针和质量目标、质量策划、质量控制、质量保证和质量改进。质量策划致力于制定质量目标并规定必要的运行过程和相关资源以实现质量目标；质量控制致力于满足质量要求；质量保证致力于提供质量要求会得到满足的信任；质量改进致力于增强满足质量要求的能力。

三、质量管理体系

在国际标准 ISO9001：2005 中，将质量管理体系定义为"在质量方面指挥和控制组织的管理体系"，通常包括制定质量方针、目标以及质量策划、质量控制、质量保证和质量改进等活动。质量管理体系文件包括质量方针和质量目标、质量手册、标准要求的程序文件和记录，组织确定质量管理体系所必须的文件。

四、质量体系认证

质量体系认证是指由权威的、公正的、具有独立第三方法人资格的认证机构（由国家管理机构认可并授权的）派出合格审核员组成的检查组，对申请方质量体系的质量保证能力依据三种质量保证模式标准进行检查和评价，对符合标准要求者授予合格证书并予以注册的全部活动。

五、QC 小组

QC 小组是在生产或工作岗位上从事各种劳动的职工，围绕企业的经营战略、方针目标和现场存在的问题，以改进质量、降低消耗、提高人的素质和经济效益为目的组织起来，运用质量管理的理论和方法开展活动的小组。QC 小组是企业中群众性质量管理活动的一种有效组织形式。

六、质量改进

在国际标准 ISO9000：2000 中，将质量改进定义为"质量管理的一部分，致力于增强满足质量要求的能力"，这里的"要求"可以是任何方面的，如有效性、效率或可追溯性。质量持续改进的主要方法之一是实行 PDCA 循环。P 即计划（Plan），确定哪些问题需要改进，逐项列出，找出最需要改进的问题。D 即执行（Do），实施改进，并收集相应的数据。C 即检查（Check），对改进的效果进行评价，用数据说话，看实际结果与原定目标是否吻合。A 即处理（Act），如果改进效果好，则加以推广；如果改进效果不好，则进行下一个循环。

七、供应链质量管理

供应链质量管理就是对分布在整个供应链范围内的产品质量的产生、形成和实现过程进行管理，从而实现供应链环境下产品质量控制与质量保证。在供应链环境下，产品的生产、销售、售后服务需要有供应链成员企业共同完成，产品质量客观上是由供应链全体成员共同保证和实现的。产品制造质量是由原材料与零部件供应商、装配企业、物流企业和核心企业共同保证的；产品分销质量是由分销商、零售商和物流企业共同保证的；售后服务质量是由售后服务提供者保证的。

第二节　企业质量管理的理论研究和国际经验

一、企业质量管理的理论研究

（一）美国质量管理专家戴明及其理论

W. 爱德华·戴明是一位公认的质量管理专家、统计学家和管理顾问。他对日本质量管理的发展发挥了巨大作用。他主张的是一种系统的观念，采用科学方法来优化系统，从而实现质量的改进。戴明认为，管理者必须遵循以下十四条原则：持之以恒地改进产品和服务；采用新的观念；停止依靠大规模检查去获得质量；结束只以价格为基础的采购习惯；持之以恒地改进生产和服务系统；实行岗位技能培训；建立领导力企业管理；排除恐惧，使每一个员工都可以为公司有效地工作；打破部门之间的障碍；取消对员工的标语训词和告诫；取消定额或指标等数量要求而关注质量；消除只注重数字的考评；鼓励学习和自我提高；采取行动实现转变。

（二）美国质量管理专家朱兰及其理论

质量管理大师约瑟夫·M. 朱兰对日本和美国质量管理的发展影响重大，其主编的《朱兰质量手册》被誉为"质量管理领域中的圣经"。朱兰提出了质量即"适用性"的概念，强调了顾客导向的重要性。朱兰认为，在质量管理活动中应使用三个管理过程，即质量计划、质量控制和质量改进，称为"质量管理三部曲"。

（三）美国质量管理专家菲根堡姆及其理论

A. V. 菲根堡姆在《全面质量管理》一书中强调，执行质量只能是公司全体人员的责任，应该使全体人员都具有质量的概念和承担质量的责任。因此，全面质量管理的核心思想是在一个企业内各部门中推行质量发展、质量保持、质量改进计划，从而以最为经济的水平进行生产与服务，使用户或消费者获得最大的满意。

（四）日本质量管理专家石川馨及其理论

石川馨是因果图的发明者、日本质量管理小组（QC 小组）的奠基人之一，为日本的质量管理做出了巨大贡献。石川馨认为，质量不仅是指产品质量，还指工作质量、部门质量、人的质量、体系质量、公司质量、方针质量等。他把日本的全面质量管理归结为以下几点：①所有部门都参加的质量管理；②全员参加的质量管理；③综合性质量管理。他认为日本质量管理突出特点是：①质量第一而不是短期利益第一；②面向消费者；③下道工序是顾客；④用数据、事实说话；⑤尊重员工及员工参与管理；⑥跨职能管理。

二、国际三大质量奖

日本的戴明奖、美国的波多里奇奖和欧洲质量奖，是世界三大质量奖，分别对日本、美国和欧洲企业质量水平不断提高、在世界上处于领先地位发挥了巨大作用，其所遵循的质量管理理念和评价标准对于企业评价自身的质量管理水平、寻找差距，从而提高产品与服务质量具有重要借鉴作用。

（一）世界最早的质量奖——戴明奖

1951 年，日本科学技术联盟设立了戴明奖，以促进日本质量管理的发展。日本企业以申请戴明奖作为动力，积极推动全面质量管理，提高质量水平。

2007 年戴明奖的评审标准由基本事项、特色活动和领导职能及领导力的发挥三部分构成。评价的基本事项包括：经营方针及其展开；新产品的开发和/或业务的改革；对产品品质和业务品质的管理和改善；管理体系的完备程度；品质信息的收集、分析和 IT 的灵活运用；人才的能力开发。特色活动是指在上述六项基本事项活动中，特别投入的、有独创性的并取得成果的活动。领导职能及领导力的发挥是根据领导部门对全面质量管理（TQM）推进所起到的作用，对特定项目的理解、热情、方针及其展开情况所作的回顾。

（二）世界影响最大的质量奖——美国波多里奇国家质量奖

1987 年，美国国会通过了国家质量改进法案，创立了波多里奇国家质量奖。该奖由美国总统授予，分为企业和组织两类。该奖实施后，美国企业纷纷比照波多里奇奖获得者找差距，然后定点超越，结果产品质量大大提高。20 世纪 90 年代，美国企业重新树立了在国际市场上的竞争优势。

波多里奇国家质量奖卓越绩效的评奖标准是任何组织都可以采用的一组框架，评奖标准由以下七个部分组成：领导；战略；客户和市场；测量、分析及信息管理；人力资源；流程管理；绩效结果。

波多里奇国家质量奖的评价标准成为企业追求卓越的指导标准，世界上许多国家和地区的质量奖标准都引用或参考了这一标准。

（三）欧洲质量奖

欧洲质量奖于 1992 年设立，由欧洲委员会、欧洲质量组织（EOQ）和欧洲质量基金组织共同发起。通过申请质量奖，组织可以得到很大的益处，即每一个申请人都可以得到来自企业之外的专业评审人员根据卓越绩效模式对组织提供的有针对性的、具体的、独立的反馈，以帮助它们继续走向卓越。

欧洲质量奖的卓越绩效模型基于以下八个方面的基本理念：结果导向；以顾客为中心；领导与坚定不移的宗旨；基于过程和事实的管理；员工发展与参与；持续学习、创新和改进；伙伴关系的建立；法人社会责任。

欧洲质量奖的卓越绩效模型对以下几个方面的要素进行评价：领导力、人员素质、方针和战略、合作伙伴与资源、员工结果、顾客结果、社会结果、关键绩效结果。

三、国际先进的质量管理模式

（一）全面质量管理（TQM）

全面质量管理于 20 世纪 60 年代产生于美国，在日本逐渐得到推广与发展。它应用数理统计方法进行质量控制，使质量管理实现定量化，变产品质量的事后检验为生产过程中的质量控制。

在国际标准 ISO8402：1994 中，将 TQM 定义为："一个组织以质量为中心，以全员参与为基础，目的在于通过让顾客满意和本组织所有成员及社会受益而达到长期成功的管理途径。"在国际标准 ISO9000：2000 中，提出了全面质量管理的八条准则：以顾客为关注焦点、强调领导作用、全员参与、过程方法、管理的系统方法、持续改进、基于事实的决策方法、与供方互利的关系。

全面质量管理的基本理念是：好的质量是设计、制造出来的，不是检验出来的；质量管理的实施要求全员参与，并且要以数据为客观依据，要视顾客为上帝，以顾客需求为核心；在实现方法上，要一切按 PDCA 循环办事。

（二）精益生产模式

精益生产模式源于日本丰田公司创造的丰田生产方式，其基本理念是：在产品设计、制造、销售以及零部件库存等各个环节消除一切不必要的浪费。

日本丰田精益生产方式具有以下特点：通过标准化作业保证产品质量；出现质量问题现场解决；全员质量意识；可视化的现场管理；持续改善不断提高产品质量。精益生产的主要特征为：对外以用户为"上帝"，对内以"人"为中心，在组织机构上以"精简"为手段，在工作方法上采用"团队工作"和"并行设计"，在供货方式上采用"JIT"（即时生产）方式，最终目标为"零缺陷"。

（三）六西格玛管理模式

西格玛是统计学正态分布中的标准差。六西格玛质量标准是在有一百万个出现缺陷的机会中只有 3.4 个缺陷出现。

六西格玛管理是一套系统、集成的业务改进方法体系，是一套旨在持续改进业务流程、实现顾客满意的管理方法。它通过系统、集成地采用业务改进流程，实现无缺陷的过程设计，并对现有过程进行界定（Define）、测量（Measure）、分析（Analyze）、改进（Improve）、控制（Control），简称 DMAIC，消除过程缺陷和无价值作业，从而提高产品质量和服务质量，降低成本、缩短运营周期，达到顾客完全满意的目标，增强企业竞争力。

20 世纪 80 年代中期以来，摩托罗拉、通用电气等大公司都通过实施六西格玛模式获得显著效益，取得巨大成功，许多企业也开始大力推行六西格玛计划。

（四）卓越绩效模式

1997 年，美国鉴于波多里奇国家质量奖已经逐渐演变成为评估组织竞争力和卓越绩效的框架，将该评价准则更名为卓越绩效准则，准则所体现的管理方式被称为卓越绩效模式。世界各国许多企业和组织都纷纷引入实施该模式，其中施乐公司、微软公司、摩托罗拉公司等都是运用该模式取得出色经营结果的典范。

卓越绩效模式的核心价值观包括：远见卓识的领导；以顾客为导向追求卓越；培育学习型组织和个人；尊重员工和合作伙伴；快速反应和灵活性；关注未来；创新的管理；基于事实的管理；社会责任与公民义务；重在结果及创造价值；系统的观点。卓越绩效模式评价包括领导、战略、顾客和市场、测量分析改进、人力资源、过程管理、经营结果七个方面。

卓越绩效模式具有以下特点：①建立在"大质量"理念之上；②它是企业管理体系是否卓越的成熟度评价标准；③它适用于通过质量管理体系认证的企业的自我评价与运营管理评价；④它为实现企业的卓越管理提供了可量化的标尺和互相学习的标杆。

第三节　国内企业质量管理的成功经验

一、国内推行先进质量管理模式的基本情况

为了推行六西格玛管理，中国质协成立了全国六西格玛管理推进委员会，开展了六西格玛黑带注册考试、优秀六西格玛项目及企业评选，编写了《六西格玛

管理评价准则》标准。国内知名企业，如联想、宝钢、哈飞、海南航空等都实施了六西格玛管理。有些大企业已经全面开展，如中国航空工业集团公司要求下属的 71 家企业都推广六西格玛管理，TCL 集团已经在下属的 12 个事业部同时推广六西格玛管理。这些企业都不同程度地取得了成效。

自 2001 年起，中国质协在研究借鉴卓越绩效模式的基础上，启动了全国质量管理奖评审，致力于在中国企业普及推广卓越绩效模式的先进理念和经营方法，为中国企业不断提高竞争力取得出色的经营绩效提供多方面的服务。我国《卓越绩效评价准则》（GB/T19580-2004），从领导，战略，顾客与市场，资源、过程管理，测量、分析，改进以及经营结果七个方面规定了组织绩效的评价要求，为组织追求卓越绩效提供了自我评价的准则，也用于国家质量奖的评价。

我国的许多优秀企业都在综合运用精益生产、六西格玛、卓越绩效模式等提高产品与服务质量，其中联想、宝钢、海尔是国内质量管理的成功典型。

二、国内企业质量管理创新的典型经验

（一）联想的精益六西格玛

2001 年 6 月，联想启动六西格玛管理模式，通过摩托罗拉大学导入第一个绿带班，这是起航阶段。第二个阶段是 2003～2005 年的"下基层"阶段，主要是"扎根"深入到制造、研发环节，并把制造业的精益六西格玛经验推广到渠道管理、销售和市场的前端。第三个阶段是从 2006 年开始的"飞跃"阶段，将精益和六西格玛相结合，不仅在制造后端，而且在前端和供应链整个过程中导入了精益六西格玛。

精益，指的是通过"删繁就简"使工作更快，端对端解决问题，例如解决核心流程耗时太长、资源浪费和流程瓶颈妨碍资源流动等问题；六西格玛，强调通过"去伪存真"可使工作做得更好，解决过去的改善不能保持、检查和返工问题。在联想的精益六西格玛路线与成熟度模型中，横向是端对端的追求精益，也就是消除浪费、提升有效价值，纵向是往下扎根，用六西格玛的方法和工具降低离散度工作中的偏差，以提高最终的有效质量。

在联想进行精益六西格玛的过程中，在问题的解决、流程运作的优化、战略规划、研发的增值等方面有效地利用精益或六西格玛的工具方法。从 2006 年开始，联想就尝试将精益和六西格玛结合。联想精益六西格玛团队界定了工作中使用相关模板，把成功案例和经验分享给其他部门、供应商甚至客户。

联想在实施精益六西格玛的过程中，搭建了三层的组织架构。第一层是横向平台上的战略规划委员会，是由来自业务部门的专家和各部门的领导组成的。第二层是由一些人力资源和质量等重要部门的高管人员组成的顾问委员会，以及核心子团队、子委员会。第三层是在每个部门中建立虚拟团队，由 7 位实施精益六西格玛的专业队员来领导，以虚拟团队方式鼓动一线的管理人员和员工来支持这项工作，达成目标，进行更多的分享。2009 年 5 月，国际六西玛专家协会（ISSSP）给联想颁发了"中国六西格玛最佳实践企业奖"。

（二）宝钢综合运用各类先进质量管理模式

宝钢将推行六西格玛管理与推进精益运营紧密结合起来，在选择项目时就定义为"六西格玛精益运营项目"，在实施这些项目的过程中不仅按照 DMAIC 方法，有的项目还用到了单分钟换模（SMED2）、全面生产维护（TPM3）、防错设计等精益工具，收到了良好的效果。另外，宝钢在实施六西格玛精益运营项目的过程中注意吸收了项目管理的一些知识，注重项目团队建设、项目成本管理及风险控制以及项目沟通技巧的训练，这些都形成了具有宝钢特色的六西格玛精益运营管理模式，也是对六西格玛管理方法的进一步发展。

宝钢也积极践行卓越绩效管理模式，不断推进管理创新，通过自我评价和评估改进，促进企业管理水平不断提高。在制造管理创新方面，宝钢积极导入"大规模定制战略"，在大规模生产与个性化需求之间寻求最佳平衡点，满足用户的个性化要求，提升用户满意度和核心能力。

在产品质量策划方面，宝钢采用产品质量先期策划和控制计划（APQP）方式，即从计划和确定项目、产品设计和开发、过程设计和开发、产品和过程确认到反馈、评定和纠正，构成一个完整的策划管理体系，实现了源头预防管理。

在持续改进方面，宝钢把六西格玛精益运营作为持续改进基础管理的抓手，并在全公司范围内强势营造追求卓越、科学管理的创新氛围，巩固了"用户导向、流程协作、价值驱动、基于数据进行决策"的管理文化。公司连续五年被评为"全国六西格玛推广先进企业"，六西格玛精益运营在宝钢的实践应用成果荣获首届中国质量技术奖一等奖。

（三）海尔以卓越绩效模式构建质量改善体系

（1）海尔质量改善体系发展历程。海尔集团从成立就一直重视质量管理，并积极探索创新，不断完善质量管理体系，从实施全面质量管理、名牌战略，到实施六西格玛管理、卓越绩效模式。经过流程再造之后，结合六西格玛管理和卓越绩效模式，构建质量改善体系。

（2）海尔质量改善体系的主要内容。海尔质量改善体系参照卓越绩效模式构建，主要用于质量改善体系的评价和持续改进指导。该质量改善体系主要包括以下内容：质量改善战略体系，包含领导力、战略计划和员工管理三类项目；不良品管理体系，包含顾客与市场两类项目；项目管理体系，包含过程管理和结果两类项目。海尔的质量改善体系，横向对管理过程及市场绩效进行评价，纵向对流程节点，上下承接进行梳理，打破隔阂壁垒，全面体现质量改善成果和体系作用。

（3）质量改善体系的推广和成果。通过质量改善体系推进和完善，质量改善战略得到有效贯彻执行，不良品管理体系更加合理有效，六西格玛项目管理流程更加科学，通过推进六西格玛、QC 等项目产生的收益逐年增长，财务成果得到了相关部门的认可。海尔集团连续获得"全国六西格玛管理推进先进企业"称号，共有数十个项目获得"全国优秀六西格玛项目"称号。

第四节　国有企业加强质量管理规范建设的问题与对策

一、国有企业质量管理存在的主要问题

（一）中国质量协会 2009 年组织的调查所反映的质量问题

2009 年，在工业和信息化部领导下，中国质量协会动员全国质协系统的力量，对全国通用设备制造、食品两个行业的部分企业以及天津市、辽宁省、上海市规模以上工业企业进行了质量管理现状调查。

该调查反映出以下质量问题：①一些企业领导还只是把质量当作职能部门的事，没有真正把质量看作企业的生命。②质量管理体系运行有效性不高，存在"两层皮"现象。③质量管理基本的工具与方法不想用、不常用、不会用。④质量知识培训投入不足，员工素质教育亟待提升。⑤主导产品技术水平、采标能力相对落后。⑥工业产品质量过程控制需要加强。

（二）工业产品质量存在的问题

根据工业和信息化部 2009 年发布的《关于加强工业产品质量工作的指导意见》，虽然我国工业产品质量的总体水平在不断提高，但工业产品重大质量安全事件仍时有发生，产品质量水平不高已成为制约我国工业经济平稳较快发展的突出问题。主要表现在：①工业产品标准水平偏低、贯彻不力。②许多工业产品技术含量不高、品牌附加值低，市场竞争力不强。③落后的生产技术淘汰缓慢。④企业的质量管理体系不完善。⑤质量监管不到位，社会诚信体系不健全，企业产品质量责任不落实。

（三）服务质量存在的问题

根据中国质量万里行促进会、清华大学经济管理学院 2009 年提供的《中国服务质量发展现状报告》，改革开放以来，我国服务质量不断提高，服务业得到了快速发展。但是，仍存在结构不合理、标准不完善、技术手段滞后、服务水平低、竞争力不强、消费者和公众对一些行业的满意度指数低等问题。

二、国有企业加强质量管理规范建设的对策

根据质量管理的发展趋势、国内外企业质量管理的先进经验，以及国有企业质量管理的现状和问题，提出以下对策建议：树立质量意识，建设质量文化；建立组织机构，制定规章制度；贯彻各类国际、国家质量标准，积极进行质量体系认证；采用先进的质量管理方法与技术；加强供应链各环节的质量管理；抓好质量教育与培训；积极开展 QC 小组活动；坚持进行质量改进；不断进行技术创新；普及与推广先进的质量管理经验。

（一）树立质量意识与建设质量文化

1. 树立质量意识

要做好质量管理工作，企业领导和员工都要树立强烈的质量意识，包括质量是企业的生命的意识；质量不仅要符合标准，还要让用户满意，以用户为中心的经营理念和以用户满意为标准的意识；以全面质量管理为质量管理核心的意识。

企业高层领导应通过制定质量战略，科学地、持久地将质量是企业的生命的意识传递到企业的各部门和每个员工，自觉形成企业的价值取向。

对于员工来说，要树立不仅让外部顾客满意，还要让内部顾客（下道工序）满意的质量意识；树立质量事关企业生存发展和个人的利益，一定要做好的意识。

企业产品质量的形成要经过研发、供应、生产、储运、销售、售后等全过程。质量与企业中的每个部门、岗位和个人都密切相关。企业要围绕质量主体责任，采取多种方式，加强企业全员素质教育，强化全员质量意识。

2. 建设质量文化

企业质量文化的建设要以人为中心，以理念的灌输和习惯养成作为重点，把质量管理层的"强制性"要求变成员工的"自主性"行为，即把企业的质量工作从"要我做"变成"我要做"。

质量文化的核心是质量价值观。质量价值观是企业员工对产品质量和质量工作所持有的共同价值准则。企业要树立质量价值观，树立全员自觉的质量意识和先进的质量理念。要使每个员工懂得企业的质量信念是什么，本职工作的质量要求是什么，自身的质量责任是什么。企业要把质量主体责任意识融入企业文化里、落实在经营管理活动中，要使追求质量和用户满意成为员工的自觉行为。

企业要明确企业负责人和企业成员的不同质量责任，人人都与质量有关，人人都应当关心、重视质量，营造重视质量的良好文化氛围，扎扎实实推进全面质量管理体系建设，提高产品与服务的质量和竞争力。

企业应做到从职能部门办公室到生产现场都有可视化的质量标语；高层领导通过多种沟通方式增强员工对质量理念的理解与认同；通过开展质量教育、质量激励等多种形式的活动强化员工的质量意识；追求质量和顾客满意，使之成为员工的自觉行为。

3. 明确质量方针、建立质量目标

质量方针是企业管理者质量意识的体现，是企业质量管理工作的行动纲领，是建立质量管理体系的依据，为质量目标的制定和评审提供了一个框架。

质量目标是企业根据质量方针，在一定时期内对质量工作期望达到的水平和标准，是企业全员努力争取的期望值，它既是企业的执着追求，同时又是企业员工理想和信念的具体化。

企业要确定以用户为中心的质量方针，把增强品质和提升用户满足感作为质量目标，并制定出每年质量提升的具体指标，有组织、有计划、有目标、有措施地坚持落实下去，持续、系统地推进以用户满意为导向的企业质量发展目标。要定期评价质量方针和目标适宜性，实现持续改进。

企业要根据质量方针、顾客要求设定质量目标，并展开到相关职能和部门；定期评价质量目标的实现情况，当未达到目标时查找原因，并及时改进；定期评价质量目标水平，实现持续改进。

（二）建立组织机构与制定规章制度

1. 建立质量管理机构

企业的最高管理者为本企业质量管理工作的第一责任人。企业要根据本企业的生产经营特点，设置相应的质量管理机构，明确职权与职责，配备专职管理人员，负责本企业的质量管理工作。

企业最高管理者应定期听取质量管理机构关于质量工作的全面汇报，及时评价质量绩效，发现问题或机会，及时进行解决与决策，并监督执行。

2. 建立质量管理制度

企业要落实国家、行业相关的质量管理制度与规范，并结合企业实际，制定本企业的质量管理制度与规范。

企业应建立健全覆盖全公司的质量责任制度，明确企业领导与设计、生产、采购、销售等各部门的质量责任，建立相应的考核与激励约束制度，并严格执行。

建立质量"一票否决"制度是质量提升的制度保障。在企业绩效考核中，所有部门和岗位都应建立适宜的质量目标，绩效考核实施质量"一票否决"制度。

企业要建立和完善鼓励质量改进的激励机制。要制定和完善岗位的质量规范、质量责任及相应的考核办法，并将考核结果作为对职工调动、提升、晋级、奖励或者处罚的重要依据。内部分配应实行以"质量否决权"为主要方式的个人收入分配与质量挂钩制度。

企业要建立健全从技术创新、产品研发、生产制造、储运销售到技术服务等全员、全过程、全方位的质量管理体系；加强售后服务、质量追溯、缺陷产品召回和质量诚信管理，严格落实产品质量责任。

健全工程项目质量管理制度。工程项目建设中实行项目法人责任制、招标投标制、工程监理制和合同管理制。大中型建设项目和国家重点工程要推行建设监理制度；对重点建设项目中的成套设备，在项目法人责任制的基础上，建立设备监理制度。

3. 建立质量信息系统

企业要有部门负责全方位质量信息的收集，建立质量信息系统，定期向有关职能部门通报，并将收集的质量信息进行统计分析、测量，用于质量改进活动。质量信息的收集、整理，既是评价质量的依据，也是质量改进决策和实施的基础。

企业要重视质量信息工作，鼓励各层次人员运用质量信息系统，收集有价值的质量信息，包括顾客需求、产品符合性、过程质量特性的变化趋势、顾客满意度、行业标杆企业和竞争对手产品质量数据等，应用计算机、网络和统计软件收集、分析和传递这些数据，利用质量管理工具、方法对这些数据进行有效的分析和利用，提高质量管理和质量改进活动的有效性。

（三）贯彻国际、国家质量标准与进行质量体系认证

1. 贯彻各类国际与国家质量标准

标准化工作是提高质量的最基础活动，是保持质量稳定的一项重要措施，也是日常管理工作的主要方式。企业应高度重视标准化工作，积极采用国际标准和国外先进标准，贯彻国家标准，完善企业产品标准、作业标准、工作标准体系，在实际工作中严格执行，并根据内外部环境与条件变化及时修订、更新标准。

积极贯彻 GB/T19000-ISO9000 系列标准。ISO9000 系列标准是国际通行的质量管理和质量保证标准，是国际贸易中需方要求提供质量保证的依据，是企业提高竞争优势和客户满意度的重要基础。我国已将其转化为 GB/T19000-ISO9000 系列标准。企业要积极贯彻推行，根据系列标准的要求，调整、充实、完善质量

体系，采用相应的质量保证模式，也可以根据行业特点选择与 ISO9000 标准相类似的其他国际标准。

企业要根据生产经营特点和条件，积极采用先进适用的国际标准，包括 ISO22000 等国际质量体系标准、卓越绩效标准、ISO14000、SA8000 标准等。

企业应积极争取参与国际与国家标准的修订，依据国外先进标准或者超越国外先进标准，制定本企业的标准，形成该领域的话语权，占领技术质量标准的制高点。

2. 积极进行质量体系认证

企业要继续实施全员、全过程、全方位的全面质量管理，建立文件化的从产品设计、生产制造、储运、销售到售后服务全过程的质量管理体系，并争取通过国内或国际机构质量体系认证。

ISO9000 系列标准等国际标准和国家标准是不断完善和发展的，企业取得各类质量体系认证以后，仍要继续完善质量保证体系，适时修改、更新工作程序或作业标准，并符合新版标准的要求，切实提高质量体系运行和认证的有效性。

企业要以 ISO9001 质量管理体系为基础，建立既能满足顾客对质量管理体系的要求，又能符合社会和法律、法规对环境管理体系的规定，更能保证职工健康和安全生产的一体化的科学管理体系。

企业要将质量管理体系与其他管理体系整合为一体化管理体系，并使其有效运行，持续改进；同时，引入大质量概念，构筑与愿景、使命相一致的综合管理体系。

3. 积极参加全国性质量管理活动

企业应积极贯彻国务院国有资产监督管理委员会与原国家质检总局联合下发的《关于中央企业深入开展"质量和安全年"活动进一步加强质量工作的通知》及工业和信息化部发布的《关于推广先进质量管理方法的指导意见》和《关于加强工业产品质量工作指导意见》；积极参加工信部的"先进质量管理方法推广"活动和中国质量协会推行的"先进质量方法推广年"活动。积极参加全国质协系统主办的"全国质量奖""质量技术奖""全国用户满意工程""全国质量管理小组""全国现场管理星级评价""质量月活动"等质量品牌活动。通过参加这些活动，促进企业质量管理科学性、有效性的提高，提高企业产品与服务的质量。

（四）采用先进的质量管理方法与技术

1. 积极采用先进适用的质量管理方法与技术

先进质量方法与技术是指有利于企业保证产品与服务质量，实现持续不断的质量改进和绩效提升的科学方法，也就是说那些经过企业学习、实践证明"好用、会用、管用"的质量理念、模式、技术手段和工具。它是系统提升企业综合素质和竞争能力的有效途径，也是提升产品与服务质量水平、培育知名品牌的根本保障。企业要根据实际情况，结合企业发展战略，正确选择和灵活运用各种质量管理方法与技术，作为提升企业质量水平和竞争力的重要手段。

企业要根据行业与企业的特点及实际需要进行分析诊断，在继续加强质量基础工作的同时，积极学习与采用先进的质量管理方法与技术，包括质量管理新老七种工具、统计过程控制（SPC）、可视化等最基础的工具方法，以及全面质量管理（TQM）、质量管理体系、质量功能展开、现场管理、可靠性管理、精益管理、精细化管理、风险管理、5S管理、六西格玛管理、卓越绩效模式和用户满意测评等各种先进有效的质量管理方法与技术。通过采用国际先进质量管理方法与技术，持续改进质量，以加快步入行业领先者行列。要十分重视各种质量管理体系和方法在企业的有效融合，发挥整体效率，提升经营绩效。

2. 提高利用先进质量管理方法与技术的有效性

企业在利用先进质量方法与技术中存在"认识与实践不足；概念多、理解少；引进多、吸收少；培训多、实践少"的问题，以及不想用、不常用、不会用、用得不好的情况。

对适宜的先进质量管理方法与技术，企业要努力做到学懂、会用、有效。学懂就是企业从领导到员工都能够了解和掌握目前国际国内推广采用的先进的质量管理的主要方法与技术，懂得基本原理，懂得正确使用，懂得方法步骤。会用就是掌握在本企业、本岗位使用先进质量方法与技术的本领，做到灵活运用。有效就是无论采用哪种方法与技术，都要对产品质量起到促进作用，达到质量提升、成本下降、交期保证、绩效提升的目的。企业选用什么质量管理方法与技术，不在于"新""多"，而在于有效。要做到有效，企业需要注意以下几点：

一是要正确理解先进的质量管理方法与技术的价值，紧紧围绕企业战略和经营目标，按照科学的步骤和方法，从建立改进机制、健全工作体系入手，扎扎实实地做好基础工作。

二是要选择适用性、针对性强的质量管理方法与技术加以应用，务求实效。真正为企业解决所面临的实际困难，为顾客和社会创造价值，提高竞争力，还需要不断丰富和发展，切忌照猫画虎，照搬照抄。要大胆实践，通过做项目、开展课题研究，促进企业在先进质量方法与技术应用上实现较大的提升。

先进的质量管理方法，产生于特定行业、特定阶段和特定企业的需要，有其适用性和针对性。企业应根据行业、产品和过程特点以及管理基础、人员素质等情况选择适宜的质量管理方法，扎实应用，务求实效。对于管理基础较好、市场竞争激烈的行业，可导入卓越绩效模式，建立健全经营管理框架，以质量求效益、促发展；对于产品链较长、质量成本压力较大的行业，可实施精益管理，通过强化现场管理和现场改善保质量、降成本；对于高科技、高风险行业，可推行六西格玛管理、可靠性管理，依靠科学的步骤和严谨的数据分析，不断改进产品质量和安全性。同时，所有企业都要重视先进质量理念和简单易用的管理工具和普及性应用，特别要大力推广 QC 小组等群众性质量管理活动，切实提高广大员工发现质量问题、解决质量问题的意识和能力。

三是要把全面质量管理的理念作为主线，贯穿在先进质量管理方法与技术的应用中。要把卓越绩效模式等系统的管理体系与企业已经实施的质量管理体系融合起来；要把现场管理、六西格玛管理、可靠性管理与过程控制、产品创新等常规质量活动有机结合起来，促进企业质量管理水平的提高。

3. 继续推进和深化全面质量管理、卓越绩效管理和六西格玛管理模式

一是应用已建立的质量管理体系来深化全面质量管理。对于质量管理基础略差、管理成熟度较低的企业，可按 ISO9001 建立的质量管理体系来深化全面质量管理。首先是要夯实管理基础，提高体系有效性，确保产品质量，增强顾客满意。在此基础上强化以质量为中心、三全管理和持续改进等 TQM 基本特征所要求的内容，通过完善相应过程的程序文件和工作标准，融入质量管理体系中，并进一步按 ISO9004 标准提供的指南扩展和健全质量管理体系，使其逐渐完善成为全面质量管理体系。

二是通过引进卓越绩效模式来深化全面质量管理。对于质量管理基础较好、管理成熟度较高的企业，可以直接应用卓越绩效模式来深化全面质量管理。必要的方法和步骤可包括：①开展培训，确保各级管理人员学习和理解《卓越绩效评价准则》标准，尤其要培养一支骨干人员深入掌握标准；②自我评价，按照《准则》的详细要求开展自我诊断活动，系统识别改进机会及确定改进顺序；③实施改进，由确定的改进机会通过立项明确改进目标并实施改进，企业还可在自我评价中参照《实施指南》的评分系统进行打分，利用评分结果逐年比较组织成熟度提高的程度。

三是实施六西格玛管理模式。企业实施六西格玛管理要做到以下几点：高层领导的支持和授权，建立起有效的实施团队；实施六西格玛是一项复杂的系统工程，要有科学合理的实施规划，循序渐进地推行；各个层次的管理者和员工都要参与其中，并具有相应的权力、责任和利益；适应企业的情况及需求，包括行业本身的特点、产品、消费者关系和竞争力等；在战略的高度，合理选择高价值的项目；完善带级人员的职业生涯，包括奖励和晋升等；加强六西格玛在供应链上的推进，企业应利用自己积累的六西格玛经验对关键供应商、顾客和合作伙伴进行六西格玛知识的培训和指导，通过与供应商和顾客紧密合作，实现供应链的强力联手，获得更强的竞争力。

（五）加强供应链各环节的质量管理

1. 把供应链质量管理作为产品质量控制的关键环节

目前企业的产品，特别是复杂产品，大多是通过社会化整合方式生产，原材料和零部件对产品质量、成本和交货期等影响很大。产品的质量问题很多是出现在原料和零部件上，企业必须将供应链质量管理作为产品质量控制的关键环节，切实做到从源头抓质量。企业应把标准、战略、文化延伸到供应商，形成质量保证共同体，与供应商建立起互利共赢的合作伙伴关系。

质量管理水平高的企业，应将本企业在质量管理方面的成功实践和方法向供应链两端延伸、输出，从而实现整个供应链上的质量波动和质量损失的最小化，提升整个供应链的质量水平。

企业应运用信息化技术构建供应商质量管理数据网络，实现供应链上数据信息的快速交换，共同分享质量数据与信息，提升供应链的整体质量管理水平，增强供应链质量竞争力。

2. 加强对供应商的质量控制

对供应商要进行有效的质量控制，不能仅通过进货检验手段进行控制，还要对供应商的产品设计、生产过程进行质量控制。通过与供应商加强质量方面的合作，实现供应商产品生产全过程的质量保证，以提高企业产品的整体质量。

企业可以通过与供应商互动活动、签订质量保证协议书、供应商质量管理奖、对供应商实施质量诊断和指导等，推动供应商产品质量提升。

为保证产品质量，企业应专门制定统一的外协产品工艺和质量标准，并实施严格的供方评审制度、外协产品过程监制制度等，从而确保产品质量和企业的声誉。要严把原料和零部件检验关，杜绝不合格部件的流转使用。对供应商提供的原材料或零部件，要有检验手段、控制措施和流程管理；采用统计过程控制（SPC）进行数据分析，并链接到供应商绩效评估；参与供应商现场质量控制；链接客户需求，与供应商合作共同解决来料和产品质量问题。

企业应建立合格供应商名单，并对供应商业绩进行考核。要将质量管理延伸到供应商的生产环节，提高对采购产品质量控制的事前预防能力。要建立供应商选择、评估标准与流程，按照对产品质量影响程度进行供应商分级管理；定期进行供应商绩效评价，实施动态管理；根据企业的长远战略规划，发展供应基地。

3. 进行生产过程的质量控制

质量管理应贯穿在企业生产的全过程，把产品质量控制、质量改进贯穿在产品设计、研发、制造、检验、售后服务的全过程。

在新产品设计过程中，要开展设计评审、验证和确认，应召集营销、设计、工艺、制造等人员参加，必要时还要邀请供应商、客户参加设计评审。在研发阶段，根据实际需要，应用先进的质量管理工具和方法，包括试验设计（DOE）、质量功能展开（QFD）、田口方法、故障树（FTA）、可靠性设计、计算机辅助设计（CAD）、计算机辅助工艺设计（CAPD）、计算机模拟技术等。

企业要建立过程控制目标和工艺规范，由设计制造团队，包括设计、制造、质量保证、供应商、顾客等，共同确定关键质量特性，定期审查和再确定。在过程控制中，应用统计过程控制技术（SPC），在检验控制基础上，有针对性地制定纠正和预防措施。

在过程控制方面，可采用现场质量策划、控制、测量、纠正、改进、预防等多种工具和开展质量管理小组活动等方法，在制造业推行适合我国企业特点的由中国质协研发的"现场管理评价准则"。制造过程控制的手段和方法包括作业指导书和质量计划，定期开展过程审核，日常控制中使用控制图、直方图，测算过程能力指数，并据此开展过程调整或改进，并对过程控制的方法进行改进。

企业要以整体优化的思想，积极推行精益生产等现代管理方法手段，优化现场管理。要科学地实行定岗定员，消除冗员；大力减少在制品，实现优质、准时、高效、集约生产；坚持不懈地改进生产现场的作业环境和工作秩序，实行定置管理，形成科学先进的生产工艺和操作流程；严格劳动纪律、工艺纪律，做到环境整洁、设备完好、信息准确、物流有序、安全生产，对生产设备开展全面生产维护（TPM）。在工艺优化设计中，可导入过程失败模式和影响分析（PFMEA）以及防错技术等先进控制方法。

对于保证和提高产品的质量而言，企业的设备及装置要争取达到国内外领先水平，能够满足提高产品竞争力的要求，使公司产品具有标杆水平。要提高企业机器设备的技术水平，以设备生命周期为对象，开展全面生产维护，以维护设备的质量保证能力和产能。

要提高企业检测装置的技术水平和检测能力。定期检定测量仪器，建立评价测量系统的机制，定期对测量系统进行分析、改进。企业对产品检验要设立首检和过程检验制度，及时发现并预防不合格品发生，实行自检、互检、专检制度，有针对性地制定纠正措施和预防措施。检测装置的水平和能力，争取具备向社会提供第三方检测或实验服务的能力。企业对测量仪器要定期鉴定，并对测量系统进行评价，建立评价测量系统的机制，定期对测量系统进行分析、纠正和改进。

4. 做好售后服务工作

准时交付与完善的售后服务体系是产品质量环上的重要保障环节。企业要有产品、服务的准时交付体系或规定，并得到有效运行。要根据用户要求提供系统指导培训和个性化服务，主动帮助用户解决问题和提供后续增值服务，提高用户的满意度和忠诚度。

企业可以通过实施用户满意工程，了解客户的需求以及企业满足客户需求的程度，使企业在满足用户需求方面有明确的、具体的目标。用户满意度测评可以自己认真做好，也可以委托第三方来做，以保证其客观性、公正性和科学性。

企业要依据用户满意度测评结果，对研发、设计、制造、交付、服务流程的各环节进行逐个分析，找出解决问题的答案，并根据企业的技术能力、设备水平、工艺水平和供应链等情况，制定出短期、中期、长期改进目标，同时建立相应的考核机制和质量责任制，使改进有明确的方向、有力的手段和检验的标准。

针对顾客的投诉，企业要有专门人员认真听取意见，协商解决，以顾客满意为目标，追查问题产生的原因，采取措施，防止类似问题再次发生。企业要有完整、系统地处理顾客投诉的管理系统，并有效运行。

（六）抓好质量教育与培训

1. 开展质量教育与培训工作

企业产品与服务质量的提高，依赖于企业成员的素质，这就需要企业开展质量教育与培训工作。企业要制订质量教育与培训计划，不断增加经费投入，加大力度，增强企业经营管理人员和职工的质量意识、质量素质与质量技能。

2. 重视企业经营管理人员的质量教育与培训

做好企业经营管理人员的质量教育与培训，有利于其重视质量，懂得如何从战略的角度，用系统的方法抓质量的问题，坚持质量经营方向，确立以质取胜战略，领导和加强质量管理。通过培训，使企业领导既要掌握质量管理的知识，又要亲自抓质量管理，知道如何进行质量管理。

企业可以组织经营管理人员学习中国质协的《领导干部质量知识简明读本》等书籍，组织参加各类有针对性的质量培训，充分发挥其在质量保证中的重要作用。

3. 深化企业质量管理人员的质量教育与培训

质量管理具有很强的实践性、综合性和专业性。企业要积极进行质量管理人员队伍建设，加强质量管理人才的培养，更新质量管理人员的专业知识，提高质量管理人员的专业能力，将具有质量专业资格的专业质量人员配备到适当的岗位并给予相应的待遇，充分发挥质量专业人员的作用。要支持质量管理人员参加六西格玛黑带绿带、质量经理人、质量审核员、质量管理小组诊断师等质量管理技术人员的专业资格考试、培训和注册工作。

4. 强化企业职工的质量教育与培训

员工的质量意识和技能对生产过程、产品质量有显著的影响。企业要搞好全体员工的质量知识教育与培训，提高职工的质量意识、素质和质量工具方法使用技能。这是确保产品质量提升的一项很重要的基础工作。

企业职工质量教育与培训的主要内容是全面质量管理知识以及各种先进技能

方法的培训，以及质量管理的基本工具和方法的使用，重点是学懂会用，着力提高全员的质量意识、质量行为能力，提升员工解决实际问题的技能。促进企业员工对质量工作由"要我做"到"我要做""我会做"转变，在企业真正形成全员、全过程、全方位的质量管理局面。员工质量知识培训形式很多，其中之一是组织参加"全国企业员工质量知识普及教育活动"。

5. 提高质量教育与培训的有效性

企业应采取有效措施，提高质量教育与培训的有效性。企业要正确识别培训需求，分层施教，不断改进质量教育培训方式，将课堂教学与企业实际工作紧密结合，做到学以致用，有效解决企业的质量问题，不断提高质量水平。

（七）积极开展 QC 小组活动

全面质量管理的显著特征是全员参与，质量管理小组活动是全员参与质量管理改进的重要形式，是企业推行全面质量管理的重要标志。企业要深入持久地开展以质量管理小组为主要形式的群众性质量管理活动，提高产品质量和工作质量，争创优质产品和名牌产品。

QC 小组要根据企业和本部门的方针目标，从调查分析本岗位、班组、车间（部门）的现状入手，围绕提高质量、降低消耗、改善管理、班组建设、提高效率、安全生产、科技开发、优质服务、增加效益等方面选择课题。小组选择课题不宜过大，宜选择身边的、力所能及的课题，力求时间短、见效快。

QC 小组要集思广议，分工负责，按"计划、实施、检查、处理"工作程序开展活动，做到现状清楚、目标明确、对策具体、方法得当、措施落实、责任到人，并及时检查、总结。企业各级领导要为 QC 小组开展活动提供必要的条件，创造良好的环境，鼓励 QC 小组积极开展多种形式的活动。

QC 小组活动要讲求实效、生动活泼，发扬求实、创新、协作、奉献的精神，不断学习、借鉴、消化、吸收国内外先进的质量管理经验，努力做到专业技术、管理技术相结合，并根据实际需要，恰当应用统计工具和其他科学方法。在活动中要特别强调尊重小组活动内在规律，讲求科学、正确使用方法与工具，充分发挥质量管理小组诊断师的指导和带头攻关作用，提高小组活动有效性和活动成果水平，加强成果转化，建立、完善和落实 QC 小组成果奖励机制。

企业要坚持 QC 小组求真务实的活动导向，为员工提供发展机会；QC 小组活动要特别关注资源节约、环境保护、质量、安全和社会责任；以优秀小组为动力，促进并加强班组建设；鼓励创新、努力攻坚，不断开拓 QC 小组活动新领域。

（八）坚持进行质量改进与技术创新

1. 坚持进行质量改进

企业要充分认识到产品质量没有最好只有更好，追求卓越只有起点没有终点。提升质量、追求卓越，必须坚持持续改进。生产高质量的产品，不仅是企业的基本责任，而且是企业永续经营的前提和条件。

企业要以注重产品、服务质量为基础，实现质量持续改进，通过"质量环"的不断循环，在新起点上使质量不断得到提升。

企业要建立全员参与的持续改进机制，把改进作为一项日常工作，纳入年度方针目标，大力开展 QC 小组、六西格玛团队等多种形式的质量改进活动。

企业要向获得国家级质量奖项的企业学习，把标杆企业的质量及其质量管理作为质量改进的动力和目标。

在质量改进中，要采用系统的方法，包括六西格玛、精益管理、流程再造、卓越绩效模式、方针目标管理、零缺陷管理、全员设备维护管理（TPM）、5S/6S和 QC 小组活动等。

2. 不断进行技术创新

企业要加大自主创新和技术改造力度，积极采用新技术、新工艺、新设备、新材料，促进品种更新和质量提升。通过实施《关于鼓励工业产品开发品种和技术创新的指导意见》，增强企业产品开发和创新的能力。

企业要加大技术进步力度。要密切跟踪国际先进技术，加快新产品开发和科研成果的转化；技术进步和技术改造要与提高产品质量相结合，引进先进生产技术要与引进先进检测手段相配套；要根据市场需要，围绕提高产品质量，适时增加质量投入，保证产品技术性能和档次的提高。

第四章　国有企业财务管理规范

　　财务管理是有关资金的获得和有效使用的管理。从资金运动过程分析，现代企业置身于市场关系之中，现金既是企业资金运动的开始形态，又是企业资金每次循环的终结形态。具体表现为：企业筹建是以发行股票和长期债券，取得现金开始；通过支付现金，购建厂房、设备，形成生产经营能力；生产经营能力形成以后，转入生产经营；支付现金或通过商业信用，取得生产要素，生产要素投入生产，依次形成产品（半成品）；制成品通过销售（现销或赊销）形成现金流入；进行利润分配，以现金支付股利、缴纳税金，如此周而复始。由以上论述可以看出，企业财务管理的主要内容包括筹资决策、投资决策等财务决策以及长期财务计划、短期财务计划的制订、执行、评价和控制等日常管理工作。

　　2013年1月，国务院国资委印发了《中央企业做强做优、培育具有国际竞争力的世界一流企业对标指引》，提出做强做优中央企业、培育成为具有国际竞争力的世界一流企业应具备的13项基本要素，这13项要素涵盖了公司治理结构、规模效益、核心竞争力、企业软实力以及自主创新、国际化经营、企业管理等各方面，其中一项要素是建立"集中有效的集团管控模式"，提出中央企业集团管理层级原则上控制在3级以内，实行集中有效的资金管理、采购管理、投资管理、资本运营等，建立起并不断完善以战略管控、财务管控和关键经营要素管控为核心的经营管控体系，对境外企业和境外资产的管控有效，拥有较强的集团控制力。《指导意见》还提出了另一项要素即"风险管理体系完善，具有较强风险管控能力"。进一步，国资委还提出今后一段时间国有企业财务监督要高度关注并努力做好的五项工作，包括：一是要高度关注经济形势变化，着力做好出资企业财务状况跟踪分析工作；二是要高度关注企业运行质量，着力提高财务资源配置效率；三是要高度关注企业财务风险，着力强化企业风险管控工作；四是要高度关注会计信息质量，着力做实企业账本；五是要高度关注财务管理体系创新，着力提升企业财务集团化运作水平。

　　中央企业在集团财务管理方面水平参差不齐。为了配合国资委提出的"做强做优"中央企业、培育具有国际竞争力的世界一流企业这一新的战略目标,对中央企业财务管理规范问题进行深入研究既很重要,也很必要。

第一节　企业财务管理的内容与特点

一、财务管理的定义及内容

财务治理和财务管理是两个不同的概念,它们构成了企业财务的两个不同的层次和方面。财务治理规定了整个企业财务运作的基本网络框架,财务管理则是在这个既定的框架下引导企业财务实现目标。

公司财务治理与公司财务管理有相同的部分,但区别是主要的。其共同点在于,两者都是公司财务报告的影响因素。其区别在于,公司财务治理的目标是协调公司各利益相关者之间的利益冲突,解决信息不对称问题,是一种制衡机制;而公司财务管理是一种运行机制,基于实现公司价值最大化目标。财务治理其动态性在于,公司各利益相关者之间的冲突是不断发生的,公司治理所面临的内部和外部环境也是不断变化的,只有动态的财务治理才能连续不断地发现和修复公司治理中的缺陷,协调各利益相关者之间的关系;而财务管理则是公司经营者的主要责任,包括公司的投融资决策和日常的财务管理。

财务控制可以从如下两个不同层次进行界定:一个层次是企业各产权主体(财权主体)以财权为依据对企业财务资源的配置在决策、执行、监督等环节或过程施加应有的影响,以控制企业的财务活动过程能维护与增进各产权主体(财务主体)的利益,这是一种内在的、隐性的控制过程,是通过企业财务治理结构以财务治理活动的形式体现的,如股东会的争议或投票等,这可以视为从财务治理角度理解的财务控制。另一个层次是企业作为一个整体配置其拥有或控制的财务资源、展开其财务活动,并对此进行控制以趋近企业的财务目标。这种控制是外在的、显性的,体现在企业的各种财务经营管理活动之中,如财务计划的执行等,这可以视为从财务管理角度理解的财务控制。这两个层面的财务控制过程是相辅相成的,但又各有侧重点。前者是后者的内在驱动力,侧重于对财务制度层面的控制;后者是前者的展现或细化,侧重于财务活动层面的控制。如果要从这两层意义对财务控制的内涵做一个改进性的描述,它就是基于财权的配置状态而对企业财务来源的配置过程的控制,以使之趋于企业的财务目标。

二、企业财务管理的特点

财务管理是一种价值管理，主要利用资金、成本、收入、利润等价值指标，运用财务预测、财务决策、财务运算、财务控制、财务分析等手段来组织企业中价值的形成、实现和分配。财务管理的特点有如下几个方面：

（一）财务管理是一项综合性管理工作

企业管理在实行分工、分权的过程中形成了一系列专业管理，有的侧重于使用价值的管理，有的侧重于价值的管理，有的侧重于劳动要素的管理，有的侧重于信息的管理。社会经济的发展，要求财务管理主要是运用价值形式对经营活动实施管理。

（二）财务管理与企业各方面具有广泛联系

在企业中，一切涉及资金的收支活动都与财务管理有关。事实上，企业内部各部门与资金不发生联系的现象是很少见的。因此，财务管理的触角常常伸向企业经营的各个角落。每一个部门都会通过资金的使用与财务部门发生联系。每一个部门也都要在合理使用资金、节约资金支出等方面接受财务部门的指导，受到财务制度的约束，以此来保证企业经济效益的提高。

（三）财务管理能迅速反映企业生产经营状况

在企业管理中，决策是否得当、经营是否合理、技术是否先进、产销是否顺畅，都可以迅速地在企业财务指标中得到反映。

财务管理制度就是通过一系列的制度性安排来完成财务管理工作。一般来说，财务管理制度包括会计核算制度、财务管理制度、内部会计控制规范、全面预算管理制度和内部审计制度。

具体到企业集团层面，其财务管理又具有与一般企业不一样的特点，主要表现在以下几个方面：一是财务管理的主体复杂化。企业集团在其组建和形式上有自己的主体性和层次性特点，这就决定了其财务管理的主体呈现复杂化的特点。二是财务管理决策多层化。在企业集团中，母公司作为核心企业，与其下属各级子公司处于不同的管理层次，各自的财务决策权及内容也各不相同，导致企业集团内部财务决策的多层次化。三是财务管理的基础是控制，也就是前面述及的集团财务控制。国际会计准则对控制的解释是，控制是指统驭一个企业的财务和经营决策，借此从该企业的活动中获取利益的权力。四是财务管理更加突出战略性。财务管理的实际效果是在企业的生产和经营中实现的，故财务战略不但是企业集团战略的主体之一，而且会渗透到企业集团战略的其他部分（如营销战略、人力资源战略）当中。

第二节　企业财务管理的理论研究与模式选择

一、企业财务管理的研究情况

纵观财务发展的历史，西方财务学主要由三大领域构成，即公司财务、投资学和宏观财务。同时，国际上另一种通行的划分方法是将财务学分为五个分支，即公司财务、个人财务、财政学、国际金融和跨国公司财务。其中，公司财务在我国常被翻译为"公司理财学"或"企业财务管理"。前已述及，企业财务管理经历了以下几个发展阶段：财务管理的萌芽时期、筹资财务管理时期、法规财务管理时期、资产财务管理时期、投资财务管理时期、财务管理深化发展的新时期。在上述每一时期都有一些标志性研究成果对后世的企业财务管理实践有着非常重要的指导作用。然而，对企业集团的财务管理进行研究却是 20 世纪 90 年代以后的事情。从西方的研究状况来看，关于企业集团财务控制的研究散见于企业理论、代理理论、产权理论、财务管理理论、企业并购理论、跨国公司理论、公司治理理论之中。有的学者从经济学的角度进行研究，有的学者从管理学的角度展开，但对它进行集约性、专题性研究的专著却不多见。

综合来看，国内学术界对企业集团的财务管理研究基本沿着以下几点线索开展：一是企业集团的财务管理模式研究。财务管理模式的内容非常广泛，主要涉及财务管理目标、财务管理组织机构、财务管理体制、财务战略等内容。二是企业集团财务框架研究。在该研究领域，比较有代表性的研究观点认为，企业集团财务框架应当包括集团财务治理与集团财务管理。其中，财务治理主要包括财务治理权配置、财务治理机制等；集团财务管理则包括筹资管理、投资管理、计划与控制、评价与激励、收益管理等内容。三是集团财务控制研究。一般认为，应当从财务治理和财务管理两个视角来考虑集团财务控制问题，认为财务控制的实施方式需要创新与整合。四是企业集团财务信息化研究。五是企业集团财务风险预警研究。六是企业集团财务管理职能及其实现方式研究。

二、企业财务管理模式选择

（一）企业集团财务管理模式分析

企业集团的财务管理体制按照集权与分权的程度大体上可分为三种类型：集权型、分权型、集权与分权相结合型。针对不同企业集团的组织架构，在直线职能式结构的企业集团中应采用集权型财务管理体制，在控股及参股公司结构的企业集团中应采用分权型的财务管理体制，在事业部制结构的企业集团中应采用集权与分权相结合的财务管理体制。

1. 集权型在直线职能式结构中的应用

在直线职能式组织结构中，子公司的发展战略、经营业务和产品等往往同母公司存在横向一致性。母公司在人才、技术、财务、管理等方面有较大的资源优势，所以，为实现集团主业的发展目标，保持母子公司经营活动的一致性，应采用集权型的财务管理体制。母公司把经营权限特别是决策权集中在集团最高领导层，总部通过职能部门对子公司实行高度集中管理，履行投资中心和利润中心职责；子公司是成本中心，只有日常业务决策权和具体执行权；集团公司实施集中管理，子公司完全接受母公司的领导。因此，无论是财务战略、财务预算的制定与实施，资金的筹集与分配，成本的核算与控制，还是收益的分配，都由母公司集中管理。在此种体制下，管理层级明确，管理跨度大，母公司拥有绝对控制权，可以动员集团的各项资源，促使集团整体战略的贯彻与实施，避免集团扩张造成的失控，降低财务风险。

2. 分权型在控股及参股公司结构中的应用

在控股及参股公司结构中，母子公司经营的业务和产品一般存在前后向一体化的特征，产权关系形成的原因大多是为满足稳定的上游原材料供应、下游销售渠道的畅通及交易的经济性。如煤炭企业控股及参股煤化工企业，氧化铝企业控股及参股铝矾土矿生产企业等。母公司在人才、技术、管理等方面的资源相对匮乏，如果过分强调集权管理，难免会陷入外行领导内行的误区。所以，在此种组织结构下，应采用分权型的财务管理体制。在完善法人治理结构的基础上，母公司经营及财务管理政策通过子公司的董事会去贯彻实施，监督和控制比较间接，子公司的自主权相对较大。子公司保持了较大的独立性和自由度，这对提高子公司的经营积极性具有积极意义。

3. 集权与分权相结合型在事业部制结构中的应用

在事业部制组织结构中，企业集团把市场机制引入企业内部，按产品、部门、地区和顾客划分为若干事业部，实行集中领导下的分散经营，较适合采用集权与分权相结合的财务管理体制。在此体制下，母公司拥有财务战略规划、计划控制、重大投资决策、利润分配权，是投资中心。而按产品性质和市场特点（地区）成立的事业部可以在最高决策层授权下享有相当大的经营自主权，可以计算事业部本身的营业额和费用，并据此计算利润，因而是利润中心；有些事业部是投资中心；事业部下的子公司则是成本中心，在本质上是一个在统一经营战略下承担某种产品或提供某种服务的生产经营单位。公司总部有专门的统筹部门，负责对各事业部进行授权，监控各事业部的经营活动和绩效，在事业部之间配置经营资源，并制定战略，对各事业部的经营方针、销售利润和资金调度进行统一决策。这种体制适应了组织规模扩大、信息中心向下偏移的趋势，但总部控制难度加大，方式更为复杂，而且往往要在增强财务监控的成本与收益之间进行艰难的权衡。它是目前国际上大公司普遍采用的主流形式。

（二）企业财务管理模式选择的原则

合理而有效的财务管理模式对企业集团的发展具有十分重要的意义。但企业集团财务管理体制并没有一个固定模式，集团公司的财权配置方式是动态的，而不是僵化不变的。随着母公司、子公司的发展，以及各种环境的变化，只有遵循必要的原则，及时调整财权配置政策与方式，才能使之保持最佳状态，发挥最大效能。

1. 集权、分权适度原则

集团公司财务总部集权过多，会影响子公司的理财积极性，子公司没有主动灵活性，集团财务及经营机制必然僵化；相反，过度的分权，也会导致子公司追求个体经济利益，而忽视集团整体利益，容易造成失控现象。通常的选择是首先保证集团公司财务总部集中必要的财务管理权限，特别是重大财务管理决策权，在此基础上实行适当的分权。这样既能发挥集团公司财务调控职能，激发子公司的积极性和创造性，又能有效地控制经营者及子公司风险。

2. 权责利均衡原则

分权能否达到目的，与权责利关系处理密切相关。给予子公司、分公司的权限大，但其承担的责任小，就容易产生滥用权力的现象；反之，给予的权限小，但承担的责任大，则不利于调动子公司、分公司的积极性。因此，权责应对称、均衡。

3. 机构设置要与集权分权程度相适应的原则

集团内各成员企业及其下属单位的财务管理机构设置哪些职能部门，应与承担的财务管理责任相适应，这也是财务部门履行好职责的重要保证。在实践运用中，财务管理体制并没有一个固定模式，绝对的集权和分权并不存在，企业往往根据自身要求和存在的问题在二者之间寻找管理的突破和制衡。只有通过集权与分权的交织配合，聚合各方面、各层次的资源优势，激发各层次管理者的积极性与责任感，才能协调、高效地实现集团的整体利益目标，并根据自身实际，综合考虑各方的影响因素，遵循一定的原则，灵活掌握，作出相应的选择和安排。

除此之外，企业集团在选择具体财务管理模式时还会受到以下因素的影响：企业集团的发展战略、企业集团的发展阶段、股权结构、企业文化、竞争环境等。

第三节　国外企业财务管理的先进经验

一、企业集团财务管理体制的国际比较

最早的集团是以财团、财阀、康采恩的形式出现在 20 世纪之初，当时的资本主义正从自由竞争阶段向垄断阶段过渡。经过近百年的演变，企业集团已发展成相对成熟、对全球经济具有举足轻重作用的组织。在长期的发展过程中，一方面西方学术界对集团这一特殊理财主体包括财务管理体制在内的特殊财务问题进行了积极的探索，取得了不少理论成果；另一方面实务界在财务管理体制方面也积累了丰富的经验，同时又及时吸收理论研究成果，并以此为指导，形成了一些相对成熟的集团财务管理的实践模式，如欧美模式和日本模式。

（一）欧美模式

欧美企业集团主要指欧洲各国和美国的集团，这一类型的集团成立较早，发展较为完善，规模也很大，产品品种、分布区域和市场占有范围已达到一定的程度，因此其财务管理基本上都采用的是集权和分权相结合、分权的成分大于集权的成分的管理模式，目的在于充分发挥成员企业的积极性。

欧美大多数企业集团是按照产权关系层层投资形成的母子公司型，即集团公司—子公司—工厂，这类集团内部建立起了集权和分权相结合的财务管理体制，即在高度集权下广泛分权，在广泛分权的基础上统一协调。其中，集团公司是集团的核心，制定集团发展规划和各项财务制度，作出公司的重大决策，组织重大投资项目的实施，掌握重要人员的任免等，特别对资金实行集中管理，统一筹集，统一调度。子公司是在集团公司控制下的独立法人，接受集团公司的投资，在财务上受集团公司统一领导；经营范围和企业规模受集团公司发展战略的限制；在核算方法上遵循集团公司制定的财务制度；利润方面，则需要按时完成集团公司下达的指标，对集团公司负责，财务上实行独立核算，自负盈亏，有一定的财务知情权。工厂作为子公司的下属生产单位，接受子公司的领导，对子公司负责，合理利用分配的资金，按时完成生产任务，对生产过程中的成本费用进行管理，力争做到少投入多产出，提高生产效率。可以说，在集团中，集团公司负责集团总的发展战略和重大财务决策，子公司负责具体的经营管理活动和具体操作层面的财务决策，工厂只负责生产中成本费用的管理。总之，集团公司负责对集团的资金管理、成本费用管理、利润管理、人事管理，是整个集团的投资中

心；子公司是独立经营和独立核算单位，是集团的利润中心；工厂直接从事生产活动，是集团的成本中心。

（二）日本模式

日本的企业集团又可细分为两类：一类是以旧财阀企业为基础组成的集团，以三菱、三井、住友、芙蓉、第一劝业及三和这六大集团（或企业集团）为典型代表；另一类是以新兴工业大企业为核心组成的集团，如新日铁、日产、丰田、东芝等。根据日本公正贸易委员会 1975 年《关于综合商社第二项调查报告》的归纳，日本六大集团有以下特点：集团成员之间环型持股，作为资金联系纽带，根据持股关系各企业之间互派管理人员或兼任董事，进行集团的整体协调；集团由成员中骨干企业的经理或董事长组成经理会，作为集团的决策协调机构，进行大型投资与综合发展等重大决策。集团以大的城市银行为核心，对成员企业进行系列贷款。综合商社通过在集团内外组织购销活动成为集团的中枢。以银行和综合商社为核心，在经营上以重工业、化学工业和轻工业等第二产业为主，向第一、第三产业广泛大规模扩张，形成多元化经营。以集团为代表，进行共同投资，向新事业发展。

日本企业集团的财务管理体制虽然也实行的是集权与分权相结合的财务管理体制，相对于欧美模式而言，日本集团集权的程度较高，一般采取的是"大权集中，小权分散，战略集中，战术分散"的做法，如集团的对外投资、筹资和财务制度由集团总部（或经理会）决定，而公司本身的财务预算、财务计划、财务考核由各公司进行，具体的生产、产品成本费用管理由公司下属的工厂或事业部完成，独立核算，自主经营。对于集团财务管理体制下的财务决策机制，日本模式实行的是依产权关系自上而下授权、按责任层次自下而上决策的运作机制。其运作方式是：有关企业投资、筹资以及收入分配等的财务决策，先由基层财务部门会同各自的经理人员做出，然后逐级上报汇总，由上一级决策部门根据各级决策权限及公司经营战略，做出批准或认同与否的决策。各层次权限依集团类型和子公司大小而定。如一些集团对小的子公司规定其投资决策权限为 1 亿日元以下，而大的子公司则可放宽到 5 亿日元等。这种决策机制既可以考虑子公司的利益，充分发挥子公司的积极性、主动性、创造性，又可以在集团内统一规划重大财务活动，提高集团的整体效益。

对于集团财务管理体制下的财务监督机制，日本模式财务监督机制是采用自上而下、内外结合的机制，即上一级财务部门对下一级财务活动进行监督，这种安排与该模式决策机制相适应。集团内部最高的监督机构设在集团总部，定期对成员企业派员巡回检查，并根据检查结果对各成员企业作出综合评价，外部监督主要有银行、债权人、投资人、政府及注册会计师。这种内外结合、上下贯通的财务监督机制，能够有效地促进财务管理效益的提高。

二、全球视野下集团财务管理体制的发展趋势

随着现代信息技术的飞速发展，国外集团在引入现代管理手段的同时，开始对原有的财务管理体制进行了彻底的重新构建。特别是20世纪90年代以来，在全球掀起以业务流程重组（BPR）为主要内容的管理革命风潮后，全球绝大多数大型集团几乎都进行了业务流程重组。新的技术手段和管理手段引起了企业集团财务管理体制的革新，很多大型集团尝试构建更有利于财务资源整体的优化配置的集权型财务管理体制。

以美国太阳微系统（Sun Microsystem）集团为例。Sun Microsystem公司是美国硅谷第二大公司，服务器销售量长期位居世界第三，在全球拥有一百多个分支机构和控股公司，4万余名员工，2000年，实现销售收入180亿美元。1995年，公司为了适应快速发展的要求，曾在全球设置了25个子公司。独立的财务运作帮助这些子公司迅速扩张了业务，但也带来了严重的资金分散乃至内部竞争问题。从1998年起，Sun Microsystem公司开始重组业务流程，调整管理制度，在组织上将25个子公司转变成分公司，在财务管理方面提出了共享财务服务的理念，先后在纽约、伦敦和东京设立了三个财务共享伙伴机构（区域性财务管理服务中心），将世界25个分支机构的部分财务业务（各分、子公司的总账、应付款、差旅费、固定资产和现金管理五类）职能转到了中心，实行中心对分公司的财务外包服务，实现了分区域财务集中管理。2000年，随着集中管理的条件进一步成熟，Sun Microsystem公司又撤销了这三个财务管理服务中心，将其职能全部集中到旧金山总部，实现了全公司财务的集中管理与监控。由于将具有共性的财务工作集中管理，从而大大减少了因业务的迅猛扩张而需要增加的财务管理人员数量，拓宽了财务管理的职能，提高了财务管理人员的工作效率和公司财务管理的规模效益，并强化了财务监管。

财务管理的绝对集权、相对分权已经成为各国企业集团公认的模式。法国于齐诺尔钢铁集团规定：各子公司的财务战略发展由集团公司统一决策、评价和考核，各子公司只是负责财务战略的实施；集团公司拥有子公司投资项目的决策、评价和结算权；子公司的财务统一执行集团公司的财务体系标准，但各子公司以三个产品事业部为核心作为利润中心进行独立核算。企业集团财务管理的集中方式可以分为二级集中、三级集中等。二级集中指的是集团总部为一级财务管理机构，各地子公司为二级财务管理机构。总部与各子公司之间通过会计信息系统进行财务数据传输。集团公司按照不同的岗位职责设立专人进行审核。三级集中就是在总部和各子公司之间设立地区代理，作为第二层次。美国杨森制药集团是典型的二级集中式的财务管理体制,摩托罗拉则是典型的三级集中式的财务管理体制。不管是二级集中还是三级集中,借助于先进的信息技术,集团公司可及时掌握并控制各子公司的业务和财务信息,甚至可实现业务与财务信息的实时化传递和共享,并随时生成合并报表,掌控整个集团的财务状况。

第四节　中央企业财务管理的成功经验

一、中国石油的"一个全面,三个集中"的财务管理体系

2000 年以来,国内几大支柱行业的企业集团在政府的支持和鼓励下,纷纷在大规模的资产重组后,步入国内国际资本市场。政府和企业的管理层更多地期望企业通过在资本市场的运作,在筹集发展所需资金、优化企业资本结构的同时,为实现企业的制度创新、技术创新和管理创新增添外在的压力和内在的动力,加速企业的转型和新的管理体制的建立,提高国有企业整体素质,加快建立现代企业制度,增强中国工业国际竞争力,促使国有企业逐渐形成和发展成为具有较强国际竞争力的大公司和企业集团。中国石油的重组和上市,就是在这样的背景条件下应运而生的。中国石油天然气集团公司于 1999 年 11 月 5 日以其优良资产注入并独家发起,设立了上下游、内外贸、产供销一体化,跨地区、跨行业、跨国经营的综合性石油公司——中国石油天然气股份有限公司(以下简称中国石油)。中国石油发行的美国存托股份及 H 股于 2000 年 4 月 6 日及 4 月 7 日分别在纽约证券交易所有限公司及香港联合交易所有限公司挂牌上市,2007 年 11 月 5 日在上海证券交易所挂牌上市。截至 2007 年底,中国石油天然气集团公司拥有公司 86.29% 的股权。

中国石油的上市不单纯是一个出于财务融资需要的决策,其上市前的战略性重组、公司改制,上市过程的操作以及上市后企业管理模式的调整、财务管理体系的转型都不可避免地遇到极大的困难和挑战。主要表现为改制时间短,法人治理结构刚刚建立,上市培育还不成熟,尤其是国有企业长期生存在没有股东的环境下,缺少投资者监督的压力,资本成本、资金回报以及资本市场运作规范的观念淡薄,加之规模庞大、体系繁杂,新的经营管理机制尚未根本转型。中国石油上市后,在投资者和资本市场监管机构的监督下,面临着重新审视公司的价值观和经营观、转换经营管理模式、提高管理效率的迫切要求。尤其是要应对外部利益相关者对于财务信息及提高公司获利能力方面的需求,财务管理的转型显得更

为迫切和重要。

（一）建立了新的财务管理体系

为适应由国有企业向国际上市公司转变、由一个以国内业务为主的企业向国际化经营石油公司转变的发展要求，中国石油建立了"一个全面，三个集中"的财务管理体系，即全面预算管理，资金、债务、会计核算集中管理。全面预算管理对引导经营目标实现、促进经济资源有效配置起到了激励约束作用；全额资金集中管理和统借统还的债务集中管理，确保了企业集团资金血液安全高效循环；会计一级集中核算使企业集团会计信息披露实现了透明、及时、高效。

（二）设计了以关键绩效指标（KPI）为核心的业绩驱动管理模式

中国石油上市后，借鉴国外大石油公司业绩管理的通行做法，设计了以 KPI 指标为核心的业绩驱动管理模式，推行全面预算管理，使预算管理成为推动企业经营水平和经济效益不断提高的重要方法和手段。预算管理指导思想是：以股东价值最大化为根本，以市场为导向，以上市业绩承诺为目标，通过集约化管理，不断提高投资资本回报率，按照承诺要求削减各种成本，实行股份公司总部—专业公司—地区公司三级预算管理制度。预算的内容主要包括损益预算、资本支出预算、现金流量预算、债务预算等。

（三）建立了资金高度集中管理的运行模式

中国石油重组上市后，为提高资金运行的效率和效益，合理调度和使用资金，追求整体效益的最优，打破了原有地区和组织的限制，通过资源在企业范围内的有效配置，建立了资金高度集中管理的运行模式。其内容主要包括：一是银行账户集中统一管理。为提高中国石油资金使用效率，防范资金风险，保证资金安全，中国石油总部及各地区公司的银行账户实行集中统一管理。二是资金收支实行严格的计划管理和"收支两条线管理"。三是对外投资和捐赠的集中管理。对外投资和捐赠决策权集中在总部，未经总部批准或授权，地区公司不得擅自对外投资和捐赠。四是实行重大事项报告制度。

（四）实施了债务集中管理

中国石油重组改制后，实施了债务集中管理。在债务融资管理方面，由总部负责制定中国石油合理的债务规模、债务结构及风险管理办法。总部根据中国石油的业务发展规划和债务控制目标，制订融资计划及融资方案。根据债务集中管理的原则，债务融资和债务管理实行"统借统还，集中管理"。融资工作由总部统一办理，各地区公司债务纳入总部统一管理范围。总部与各金融机构协商，统一办理借款，并承担违约、借款还款，发生的财务费用分割至各地区公司承担，充分发挥企业集团整体统筹运作的优势。实行债务集中管理后，未经总部批准，地区公司无权在银行取得贷款和提供担保。根据地区公司生产经营建设需要，由总部统一向地区公司提供内部长短期负息资金。短期负息资金主要用于地区公司新增的短期资金需求。长期负息资金主要用于资本支出，即根据总部批准的资本支出计划，扣除不同投资项目、不同比例资本金注入以外的资金投入。负息资金的利率按照中国人民银行公布的同期贷款基准利率下浮10%执行（短期负息资金参照6个月贷款利率，长期负息资金参照3~5年贷款利率），并随着法定贷款利率的调整而进行相应的调整。中国石油内部贷款管理也同样采用外部贷款的管理方式，引进项目借款管理机制，加强项目贷前可行性评价，严格贷后资金流向跟踪检查和投资回报考核，发挥资金利率杠杆的调节和传导作用，促进地区公司提高资金使用效率。

（五）统一、规范了内部财务会计制度，优化业务流程

中国石油重组改制后，统一、规范了内部财务会计制度，优化了业务流程，根据《会计法》《企业会计准则》《企业会计制度》和相关财经法规，结合中国石油财务管理实际，编制了《中国石油会计手册》，作为财务人员的工作法典和操作指南。在此基础上，借助财务信息化管理，实现会计核算的集中。会计集中核算是中国石油重组改制后新的财务管理体系的基础，是公司准确提供财务信息、满足内部管理和对外披露需要的前提。实行会计一级集中核算是中国石油加强财务管理工作的重要内容，也是公司推进自主创新、加快信息化建设的重要组成部分。会计一级集中核算，使规范的流程、核算规定、标准化内容不再是仅停留在各种手册、下发的文件、会议的讲话中，而是全部系统化，把企业会计准则、财务报告流程、业务流程的相关控制融合到财务管理信息系统中，通过系统自动控制、自动监督，将核算体系、客户信息转化成45000多条标准化编码、20多万条客户编码统一纳入系统管理，按规则进行核算，按流程进行变更和审批。整个中国石油的核算标准、业务规范严格统一，高度一致，从源头上为新会计准则的贯彻落实、财务报告的及时性和准确性、内控管理措施的有效执行提供了强有力的保证。

二、中国石化的财务公司结算中心模式及其运行机制

资金的结算中心与集中控制是集权体制下的首选模式，它对资源的高效配置、出资者实现资金的有效监控等功能早已被中外企业所广泛运用。但资金的结算和集中绝非简单、武断之事，事关企业内部控制制度、组织流程以及与外部环境的配套和建设等一系列制度安排，因而在该模式的运行中出现企业控制目标与结果的巨大差异。在这方面，中国石化的做法值得借鉴。

中国石化集团公司（以下简称中国石化）是1998年7月经国务院批准重组的国家特大型集团公司，其全资、控股、参股企业和直属单位遍及全国（除台湾

地区外）的各个省份，其经营涵盖石油、天然气等多个行业，二十几种产品。该集团实行上下游、内外贸、产销一体化经营和外部市场化、内部紧密化的经营管理方针。1999 年 10 月，中国石化控股的股份公司在纽约、中国香港和伦敦三地挂牌上市，这是我国第一家国有企业在此三地成功上市，募集资金 34162 亿元。中国石化财务公司是中国石化的子公司，成立于 1988 年 7 月，1993 年经中国人民银行批准，改制为有限责任公司，1997 年增资扩股，目前资本金为 15 亿元。中国石化财务公司结算中心成立主要是内部转账结算的需要。多年来，由于受多种因素的影响，企业间结算环节拖欠严重，省市石油公司欠炼化企业、炼化企业欠管道公司、管道公司欠油田企业的货款形成债务链，最高时曾达 400 多亿元。当时的炼化企业归石化总公司管理，省市石油公司归各级地方政府领导，管道公司和油田企业又归石油天然气总公司领导，因此，债务链问题的解决牵涉三个不同的主管部门。如何解开上、中、下游企业之间的债务链一直是集团公司关注的问题，也是开展内部结算的直接原因。此外，集中结算之前，由各分支机构自行到银行多头开户、多头贷款，资金分散，使用效率低，占用成本居高不下，并一度成为各分支机构违纪违法的工具，最终又将风险转嫁到总公司。1998 年国务院决定对中国石油天然气总公司和中国石化总公司进行重组，组建中国石油、中国石化两大集团公司。集团公司重组和管理机制的变革要求集团公司内部对资金实行集中统一管理，而重组后的中国石化集团实现一体化经营及内部紧密化经营与内部紧密化管理也为内部转账结算工作开展创造了条件。

中国石化财务公司结算中心的运行模式，不是简单地将资金纳入集中结算，而是对资金计划、使用、控制、稽核及奖罚的全过程实行集中管理。在对各参与主体（两个层级）清晰的授权、定岗、界定义务及责任的基础上限定结算范围，规定四个统一，签订三项协议，使各参与主体能在一个有严格的结算纪律、层级界定明确、激励与约束对称的规则中运行。

（一）限定结算范围及对象

中国石化的特征是先有子上市公司，然后划归母公司，之后母公司再上市这种相当少见的资本运作。因此业务整合的关键在于集权，因而对结算和资金集中的范围和品种作了限定。内部结算对象限于集团公司所属成员单位，包括集团公司的全资企业、控股企业和参股企业（包括上市公司和存续公司），各类企业主体的下属单位只能通过主体企业办理结算业务；内部结算的结算品种主要限于集团公司内部的主营产品和业务，如原油购销、成品油购销、原料互供、物资装备购销、关联交易等。

（二）实行"四个统一""三项协议""二级财务控制"机制

"四个统一"，即统一结算软件、统一凭证格式、统一票据传递、统一结算报表。要求参加统一结算的各分支机构必须按公司统一规定的报表格式、时间和要求向财务公司结算处报送结算统计报表，由总部结算处每月 2 日前汇总编报结算表，送有关单位领导。分支机构每天下午 4 时将"转账结算资金收付及余额日报表"传真公司结算处，由结算处上报有关领导。实行"四个统一"是实施结算工作的基础，使参与结算各方的信息质量从源头上得以保证，并使信息在集团内部迅速传递，保证集团总部对资金流动的方向和效率实施实时监控。

"三项协议"，即指内部转账结算协议、结算周转贷款协议及汇票贴现、转贴现协议。内部转账结算协议要求由供货方、收货方、财务公司三方就内部转账结算的范围、期限、有关货物发货方式与货款支付方式及在出现拖欠情况时的处理和对责任方的处罚等签订"内部转账结算协议书"；为便于结算业务正常进行，依据"内部转账协议书"的有关规定，甲方（借款方）向乙方（贷款方）申请内部结算周转贷款，专项用于贷款的封闭结算。并由借贷款双方就贷款项目、授信额度、用途、利率、协议有效期、违约责任及协议的解除和变更达成协议，签订结算周转贷款协议书；财务公司将对开展内部转账结算的企业提供商业承兑汇票和银行承兑汇票贴现业务。参与贴现的单位首先需持票向财务公司申请，报各大区财务公司分支机构批准。各大区财务分支机构对票据要素进行审核、查询并签署是否同意贴现的意见书及转贴现操作建议（包括行别、金额等），申请单位必须承诺同意遵守《中国石化财务有限责任公司票据贴现业务管理办法》的各项规定，无条件承担因票据最终承付发生纠纷所造成的一切经济损失。

"三项协议"的目的是界定各参与方在内部转账、结算贷款和票据贴现过程中的责任、义务和权限，使整个结算以及与结算有关的经营和融资行为建立在严格的金融法律和法规的基础之上，使集团内部长期存在的相互拖欠、风险最终无人负担的状况得到事前的防范。

"二级财务控制"机制包括两个层次。第一层，中国石化财务有限责任总公司是对整个集团进行财务控制的最高层级；第二层，将整个集团财务公司划分为 7 块，即中国石化财务有限责任公司和 6 个财务分支机构（业务点或办事处）。总部对各分支机构实行法人授权经营管理，分支机构只能在授权范围内办理各种经营活动。第一层的财务控制主要包括：①由集团总部授权财务总部经理和各大区办事处经理（各大区办事处设置需上报总行批准）。集团财务总部制定所有岗位的责任制，包括总部各部门的权限及岗位职责、各分支机构的主任岗、资金计划调度岗、资金结算岗、信贷岗等的职责权限安排。②具体负责整个分支机构经营计划和资金占用额度的审核与批准、内部转账结算、贷款协议、贴现协议等规则的制定与审批，对各财务分支机构再贴现和转贴现的统一安排。③总部依据各分支机构上报的经营计划和总体对资金控制的要求核定各银行存款余额，超过部分要求及时归集于主要结算开户行账户，利率按存款利率上浮20%，总部资金不足可从分支机构抽调。利率按存款利率上浮40%，主要结算账户存款余额应始终保持不少于头寸总额的50%，以保证资金的顺利调度。总部有权对分支机构的资金进行平衡调度，各分支机构间不允许直接进行资金调度。每日要求各分支机构将超定额资金通过银行集中到财务公司总部的银行，由总部对各分支机构资金统一调配和管理。④规定各分（子）公司与财务分支机构、集团总部之间的内部结算票据及资金的流程。⑤总部稽核处负责对公司本部及各分支机构的结算纪律和结算效率进行现场、非现场稽核和专项稽核。⑥对分支机构进行奖惩考核，各类考核指标分别是吸收信托存款增长率、利润完成率、营业费用支出率、资金安全性、服务和工作质量，并分别计算权重作为奖励的依据。其中对资金安全的考核注重对不良资产的管理，清收各种应收应付款，以及对贷款质量和违规违纪行为的考核。

第一层级的财务控制职能可以概括为负责整个集团统一信贷、统一结算规则、统一资金集中、统一资金调配、统一稽核监管和考核，因此这个层级是票据流、资金流和信息流的终端，其业务的发生与监控主要是在各财务分支机构与财务公司总部之间进行的。

第二层级的财务控制是由各分支机构严格掌握在总部授权范围内进行的。具体包括：①各分支机构负责制订自身的经营计划和资金额度并上报总部；②负责所属辖区内各分（子）公司三项协议的签订、办理日常的资金转账结算（包括票据的流动、资金的流动和信息的传递）；③按照批准的信贷计划办理存贷款，对各分（子）公司头寸进行控制与集中；④负责传递各分（子）公司的经营计划完成状况、各类贷款、投资、资金结算、资金拆借和应收账款的详细情况，并对贷款、往来款项进行跟踪管理，及时注意有关客户财务状况变化，对异常情况和可能发生异常的情况及时向总部汇报；⑤分支机构与总部之间实施一条线管理，总部设稽核处，受公司主管经理直接领导，业务上受中国人民银行指导，各分支机构设专职、兼职稽核员，受分支机构主要负责人直接领导，业务上受稽核处指导。

（三）"两大进程"——内部结算网上系统运用模式

公司实施内部结算是在手工和单机基础上分两步实施，首先实现集团内部网，在此基础上进一步实现外部网。原因在于：结算中心的成立对集团统筹调度资金、节省资金占用确实起到了较显著的作用。但由于各下属分（子）公司还需到结算中心办理收付款、对账等业务，下属公司已填写过的单据，结算中心还得重新录入，产生大量的重复工作。因此结算中心内部网上系统通过集团内部各成员单位网络与结算中心联网，相应办理网上付款、网上查询、网上收款、网上对账等业务，提高结算效率（特别是远距离）。内部结算系统第一期是建立在局域网上的多用户结算业务处理系统，主要应用于财务公司总部及其各分支机构。第二期是在一期开发并成功运行的基础上，通过内部网上结算业务，实现结算企业之间、结算企业与财务公司之间，以及与银行网络的内部转账结算业务的购销票据、付款凭证等有关单据的网上传递、网上录入、网上确认、网上查询以及收付款的管理。实现财务公司总部与各分支机构、结算企业之间，以及与银行网络的票据流、资金流和信息流的高效统一。

三、中国航天科技集团公司的财务管理成功经验

中国航天科技集团公司（以下简称集团公司）是在我国战略高技术领域拥有自主知识产权和著名品牌，创新能力突出、核心竞争力强的国有特大型高科技企业。集团公司成立于1999年7月1日，其前身源于1956年成立的国防部第五研究院，曾历经第七机械工业部、航天工业部、航空航天工业部和中国航天工业总公司的历史沿革。集团公司是我国航天科技工业的主导力量，是国家首批创新型企业，拥有中国运载火箭技术研究院、航天动力技术研究院、中国空间技术研究院、航天推进技术研究院、四川航天技术研究院、上海航天技术研究院、中国航天电子技术研究院、中国航天空气动力技术研究院8个大型科研生产联合体，以及中国卫星通信集团公司和中国长城工业总公司等11家专业公司、若干直属单位以及8个区域性航天产业基地、8家境内外上市公司。集团公司在2008年度、2009年度经营业绩考核中连续两年进入中央企业前十名，稳居央企第一梯队。这份荣誉离不开该集团公司颇具特色的财务管理模式。该集团公司提出了"瞄准一个目标，突出'五大抓手'，实现两次跨越"的财务管理策略。

（一）瞄准一个目标

集团公司财务工作坚持"支撑战略、集中控制、精细管理、创造价值"的指导思想，确立了"1361"财务工作总体目标，即要建立完善"统一管理、集中运作、预算统筹、核算集成、风险监控、绩效考评"的集团化财务管理模式（所谓的"1"）；推进成本工程、财务信息系统工程和财务风险控制工程（所谓的"3"）；健全全面预算管理体系、会计核算管理体系、资金管理体系、型号价格管理体系、资产产权管理体系和绩效考评体系（所谓的"6"）；要快速形成一支专业的财会队伍（所谓的"1"）。

集团公司把目标的实现分为两个阶段，实现两次跨越。几年来，财务战线开展了许多工作，如首次构建了财务管理规章制度体系，推行了全面预算管理，实现了资金的集中管理与运作，统一了财会信息化平台，开展了经营决策的财务分

析，建立了航天型号的基础价格，委派了各级总会计师，启动了成本工程建设，实行了内部绩效考评等。

（二）突出"五大抓手"

集团公司主要开展了五个方面重点工作：

（1）产权管理。从2002年起，集团公司加大了清理整合各级各类公司的力度，公司数量由1000多户减少到280户，管理链条由8级缩短到4级以内。通过认真开展清产核资，核销了60亿元的不良资产。通过积极争取金融机构的债务减免，实施债转股，进行债务重组，解决了70亿元的历史债务包袱。初步形成了"总体为主导、专业为基础、军民结合、寓军于民、协调发展"的集团架构，初步建成了适应社会主义市场经济要求、具有航天特色的母子公司体制和运行机制。

（2）资金集中管理。一是加强了银行账户管理，将控股以上单位的银行账户纳入集中管理范围；二是撤销了所有二级单位的资金结算中心，堵住了违规使用资金的漏洞；三是规范了金融性投资管理，取消了三级以下单位买卖股票、基金等高风险业务的投资权力；四是严格了对资金借贷、担保、抵押等的管理，杜绝了对外担保，对成员单位实行总额控制，逐项评估；五是集团公司整体开展筹资融资活动，统一发行了35亿元的企业债券，统一策划上市公司的直接融资，统一落实了战略合作银行500亿元的综合授信额度，获得了国家开发银行和中国进出口银行对集团公司创新型试点企业支持的25亿元技术援助贷款和10亿元的资本性投资；六是全力打造财务公司的内部金融平台，实施了两次增资扩股，着力规范了公司治理结构和风险防范机制，采取内部贴息，扩大内部贷款规模，实施专业理财，充分发挥了财务公司的资金管理中心、产业融资中心、投行服务中心、金融投资中心的作用。通过上述措施，集团公司预算内80%的资金实现了集中管理，每年节省了约3亿元的财务费用，累计产生了30亿元的经济效益，彻底扭转了资金管理粗放的局面，有效地控制了资金风险，有力地保障了三大主业和集团公司发展建设等中心任务。

（3）总会计师委派。2002年，集团公司建立了总会计师的委派制度。财务管理部门一律独立设置，规范了会计核算主体，对事业部性质的单位实行财务机构派出和负责人委派，健全了财务管理组织体系。该公司探索出了一套航天特色的管理模式：一是实行双重负责制。总会计师是派驻单位财务工作的直接责任人，首先对上一级负责，同时也对派驻单位法人代表负责。二是实行聘任轮换制。每届任期为4年，任职考核不合格的要撤换，考核合格者可以连任，但连任两届后必须轮换。三是实行年薪考核制。总会计师与派驻单位的"一把手"均由上一级单位实行年度考核，除上级单位考核发放的年度薪酬外，一律不得从派驻单位领取其他任何报酬。四是实行重大事项报告制。总会计师有权直接向上级委派单位按季度报告经营财务状况，重大财经事项及时书面报告。五是实行人才交流制。一方面，从外部单位或内部其他队伍引进懂业务、懂管理、懂财务的复合型人才；另一方面，也积极向集团公司外部和内部其他岗位输出人才。实践证明，通过委派总会计师队伍，健全了财务组织体系，完善了财务治理结构，加强了财务监督职能。

（4）成本工程。大力倡导航天成本文化，有效实施"全员、全过程、全要素"的成本管理。集团公司于 2003 年启动了航天型号成本管理与控制工程（以下简称成本工程），制订了 2003～2010 年 3 期的工作规划和主要目标，大力倡导"成本是责任、成本是效益、成本是竞争力"的航天成本文化。在实践中，将成本工程与班组工程建设、推进 6S 管理和试行六西格玛管理有机结合，充分调动和发挥全体员工降本增效的积极性、主动性和创造性。同时，通过落实组织体系、制度体系和责任体系，实施有效的奖惩制度，保障了成本工程建设的实施效果。实施以来，该集团公司成本费用率每年下降一个百分点，增强了国际、国内两个市场的竞争力。

（5）预算管理。集团公司做到了分解落实经营目标，着力保障事前预测、信息集成、过程监控、绩效考评的闭环财务管理实效。集团公司围绕发展战略和年度经营目标，将各项业务和资源都纳入预算管理范围，科学预测和分解，认真编制、严格实施，使预算工作由财务预算为主转向全面预算，由费用预算为主转向成本预算，由总部预算为主转向统筹成员单位预算，由财务部门编制为主转向各业务部门共同编制、共同管理预算。还根据航天型号研制周期长的特点，实行了型号合同经费的预分预控，积极开展航天型号项目研制全周期预算，并与单位年度预算相对接，形成了矩阵式的预算管理模式，有效地发挥了预算管理的统筹牵引作用。同时，通过规范会计核算体系，研究实施会计科目转换，编制集团公司合并报表；通过开展财务信息化工作，加快建设财务管理信息系统，实现财务信息集成和动态反映；通过加强内外部审计，开展财务大检查，实施过程跟踪和风险预警，并借鉴航天质量管理经验，做好存在问题的"举一反三、归零整改"；通过年度财务绩效考评，正确引导成员单位经营行为和领导干部的价值取向。这些举措的落实，使财务工作闭环管理取得实效。

（三）实现两次跨越

2002～2006 年，集团公司实现了第一阶段目标。通过大力推进财务管理的改革创新，实施财务的集中管理与控制，使集团公司财务工作由粗放管理走向集约管理，由被动执行走向主动支持决策，由事后记账走向全过程管控，实现了由行政性收支管理向经营型财务管理的第一次跨越。从 2006 年开始，集团公司努力实现第二阶段目标。第三次财务工作会以来，集团公司进一步着力推进精细化的财务管理，加强集团公司和二级单位的财务控制能力，发挥财务统筹资源配置对战略实施的支撑作用，强化财务管理对企业价值的提升作用。集团公司的财务工作，正在努力实现由经营型财务管理向集团化财务管控的第二次跨越。

集团公司通过财务管理切入，坚定地分步实施了财务集中管理与控制，规范管理，夯实基础，探求多元化融资渠道，保障了集团公司整体建设取得较好的效果，提升了整体控制能力，极大地改善了财务状况，财务管控为促进国际一流宇航公司的建设做出了应有的贡献。

第五节　国有企业加强财务管理规范建设的问题与对策

一、国有企业财务管理面临的主要问题

（一）企业集团财务治理主体在一定程度上不够完整

我国国有企业集团基本上是在原行业管理部门及其所属的企业基础上通过行政手段进行重组而组建的，因而集团财务主体不够完整，主要表现在两个方面。

首先，集团横向财务治理主体的不完整。大型国有企业集团的出资者通常是特定的国有投资机构，这往往使集团公司在法律上成为国有独资公司。依据我国公司法，国有独资公司的治理结构中可以不设股东会，因此，国有企业集团内部基本的治理机构为董事会、监事会和经理执行层，而且实践中，董事会和经理执行层的人员和职能几乎是重叠在一起的。集团的其他层次，如子公司、孙公司的治理结构也大同小异。国有企业集团尽管已经摆脱了原来行业主管部门的行政干预，表现出一定的法人财产权的独立性和经营的自主性，但是由于财务治理横向主体的不完整，国有投资机构实际上未能发挥公司治理本身对财权均衡配置的功能。治理结构不完整也加大了国有资本的代理成本，因为企业集团的董事会和经理层所形成的内部人控制在没有股东大会制衡的情况下变得更为严重，更加凸显出国有出资者缺位造成的代理问题。

其次，集团纵向财务治理主体的不完整。规范的集团纵向财务治理主体主要以集团的产权关系链条为纽带。而我国国有大型企业集团公司是由原行业部委或者区域行业管理部门改组而成，区域或省级、地市级的实体则改组成子公司或孙公司。由于集团公司、子公司、孙公司治理结构的横向缺失，也就影响了财务治

理纵向的完整性，突出表现为母子公司产权关系无法完全取代原有的行政隶属关系的影响，集团公司参与子公司的治理以及子公司参与孙公司的治理不是依从"出资者"的身份，而更多的是对传统行政权力的隐性延续，出资者的决策权、监督权难以真正落实。

（二）企业集团财务治理客体具有一定的模糊性

企业集团财务治理客体的模糊性是指各项与财权相关的责权利在集团的横向和纵向分割和界定不清晰、不规范，造成要么权力过于集中在某个层次或机构，要么权力过于分散而无责任归属。国有集团公司董事会的成员来自集团公司经理层的占多数，尚未普遍实行外部独立董事制度，监事会不能独立执行监督权，财务委派制也未得到强化，因此董事会事实上高度集中了集团公司甚至整个集团的财权，而且这种权力缺乏有效的制衡。通常集团公司董事长与总经理同属一人，董事会和经理层人员重叠决定了职能重叠，决策权和执行权一般不存在分离。虽然很多集团在董事会下成立了审计委员会、薪酬委员会、提名委员会、绩效考核委员会，但是董事会的内部人化使这些专业委员会无法真正履行监督职能向出资者负责。

财权在纵向配置和组合的非均衡性通常存在两种极端情况：一种情况是集团公司高度集权，而无视子公司作为一个独立的企业法人，具有独立的财务治理结构以及相应的财权，不仅将投资决策权、融资决策权、资产处置权、资本运营权、现金调配权、成本费用管理权、收益分配权、担保管理权、预算审批权、内部财务制度统一规范权、审计稽核权、财务负责人任用权、绩效考核权、薪酬福利分配权等重大的财权集中于总部，而且还将日常的经营决策权和财务管理权也紧抓不放。其中原因在于集团公司通常是由原来行政主管的专业部、局、委改组而成，虽然体制改革后这些专业部、局、委名称可能也是"公司"，但是大包大揽式的行政管理形成的路径依赖和惯性难以转换。还有一种情况是极端分权，集团公司和子公司从形式上看具有产权关系，但是事实上成员企业具有独立的重大财权，很多重大事项在子公司层面决策后才在集团公司备案而已，集团公司仅为信息汇总和统计中心，甚至集团公司不需编制合并报表。其中原因有多方面，有些因为集团组建时间不长，产权没有明确，资本纽带关系不清晰，没有真正建立起集团管理体制，而有些则与集团组建方式有关，即通过行政手段"拉郎配"的组建方式使集团难以进行一体化经营而造成各自为政、貌合神离的分散经营模式。

（三）企业集团财务治理手段存在一定程度的滞后性

国有企业集团由于组建时间不长，组建方式与过程往往具有浓厚的行政性强制色彩，产权结构不合理或者集团及集团内部成员间的产权关系不明晰，集团尚未建立起现代企业制度，这些均影响我国国有企业集团公司治理结构的完善，也导致了财务治理手段的滞后。财务治理手段滞后主要体现在以下几个方面：

（1）没有构建起与集团管理相适应的财务管理体制，财权纵横向的分割和组合不明确，基本上是沿袭原有的管理模式和秩序，带有浓重的计划经济行政管理色彩。组织结构也没有依据现代企业集团管理的要求进行调整设计，业务流程效率和效果不理想，内部分工和整合存在不少问题。财务人事制度不够健全，财务人员委派制没有真正得到科学规范的落实。

（2）监控机制不到位，决策机制不科学，执行机制缺乏责任约束，简而言之就是财务监控体系尚未形成，其重要表现之一就是集团缺乏完整健全的财务约束和激励机制。财务约束和激励机制是否健全不仅是衡量集团财务机制体系是否健全的重要标志，也是集团财务治理手段是否滞后的标志，同时也是国有企业集团是否真正落实现代企业制度的重要体现。

（3）财务行为模式设计不合理，与母子公司为基础的集团化经营不适应，与集团战略规划也不匹配，财务行为模式不够规范，没有形成成熟的制度。财务行为模式不合理主要表现为集团尚未形成科学的投资政策、融资政策、收益分配政策、资产管理政策以及税费管理、资本营运、财会管理等所须依赖的制度。

二、国有企业财务管理规范化建设的对策

（一）理顺集团公司与子公司、分公司的财务关系

坚持资源优化配置和合理组合生产要素的原则，使企业管理由生产经营型向资本经营型转变。在业务运行中，加强财务分析和财务监控，提升集团公司决策的科学性。

（二）建立符合集团结构特点的财务机构和财务制度

根据公司的战略、发展阶段需要不断调整财务的职能和机构设置。企业财务部门要遵照国家有关法规的要求，结合企业实际情况制定出切实可行的企业内部的财务制度，使企业的财务管理、财务核算有章可循。企业集团如何设置切实可行的机构和制度使之有效发挥财务管理的作用，是决策者需要慎重考虑的问题。

（三）提高从业人员素质和建立财务制度

企业财务人员不但要精通财务专业知识，而且要掌握企业经营管理的基本知识，适应现代企业制度对高效科学管理的要求。决策者对财务人员需要设置一定的进入资格要求和提供持续的培训，促使集团内财务人才的合理流动。要建立起各级财务管理机构的规章制度，以确保财务管理中心作用的发挥。

（四）建立灵敏的财务管理信息系统

作为大型企业集团，企业经营业务多元化，下属实体组织性质差别很大，经

营地域广，现金流动大，业务往来频繁，会带来信息失真、监控不力、反馈迟钝等后果，直接导致财务风险。建立财务管理信息系统，将信息资料整理归纳，可变成企业有用的信息。并要建立企业财务综合分析的数据库，根据日常收集整理的信息，把握并反映企业经济动态，有针对性地提出建议。变报账型财务管理为决策型财务管理，不断提高财务管理的工作质量。

（五）实行责任控制制度

集团公司分级划分落实责任，将各项指标分解到各子公司，把控制的重点落实到各责任部门，建立权责明确、奖罚分明的经营管理指标考核体系。从根本上克服"重预算、轻考核"的问题。

（六）建立财务预警系统，防范风险

通过对集团各组成实体分级建立每个环节的关键控制点，确定风险警示指标，建立财务预警系统，以提高财务人员的风险防范意识及识别风险的能力与水平，及时将财务预测预报信息报告给决策层，并提出解决问题的办法和建议。分析问题的发展趋势及其严重后果，以便集团公司及时化解风险，提高集团公司财务运营的安全性。

（七）要树立全员理财意识，依法理财，制度管事

中央企业各级领导干部必须首先树立重视财务、学习财务、运用财务的意识，提高对财务管理在企业经营管理中的核心地位和作用的认识，习惯于以经济的眼光审视各项工作，以经济的办法和手段解决相关问题，当家就要理财。财会战线人员要树立高度的使命感和责任感，提升业务能力，增强主动性，提高创造力，把好关，理好财。广大员工也要树立"财务管控人人有责，降本增效从我做起"的主人翁精神，立足于本职岗位，出点子、想办法、做贡献。在市场经济条件下，政策环境变化大，加强财务集中管控也涉及集团公司内部利益再调整和权力的再分配。因此集团公司既要严格遵守国家的财税法律法规，学好用好政策；又要建立健全涵盖决策、执行、监督的财务管理制度，做到依法理财、制度管事。

（八）高度关注企业财务风险，着力强化企业风险管控工作

在复杂多变的经济形势下，财务风险管控成为财务监督工作的重中之重。新形势下，国有企业财务监督工作要高度关注企业财务风险，着力做好高负债企业风险管控工作；要研究建立和完善企业债务风险评估监测体系，有效识别和预警企业债务风险；要根据企业债务风险程度实施分类监管，将企业财务风险划分为不同等级，分别实施不同的监管措施；要加强对高负债企业的重点监测和控制，逐户明确债务风险控制目标，采取限制非主业投资、控制对外并购等有力措施，确保实现债务风险控制目标；要有效引导企业加强债务风险管理，客观评估风险

程度和财务承受能力，创新融资方式、控制债务规模、优化负债结构、降低资金成本，有效防范债务风险；要加强对企业担保、抵押、诉讼等或有事项管理，严格控制企业新增对外担保，防范或有风险。

（九）高度关注会计信息质量，着力做实企业账本

会计信息质量既是国有企业财务管理水平的基本体现，也直接影响到出资人监督管理工作效果，保障会计信息真实可靠是国有企业财务监督工作的基本任务。要进一步加强财务决算管理，推动出资企业规范执行新准则，统一会计标准，足额计提资产减值准备，规范会计核算行为，夯实资产质量；强化财务决算审核和审计质量评估，开展财务决算抽查审计，核实企业会计账本，提高企业会计信息质量；及时反馈财务决算反映的问题，督促企业及时整改，提高国有企业财务监督工作实效；加强企业财务状况影响因素的事前监督，探索做好会计政策、合并范围、投融资、资产重组等重大财务事项的备案管理工作；积极探索财务信息公开，更好地接受社会监督。

（十）高度关注财务管理体系创新，着力提升企业财务集团化运作水平

财务管理创新是企业适应更加激烈的市场竞争、实现持续健康发展的重要保证。国务院国资委强调，要将推动财务管理体系创新作为提升企业核心竞争能力的重要工作来抓，在全面预算、内控机制、资金集中、财务信息化、总会计师委派等财务管理体制创新方面取得明显成效。要积极推行全面预算管理，加强全面预算管理体系建设，融合业务预算与财务预算，完善预算编制方法，优化预算管理流程，强化预算执行监督，落实预算考核责任，充分发挥预算的引导与控制作用；要高度重视企业的内控机制建设，组织开展内部控制有效性评估，推动企业建立健全内部审计工作体系，拓展内部审计工作领域，创新内部审计工作组织方式，改进内部审计工作方法，推动内部审计从价值保障向价值创造转型，增强企业的自我"免疫"能力；要坚定不移地推行资金集中管理，加强内部资金融通，推进企业加快建设财务公司、共享服务中心、现金池、结算中心等资金平台，支持企业通过发债、上市、引入战略投资者等直接融资方式，调整融资结构，降低资金成本，提高资金使用效率；要加快推进所监管企业财务信息化建设，明确财务信息化建设工作总体要求、目标任务与建设内容，将财务信息化作为改进企业财务管理、推动流程再造、提升管理绩效的重要工具，努力实现信息流、资金流、业务流的集成和共享，为资源优化配置和精细化运营管理提供实时的信息支撑；要将总会计师职责管理作为实现管资产与管人、管事相结合的一个重要抓手，在做好所监管企业总会计师职责管理的基础上，积极引导企业推行子企业总会计师委派、轮换、述职、评估等制度，切实提高总会计师的履职能力，提高企业财务管理水平。

第五章　国有企业人力资源管理规范

人力资源管理现代化是国有企业特别是中央企业管理现代化的重要内容。2004 年中央企业人才工作会议召开之后，国务院国资委先后制定印发了《关于加强和改进中央企业人才工作的意见》《"十一五"中央企业人才队伍建设规划纲要》《中央企业公开招聘经营管理者工作指南》《中央企业内部竞争上岗工作指南》等指导性文件，推动人才强企战略的实施。各中央企业按照国资委党委的统一部署和要求，坚持走人才强企之路，坚持把人才工作放到做强做大主业、参与国际竞争的背景下去谋划、去推动，取得了明显成效。但是中央企业内部人力资源管理仍然存在不完善的地方。为了使中央企业在未来更高层次、更高水平、更为激烈的国际竞争中赢得优势，必须靠规范先进的人力资源管理来引领。

第一节　我国人力资源管理的发展阶段

改革开放以来，我国人力资源管理发展迅速，但只是短短几十年的发展，我国人力资源开发和管理还有很大的发展空间。我国人力资源的管理发展经历了一个从人事管理到人才管理的转变过程，人力资源经理也在这个过程中完成了从高级办事员到企业战略伙伴的角色转换。

由北森研究院和中国人民大学劳动人事学院联合发布的《人才管理：中国人力资源管理新纪元》中将我国的人力资源发展分为四个阶段。

一、人事档案管理阶段

在这一阶段，"人"被当作档案来管理，人事部门仅是一个"办手续"的部门，是个琐碎次要的部门；工作内容包括日常考勤、工资发放、办理离职、退休等。人事管理与我国长期的计划经济体制密切相连。在计划经济体制下，人才的流动受到了严格的政策限制，人力资源的优势完全被忽略了，企业用人年功制，竞争选拔凭资历，工资分配搞平均。员工的积极性、主动性完全没有发挥出来。

二、人力资源管理阶段

强调以"工作"为核心，其目标更看重如何使个人能够完成工作。此时人力资源管理的各个模块开始建立，如招聘、培训、薪酬、绩效等，但各个模块之间的关系呈现相互独立状态。

三、战略人力资源管理阶段

人力资源副总裁等角色开始出现，人力资源部逐渐成为业务部门的战略合作伙伴，其目标是支撑公司战略的实现。人力资源管理工作的业务范畴增加至组织设计、招聘管理等，并成为提升员工满意度与敬业度的中心部门。

四、人才管理阶段

人力资源被看作是一个整体，而不再被割裂成模块。其目标是实现公司发展过程中持续的人才供应，人力资源部门的业务重心转向吸引、招募、发展、管理和留任人才，更加强化人力资源的战略地位。国内学者许洋（2009）又将人力资源管理阶段细分为：人力资源管理意识唤起阶段、人力资源管理形成阶段、人力资源管理的发展阶段。

总之，我国企业对人力资源的研究还有待提高，随着我国人力资源管理实践的不断积累，我国的人力资源管理正在日趋完善，但事物是不断发展变化的，当前人力资源管理也有了新的发展趋势，并且给企业带来了新的挑战。

第二节　人力资源管理的新挑战和新趋势

一、人力资源管理面临的新挑战

（一）全球化竞争

企业之间的竞争已经不仅仅局限于国内的竞争，跨国公司正在不断向海外市场扩张，希望能够找到新的商业机会，这就造成日益激烈的全球化的竞争。虽然国际经营给企业带来了很多的机会，但是也使企业面临着新的挑战，人力资源管理方面也同样面临着来自全球化竞争方面的新挑战。例如，来自不同国家的员工具有不同的价值观和文化素养，不同国家有不同的法律，所以经理们就应该想办法去平衡这些复杂的问题。

（二）现代信息通信技术的发展

信息技术的发展日新月异，信息技术（IT）进步带来的溢出效应极大地推动了其他部门和产业的发展。由于生产过程引进了现代信息技术，传统的体力劳动者越来越少，工作的岗位急需具有综合性技能的员工，这就意味着人力资源管理的对象已经逐渐由体力劳动者转换为知识型员工。

（三）员工自身的变化

由于从国外引进了不同的产品，消费者的需求也在不断变化，企业的成本结构也发生了变化，技术取得突破性重大进展。企业如果不能很好地适应这些变化，就很有可能被淘汰。企业员工也在不断发生新的变化，包括工作角色的变化、组织形式的变化、管理工作性质的变化等。这些都对人力资源管理的方法和方式造成了很大的影响。所以企业也必须不断调整人力资源的管理方法以适应种种的变化。首先，要全方面地提升和完善员工的倾听和沟通能力、人际关系处理能力；其次，对团队这样的新的工作组织形式有一个清晰的认识，要协调好团队成员之间的关系、制定清晰的团队目标和奖惩制度、充分的授权等，以保证在满足员工需求的同时，实现企业的目标。

（四）虚拟组织的出现

虚拟组织作为一种全新的联合企业组织模式，具有以下主要特征：①精华集成。虚拟组织的本质思想是优势互补、协同共进。不同的加盟公司通过组建虚拟公司贡献各自的核心优势，将各自的劣势功能外部化，从而在竞争中最大效率地利用企业资源。②技术先进。组成该类联盟组织的公司，以信息网络为依托建立动态联盟，使企业成员之间的信息传递和业务往来得以实现。③彼此信任。联盟成员之间建立起相互信赖的伙伴关系是成功的关键。成员公司之间可以分享技术、分担费用，相互取长补短，各自发挥优势。④反应迅捷。这种组织的出现，代表一种新的人力资源管理形式的出现，这也成为人力资源管理所面临的又一新的挑战。

二、人力资源管理的新趋势

（一）人力资源网络化

21 世纪是信息技术的时代，由于网络化被广泛地使用，必将带来人力资源管理的新方式。首先，招聘网络化，现在大多数公司采取的是网络招聘。这样不仅招聘的速度加快，成本降低，而且给应聘者提供的信息传递更准确。其次，利用网络进行远程培训平台，使员工培训和学习更加便利，员工可以灵活自主地安排学习时间和地点，从而为企业加大员工培训力度做出贡献。再次，信息沟通的网络化、公司内部网络化的建立，可以使员工之间、员工与上级之间沟通越来越便利。最后，由于网络传递的信息量大，就克服了信息传递过程中信息丢失和信息扭曲的现象，员工能够准确地理解上级的意图，执行力得到了提升，同时信息的反馈也变得更加容易。

（二）虚拟人力资源外包

由于虚拟组织的出现，虚拟的人力资源管理也随之盛行起来。虚拟化人力资源管理是组织在知识经济时代，为适应虚拟组织结构并采用现代信息技术，以人力资源管理职能业务外包的形式，对组织的智力资本进行获取、绩效考核、薪酬和开发的战略性人力资源管理职能。虚拟外包是虚拟人力资源重要的一部分，是虚拟人力资源管理外部化思想的体现。人力资源管理职能业务外包，首先，能使组织把资源集中于那些直接对企业的竞争优势做出贡献的子职能或活动上，这样人力资源部门可以更好地加强自己创造附加值的活动。其次，由于减少了分配在行政性、事务性、非经常性人力资源子职能或活动上的资源，人力资源管理的开支大大地降低。最后，某些人力资源子职能或活动的外包，大大增进了人力资源部门服务组织的效能，能更快、更好地满足顾客的需求。

（三）"自我管理"式的人才管理观念

企业要想"做大""做强"，必须拥有自己的核心竞争力，而培养核心竞争力绕不开"创新"。只懂执行的员工是无法实现自我管理和创新的，没有"我要干"的思想不可能实现真正意义的创新。所以，除强调"执行力"外，还必须依托规章制度的健全和完善，探索建立员工"自行力"机制，强化员工的"自我管理"，这是真正实现"走出去"并"活下去"的基石。在现代企业治理中，人力资本提升的方式很多，实现员工的自我管理是提升人力资本的重要途径。所以在对员工进行管理时，如何培养员工的自我管理的意识，以及采取哪些措施激发和强化员工自我管理的行为已经成为人力资源管理首先考虑的问题。

（四）管理重心转向对知识型员工的管理

由于企业中知识型员工比重不断增加，更重要的是知识型员工具有与一般员工完全不同的特点，如知识型员工在组织中具有很强的独立性和较高的流动性，知识型员工的工作大多具有一定的创新性，一般都是脑力劳动，工作成果很难衡量，这些特点就要求企业人力资源管理的方式发生变化，结合知识型员工的素质水平、需求结构，设计出符合需求层次与结构的报酬体系等差异化的激励方法，以更好地激发知识型员工的工作激情，服务于企业目标。

（五）人力资源管理者角色重新界定

随着人力资源管理的科学化，人力资源管理者也应重新界定自己在管理中的角色，其中包括企业人力资源管理者的职业需要逐渐从作业性、行政性事务中解放出来，更多地从事战略性人力资源管理工作。因此，企业人力资源管理部门要从原来的非主流的功能性部门转为企业经营业务部门的战略伙伴。人力资源经理人要越来越多地参与企业战略、组织业务活动、领导企业变革、建立竞争优势、传播职能技术并担当起员工宣传者和倡议者的角色，并对员工绩效进行反馈等。许多国外企业，由一位副总直接负责人力资源管理，以此提高人力资源在公司中的战略价值，保证公司的人力资源政策与公司的发展战略匹配，企业人力资源经理人将逐渐从过去那种行政、总务、工会角色转变成为学习型组织教育与培训的推动者、高层主管的咨询顾问、战略业务伙伴、管理职能专家和变革的倡导者等。

（六）人力资源管理者应熟练全面人力资源（HR）技能和业务知识

人力资源经理人需要具备相应的全球人力资源管理技能，了解并掌握相当的业务知识。人力资源管理已日益凸显其在企业价值链中的重要作用，这种作用就在于能为"顾客"（既包括企业外部顾客又包括企业内各个部门）提供附加价值。人力资源部门应该从"权力中心"的地位走向"服务中心"，再走向"利润中心"（以顾客导向、人力成本控制、人事变动率、人才培养、员工健康及员工满意为关键事务指标）。人力资源经理必须具备一套全新的思维方式，去考虑"顾客"需要什么样的人力资源服务并怎样提供这些服务，借此创造在企业中的权威。

（七）人力资源本土化趋势逐渐加强

我国对国外先进人力资源管理理论原来是盲目引进的，但经过实践检验之后就会发现有的并不适应中国国情。事实上任何管理理论都具有两重性：跨国普遍性行为和本土特殊化行为，这就是管理的文化差异。因此借鉴西方国家企业人力资源管理经验的同时，必须创建适合中国企业特点的"本土化"人力资源管理。事实上，吸收先进的管理思想，完善与我国市场经济体制相适应的人力资源管理制度和管理模式，其核心目标是最大化激活人力资源。因此必须在全面、准确地了解中国企业人力资源及其管理状况的基础上，借鉴国外企业成功经验，遵循现代人力资源管理原理，强调能力和业绩本位，建立以职责定岗位、甄选看实绩、管理制度化、薪酬市场化、组织目标与个人价值相协同等机制，才能达到选人、育人和留人的目标，从而为真正提升我国企业的核心竞争优势、提升中国企业人力资源管理水平、完善与企业人力资源管理相关的政策法规、探索适合中国企业的人力资源开发措施等找到良方。经过几年的引进—实践—探索，人力资源管理"本土化"趋势明显增强。

（八）人力资源管理之 e-HR

为了适应企业的网络化，人力资源的管理模式需要改变，以帮助企业在全球的竞争中赢得先机，更好地帮助企业主管拟定和完善企业的策略，为企业内部的员工提供更优质的服务。所谓的 e-HR 是由人力资源相关数据、工具及交流整合而成，员工与经营者都能随时使用的电子通信网络。e-HR 可以把有关人力资源的分散信息集中进行处理，优化人力资源管理的流程和模式，实现人力资源管理全面的自动化。另外，通过 e-HR，人力资源管理者可以与外界充分进行资源的交易，如通过各种人才网站、猎头公司、薪酬咨询公司等。更重要的是，e-HR 能让员工和部门经理同时参与到人力资源管理活动中，通过建立员工服务平台、开辟全新的沟通渠道，以达到与员工充分交流和互动的目的。e-HR 的实施需要企业自身的人力资源管理水平和企业信息化的实现程度很高。目前很多国内企业尚未脱离初步的经营形态。而 e-HR 是人力资源管理理念的革新并非仅仅是工作方式的改进。只有当人力资源管理的流程得以优化，企业内外用于人力资源管理的种种资源和供应得以整合，e-HR 工作者才能从企业运作流程和工作关系上成为企业的战略合作伙伴。

第三节　国外企业人力资源管理的实践经验

一、花旗银行的人力资源管理实践

花旗银行希望能成为金融服务的领导者，在每项主要业务上都要能够拥有市场领导者地位。那么，其实力和影响力从何而来？与花旗同在一块土地上、同处一个时代、同在一样的社会经济环境和法律框架内的商业银行在美国有上万家，花旗银行何以能脱颖而出？很关键的一个因素就是"人"，花旗银行一直认为人才、技术和风险管理是保持自身领先地位的关键。

（一）花旗银行的员工哲学

员工哲学又称员工观、员工管理哲学，是解决"怎么看待自己的员工"这一人力资源管理的根本问题的指导理念，也是其他一切人力资源管理政策和措施的出发点，有没有自己的员工哲学是判断一个企业和组织人力资源管理成熟程度的一个根本性标志。在任何企业里，管理层的"员工观"决定了企业对待员工的态度和方式，而企业对待员工的态度和方式又决定了员工对待企业的态度和方式，后者在一定程度上就决定了企业的命运。花旗银行自建立以来长期秉承"不断创新，因为开心"的企业精神，信奉"没有快乐的员工就不会有满意度高的员工，就无法提供令客户满意的服务；把员工看成上帝，员工才会把顾客看作上帝"的员工哲学，其所有人力资源管理活动均围绕此展开。花旗银行的这种员工哲学从根本上实践了"以人为本"的理念。

（二）人力资源管理架构

（1）人力资源主管的角色。一位花旗银行的人力资源部主管所处的是一个全方位的角色，纵向的上方是行政、业务主管，下方是人力资源部门人员和银行职员；横向是同级业务部门。对待上级和同级业务部门是从业务角度去研究、探讨和沟通工作；而对待人力资源部门人员和银行职员是从专业角度去协调、辅导和授权工作。作为一名人力资源人士，要随时把握好专业与业务的关系；不断地变换着角色，完成好自己的工作任务。这就需要一名人力资源经理，除应具备学历、职称、工作经历等一些硬件条件外，还应具备领导者的"软能力"，即领导能力、行政能力、思维能力、业务专长、人际关系能力、沟通能力、激励能力、自我管理能力等。

（2）两类人力资源人士。花旗把人力资源管理人员分为两类：一类负责处理一般性事务，主要是帮助业务经理为员工制定年度目标并对员工进行绩效考核；另一类处理特殊事务，属于专家型人员，为员工制订职业发展计划、设计职业发展路径、确定员工收入，为业务发展寻找专业性人才，帮助业务部门进行人员配置、市场调研等技术性工作。因此，在花旗银行，人力资源管理是业务发展的一部分，人力资源部和人力资源专业人士是为了满足业务发展需要而设置和招聘的。其总部人力资源部门只是负责制定全行的人事管理制度，如薪酬、养老金政策等，人力资源管理的具体工作则由各个地区分行及部门自行管理。花旗银行的一个新兴市场业务每年盈利高达120亿美元，有几万人从事这项业务，但总部只有12人负责这个新兴市场的人力资源政策的制定。每个地区的经理与人力资源管理人员共同商讨具体事务，如与业务发展部门商谈人员雇佣计划（人数、学历、工作经验要求等），并对员工进行培训，以符合业务部门的人员需要、确立个人业务指标和薪酬标准等。

（3）人力资源部门的三类工作。人力资源部门的工作分为三个层次：第一层是人力资源伙伴工作，主要渗透在各个业务部门，做人力资源的具体工作，发挥建议者的作用，如零售银行部就会有这样的一个人，既懂软件部门的业务又理解人力资源需求，便于为管理者提供相应的服务。第二层是人力资源专家，主要任务是考虑整个组织架构是否合理、招聘来的人才是否能很好地完成任务，并对银行未来需要的高级人才进行储备。第三层是执行服务中心，主要关注组织氛围的形成、绩效考核、人员的数量和质量，这部分工作并不是事务性工作，而是难度比较大的，因为无论是自己培养还是从外部招聘人才，要把这些变成绩效和效率都并非易事，这些跟管理、技能和文化都密不可分。

（三）花旗银行的具体人力资源管理政策与措施

（1）员工招聘。花旗银行的目标是要把自身建设成为全球最好的商业银行，而建设最好的银行，就必须有最好的人才。因此，在员工哲学的指导下，花旗银行（以下简称花旗）十分注重对人才的培养与使用，不断强调"人才是保持企业领先的关键"，把选用与留住优秀人才作为一贯的公司基本政策。花旗招聘员工遵循以下基本标准：人际技能和数字技能、客户服务意识、专业能力和可靠性。一方面，花旗非常重视大学生，并通过自己的培养培训体系使之成为银行今后发展所需要的人才。花旗吸引的人才大部分都是顶级大学的毕业生，它与美国排名前40名的大学都建立了固定联系，每年从这些学校招收的学生占招聘人数的67%。花旗还每年向这些学校投资1850万美元，并组织这些学校的在读大学生到银行实习。另一方面，花旗也在同行或相关企业中公开招聘急需的人才。在这两种招聘过程中，花旗的高层（如董事长、行长）往往都亲自参加面试，并逐一接见最后的入围者。

在人才吸引方面，花旗有一个理念：引进人才不仅仅是解燃眉之急，还要有所储备。由于人才成长的缓慢性和企业经营的长效性，企业人力资源政策和策略的前瞻性就显得尤为重要。花旗银行在人才招聘和吸引上就非常注重长远，注重市场预测，考虑到今后市场环境的变化，花旗是银行业中率先重视招聘市场营销人员的大银行。另外，不同于其他同业的一点是，花旗银行还有一个选择外行进银行的传统，他们在挑选员工时，最重要的是看智商，而并不特别在意他在银行干过或干了多久，他们把"不识庐山真面目，只缘身在此山中"运用得恰到好处。花旗运用这种方式取得了很多意想不到的成功。如1965年花旗银行聘请了通用电气公司的内部智囊集团——军事技术行动计划小组制订花旗银行的长期发展计划，即展望未来25年银行发展会有哪些机会，银行应该如何抓住这些机会。这个小组的成员没有任何人接触过银行或金融领域，经过一段时间的诊断，该小组认为当时的花旗银行主要靠利差为收入来源，他们认为，花旗银行不应该只是一家银行，而应该是一个全球性的，以科技、信息为基础的金融服务公司，银行新的机会在于"资本增值和服务"，通过运用信息科技使自己能够在全球范围内提供有偿的金融服务。此后的30年中，银行业的发展完全证实了他们预见的准确性。

（2）员工使用。花旗注重创造"事业留人、待遇留人与感情留人"的亲情化工作氛围，让员工与企业同步成长，让员工在花旗有"成就感""家园感"，这也是花旗银行最基本的人力资源政策。就人才使用而言，以花旗银行上海分行为例，各职能部门均设有若干副经理职位，一般本科毕业的大学生工作 3 年即可提升为副经理，硕士研究生工作 1 年就可提升为副经理。不过花旗银行的"副经理"准确地说不是一个行政职务（花旗等西方企业实行单主官制，一般不设立部门副职），而更像一个技术职称，其主要作用是强化人的成就感，对人才进行及时激励。

（3）建立全球人力资源库，实行"接班人计划"。"接班人计划"即后备人员的选拔、培养制度，它明确了银行高级管理人员的任用标准，将具有发展潜力的人才推荐给银行最高管理层任用。花旗按照选拔现任领导的基本标准与程序选拔后备人才，如果行内缺乏某重要职位的有竞争力的后备人才，花旗就会瞄准人才市场上的某个目标，并伺机据为己用。花旗主要从大学生中招聘培养管理人员，花旗高层管理人员中，78%以上具有硕士以上学位。

花旗银行董事长办公室里有一间密室，内有很多牌板，每个牌板上都贴着花旗银行高级管理人员后备人选的姓名和照片，专供高层领导选人时使用。据说，沃尔特·瑞斯顿在任花旗董事长的 17 年间，他和助手们在这间密室里花去成千上万个小时，把牌板上的名字和照片移来移去，为的是挑出最合适的人选，并把他们安排到最合适的岗位，以最大限度地发挥其才能，为花旗创造出最大价值。当时，还形成了一个固定的制度：董事长每个季度一定要抽出一天时间，把他的高级同僚集中到这间房子，讨论牌板上的人的升迁和移位，讨论哪些职位出现了空缺，哪些人能填补这些空缺，哪些人的位置需要挪动。

（4）管理者的培养与使用。因存在传统的资历因素及一些人害怕其下属超过自己等固有的个性缺点，某些层次的经理往往不会放开手脚让其下属去发挥才干、给他们充分表现的机会，有些经理则为了本部门、本团体的私利，往往不会让他们手下最优秀、最聪明能干的人才显山露水，以免失去他们。为此，花旗运用了一种特别监督手段：把高级经理所主管的部门能够为董事会输送人才的数量作为衡量其经营业绩的一个依据，即除基本的经营业务指标之外，花旗把如何对待下属作为考评经理人员的一个重要标准。花旗认为，使用人、培养人是不能保守的，一定要大胆，要敢于冒险。

（5）选拔标准：管理者能力胜任模型。一般来说，花旗提拔管理人员主要考虑以下五个方面的因素：一是基本素质，包括综合分析能力、承受压力的能力、可信度、忠诚度及决策能力。二是发展潜力，特别是今后较长一段时间内的发展潜力，如果一个员工在得到提升后再提升的可能性不大，那就不会得到提升。三是业务拓展能力，高级人员不是"守摊子"，而要帮助银行发展壮大业务。四是业绩表现，主要参考员工平衡计分卡的实际得分情况。五是管理和控制能力，高级管理人员应确保在其管辖范围内没有不良风险记录或欺诈行为，即在远离总部的情况下依然处于可控中。

（6）选拔措施。花旗银行无论在员工招聘，还是在员工职务晋升时，都始终遵循公平竞争原则。银行定期公布各管理岗位的空缺情况，供本行员工报考。在员工发展上，花旗银行一方面非常注重内部提拔，一旦出现职位空缺，就先由内部员工参加考试，这种考试类似于公开招聘工作，在选人的程序上是先内后外甚至是内外同时，内部确实没有合适的人选就会到外部招聘，但所使用的标准（职位胜任模型）是一致的，绝不迁就内部人选；另一方面，花旗银行很重视岗位轮换和流动，以培养人才，一个优秀的管理人才到花旗银行工作的 5 年内最多可在 15 个岗位上工作，银行下属分行的副总裁或经理一般由总部派出，到一地工作 3~4 年，定期进行轮换，对一些在总部工作出色的员工会在适当的时候将其下派到分行任职锻炼。

（7）培训制度。花旗在培训上建立了铁的制度，他们认为"对企业员工的培训不仅是适应日益变化的金融发展与日益激烈的金融竞争的需要，而且对降低劳动产出比率也十分重要"。他们把培训定位于"既有基于技能的培训，又有与顾客相关的培训，还有员工自我发展的培训"。每年平均每人培训达 5 天以上，培训的费用支出更是相当之高。花旗深谙"磨刀不误砍柴工"的深刻哲理，把对员工的培训作为一项长期战略，从中发现人才、发展企业。此外，作为特殊行业的金融产业与特殊企业的金融企业必须时刻怀有人才的"危机感"，有效地防范因人才流动而形成的"人才陷阱"，对人才进行"备份"，有效应对高尖人才的断层和流动。

（8）绩效管理制度。花旗银行对员工考核的等级分为五种：优秀、良好、刚达到标准、达到标准中的一些、达不到标准，如果一个员工属于后两种评级就要离开岗位，属于前三种评级的，就具有晋升职务和工资的基本资格。

花旗银行注重绩效管理的全过程性，讲求高质量的沟通。在具体考核技术上，花旗自 20 世纪 90 年代初开始尝试使用平衡计分卡，经过逐步完善，现已将该方法在花旗所有分支机构和职能部门推广执行。花旗经过自身的实践说明，通过平衡计分卡可以把绩效管理体系和企业战略紧密结合起来，并逐渐把集团级的平衡计分卡分解到各个业务板块，再逐步分解到每个部门和团队，最终落实到每个员工身上，也就是说，花旗目前的平衡计分卡体系已分解落实到每位员工，这样就能有效地把集团的战略目标传达给每位员工了。在这个管理体系中，各个业务部门的经理都在每年年初与员工讨论个人目标，并以书面形式要求员工本人签字确认，年底将以目标完成情况为依据对员工进行业绩评估，强制分出等级，根据考核结果决定奖金和晋升。除使用平衡计分卡管理绩效之外，花旗还开发了能力测评体系以测量员工的能力（把该岗位的能力胜任模型和测评后每位员工的实际能力水平相对照，以决定该员工的培训和提升晋级等问题）。

花旗认为，使用平衡计分卡有多种好处，除上面提到的与战略相结合、能很好地把战略传达给每位员工之外，它还能使战略透明化，增强员工的参与度，同时，它也是80/20管理原则的应用，能为管理者提供一个清晰的分析和解决问题的框架，从而抓住关键问题，做出正确的决策。

（9）薪酬管理体系。花旗承诺在其所有分支机构提供令人满意和在当地有竞争力的薪资福利，设计和实施不同的薪酬策略确保各类薪酬项目——工资、福利、员工激励——使银行能够招募、留用和激励高素质员工。

花旗员工的薪酬由集团自主决定，具体政策由董事会下设的薪酬委员会决定（该委员会主要由董事会中的独立董事组成），之后交由各业务板块下设的人力资源部具体执行和操作。

花旗的薪酬政策的一个重要原则是，确保在每个区域和机构内形成和保持一致与平等（内部公平），确保在同样的市场，对工作责任、资格要求、绩效评价大致相同的员工支付水平大致相同的工资。由各区域最高薪资管理机构确认在本市场中保持薪酬的竞争性地位，主要通过薪资调查完成。薪酬成本必须可预测和可控制。

因此，员工薪酬一般要综合考虑三个方面的情况：一是在特定的劳动力市场上，同等职位人员的报酬情况及这类人员的市场稀缺程度，主要参考三个指标：其他公司对某职位员工一年期的薪酬水平、其他公司对该员工3~5年期的薪酬水平及变化情况、岗位的稀缺性和市场供求关系。二是要考虑公司经营业绩，主要参考四个指标：上一会计年度财务指标增长情况、财务指标执行结果与计划指标的差异性、公司业务的市场份额及变动情况、公司业绩与竞争对手业绩的差异。三是要考虑岗位人员自身业绩，主要参考四个指标：岗位重要性及承担的责任、个人对公司业绩的贡献率、个人对公司长期发展产生的影响、个人对公司其他岗位提供的支持与帮助。其中，劳动力市场方面的数据一般由专门的咨询公司进行市场调查后提供，可直接应用，其余两方面的数据则由公司自行评定，所采用的技术就是职位评价技术。

二、惠普公司的双层绩效管理实践

绩效管理是企业管理中一个密不可分的组成部分。它通过建立绩效管理体系及相应的激励机制，引导管理层和员工积极努力地实现企业的战略目标。绩效管理涵盖的范畴包括组织和员工两个层面。

惠普公司的绩效管理是要让员工相信自己可以接受任何挑战、可以改变世界，这也是惠普公司独特的车库法则的主要精神。

（一）组织绩效管理

惠普公司的组织绩效管理有两个关键点：一是绩效管理循环；二是关键绩效指标（KPI）。

惠普公司的绩效管理循环包括五个步骤：企业战略的制定、关键绩效指标和目标的制定、绩效计划的制订与执行、监控与绩效评估、奖励与绩效改进。

整个惠普公司绩效管理循环以回路相连，以保证关键绩效指标和企业战略的紧密连接。各步骤的主要目标和任务如下：

（1）企业战略的制定。企业战略的制定是惠普公司绩效管理循环的基础。企业战略的制定为企业的发展提供了明确的目标，绩效管理循环中的其他环节都是为达成企业战略目标服务的。惠普公司根据其愿景和价值观确定战略目标及达成战略目标的关键成功要素，从而为关键绩效指标和目标的制定提供了方向和基础。

（2）关键绩效指标和目标的制定。关键绩效指标和目标的制定是惠普公司绩效管理循环的起点和核心。关键绩效指标是根据企业所设定的各项战略目标而制定的可量化目标，一旦战略目标确定，关键绩效指标就可以为惠普公司提供明确而直观的方法，以衡量各项战略目标达成与否。惠普公司关键绩效指标和目标的制定采取自上而下的方法，从而确保每个部门、流程都在为实现总体战略目标而努力。同时，惠普公司管理层需要对关键绩效指标和目标进行定期复审，针对公司的发展战略目标和存在的问题做出相应的调整。

（3）绩效计划的制订与执行。为了达到绩效目标，惠普公司绩效管理循环的第三步是制订绩效计划。绩效计划不仅为各层级提供具体的行动计划，也为每一个绩效目标的最后达成作阶段性分解。同时，绩效计划为现有资源的分配和未来资源的投入奠定了基础。

（4）监控与绩效评估。监控与绩效评估是根据绩效目标对各部门和流程的实际绩效表现进行衡量和考核，及时了解企业内部的运行情况并发现存在的问题。为了均衡各项绩效目标，使绩效管理能公平地反映每一个评估单位的绩效情况，有必要采用平衡计分卡作为监控与绩效评估的工具之一。平衡计分卡设定的重点是确定各项绩效目标在某一评估单位中的权重。权重的选择，是惠普公司管理层把握企业整体发展、鼓励部门和员工做出正确行为的重要手段。

（5）奖励与绩效改进。奖励与绩效改进是惠普公司绩效管理循环的最后一个环节。通过奖励，鼓励惠普公司内部的正确行为，激励惠普公司员工为达到企业目标而共同努力。同时，通过绩效改进对惠普公司内部运作中出现的问题进行改进和纠正，以推动企业的整体进步。惠普公司用四个关键绩效指标来衡量组织绩效管理，分别是财务指标、客户指标、流程指标和员工指标。员工满意度调查是员工指标中的重要一项。除薪资需求外,员工的绩效表现还取决于老板素质、岗位的适配性、能力的增长性、工作挑战性和休假长度及质量等其他因素。惠普公司采用待遇适配度(Offer Fit Index,OFI)、满意度(Satisfactory,SAT)和重要性(Importance,IMT)并重的员工满意度分析方法。惠普公司衡量这些指标的方法是,对每一项指标,都要从适配度、满意度和重要性三个方面用具体的可比较的数据作出衡量,如员工对目前岗位的认可度、对直接老板的认同度、对工作前景的展望,公司都会把这些看起来无法衡量的指标化为数据进行比较。这些数据是从平常众多的调查表中总结出来的,具有非常高的有效性和可靠性。在一次调查中,中国惠普公司人力资源部门发现公司员工加班现象频频出现,分析原因后发现,是因为 IT 业发展放缓,公司对于员工的招聘非常慎重,由此造成了人力资源暂时的紧缺。公司通过岗位的调动和工作的再分配,使每位员工的工作效率最大化。一旦 IT 业的整体环境好转,公司再有计划地招聘新员工。同时,这次调查又发现,公司在对优秀员工的培训方面有所不足,在薪资和福利上也尚有改进的余地。这样的调查能让惠普公司找到当时公司在员工满意度方面的不足,并结合经济环境对各个问题作出有针对性的调整和改进。

(二)员工绩效管理

惠普公司员工绩效管理最后要达到的目标是:造氛围(培养绩效文化)、订计划(运筹制胜业绩)、带团队(建设高效团队)、促先进(保持激发先进)、创优绩(追求卓越成果)。

为了达到这五个目标,惠普公司的员工绩效管理又可分为以下几点:

(1)制订上下一致的计划。惠普公司要求公司每个层面的人员都要作各自的计划。股东和 CEO 要制订战略计划,各业务单位和部门要制订经营计划,部门经理和其团队要制订行动计划,通过不同层面人员的相互沟通,公司上下就能制订出一致性很高的计划,从而有利于发展步骤的实施。

(2)制定业绩目标。对于员工的业绩指标,惠普公司用六个英文字母来表示:SMTABC。具体的解释是:S(Specific,具体性),要求每一个指标的每一个实施步骤都要具体详尽;M(Measurable,可衡量),要求每一个指标从成本、时间、数量和质量四个方面能作综合的衡量;T(Time,定时),业绩指标需要指定完成日期;A(Achievable,可实现性),员工业绩指标需要和老板、事业部及公司的指标相一致且易于实施;B(Benchmark,以竞争对手为标杆),指标需要有竞争力,需要保持领先对手的优势;C(Customeroriented,客户导向),业绩指标要能够达到客户和股东的期望值。

(3)授权。"以人为本"的惠普公司之道特别重视经理如何向员工授权。惠普公司强调的是因人而异的授权方式,根据不同的员工类型、不同的部门类型和不同的任务，惠普公司把授权方式分为五种，分别是：Act on your own（斩而不奏）、Act and advise（先斩后奏）、Recommend（先奏后斩）、Ask what to do（问斩）、Wait until told（听旨）。

（4）绩效评估。在评定员工业绩时，惠普公司要综合考虑以下一些指标：个人技术能力、个人素质、工作效率、工作可靠度、团队合作能力、判断力、客户满意度、计划及组合能力、灵活性创造力和领导才能。在评定过程中，惠普公司会遵循以下步骤：协调评定工作、检查标准、确定期望、确定评定时间、进行员工评定、确定工作表现所属区域、检查分发情况得到最终许可，最后将信息反馈给员工。

（5）教导员工。根据员工的"工作意愿"和"工作能力"，惠普公司把员工分成五个类型，分别采用不同的方法进行教导。最好的员工既有能力又有意愿，对于这样的员工，惠普公司的管理层只是对他们做一些微调和点拨，并且很注重奖励，以使员工保持良好的状态。第二等级的员工有三种：一是工作能力强但工作意愿弱，这样的员工，公司主要对他们做思想上的开导和鼓励，解决思想问题；二是有的员工工作意愿强但能力弱，公司教导的重点就在教育和训练上；三是有的员工能力和意愿都处在中等，这样的员工，公司需要就事论事地对他们作出指导，使他们在能力和意愿上都有提高。最差的员工是既无能力又无意愿的，公司要对这样的员工作出迅速处理，要么强迫他们提高能力或增长意愿，要么毫不犹豫地开除。

（6）处理有问题的员工。和其他公司一样，惠普公司也会有一些表现不好的员工，面对这些员工，迅速地作出反应是很重要的，一般处理时间在 60～90 天。惠普公司希望迅速而永久地解决不可接受的差员工，不让他们在公司过久停留。一旦公司发现哪个员工表现不好，就会向他们发出业绩警告，当年不会涨工资也不会有股票期权。经过一番教导以后，当发现员工的表现没有显著改善时，就要进入留用察看期，除不涨工资、不配授股票或期权以外，这些员工还不能接受教育资助，也不允许内部调动工作。如果一段时间的教导以后员工的表现仍未提高，公司就要立刻行动，开除这些员工。

（7）挽留人才。惠普公司通过体制、环境、员工个人事业和感情四个方面来挽留人才。惠普公司试图通过自己良好的公司体制来吸引员工，在平时的管理中，对员工的工作目标有很明确的界定，对各人的工作职责和工作流程有明确的划分，对不同表现的员工奖惩分明，这些体制上的优点都有可能促使员工对公司产生好感而不愿离开。在工作环境方面，公司倡导开放和平等的工作气氛，强调员工和管理人员间的相互信任和理解，同时积极营造活泼自由的工作氛围。公司尽量让员工跨部门轮换工作，从而增加员工的工作履历和工作经验，为员工的发展打造基础，并且提供大量的培训机会，让员工感觉到自己的事业能够得以迅速发展。公司还通过亲和的上下关系和对员工家庭、健康等全方位的关怀来取得员工对公司的依赖感，增强员工对公司的感情，让员工最终不愿意离开公司。组织绩效管理和员工绩效管理二者在程序上大同小异，均要经过 PDCA（计划、执行、评估和改进）四个周而复始的阶段。由于管理要素不同，组织绩效管理主要从财务、客户、流程和员工四个层面上定义绩效指标和目标，而员工绩效管理从价值观、能力和绩效三个层面上综合评定。惠普公司的绩效管理对国内企业有较大的借鉴作用。

第四节　国内企业人力资源管理的典型经验

华为公司作为国内有代表性的企业，在人力资源管理规范化方面进行了有效实践。在华为公司看来，机会、人才、技术和产品是公司成长的主要牵动力。其中，人才处于最核心的地位。

一、人力资源管理理念

（1）战略定位。对人力资源的管理能力，是企业核心竞争力的重要组成部分。

（2）基本目的。建立一支素质高、境界高和高度团结的队伍；营造一种自我激励、自我约束和促进优秀人才脱颖而出的机制。

（3）基本原则。公正原则：共同的价值观是公正评价员工的准则；挑战性的指标与任务是公正评价绩效的依据；本职工作中表现出的能力和潜力是公正评价能力的标准。公平原则：奉行效率优先的公平原则；鼓励员工在真诚合作与责任承诺基础上展开竞争；从根本上否定短视、攀比和平均主义。公开原则：抑侥幸、明褒贬，提高制度执行上的透明度；从根本上否定无政府、无组织、无纪律的个人主义行为。

（4）管理体制。不搞终身雇佣制，但这不等于不能终生在华为公司工作，主张自由雇佣制，但不脱离中国的实际。

（5）价值体系。以价值观统一价值创造活动，注重企业文化的培育与弘扬；良好的组织氛围建设；使员工感觉到自己的工作有价值；对价值创造要素做出明确的界定；劳动、知识、资本与企业家共同创造了公司的全部价值；尊重知识、尊重个性，集体奋斗，不迁就有功的员工；让有水平的员工做实，让做实的员工提高水平。小建议，大奖励；大建议，只鼓励。反对不思进取的幼稚心态，鼓励员工立足本职岗位做贡献。通过培训，发掘和提高员工的价值创造能力。把人力真正变为资源。人力资本的增值大于财务资本的增值。通过招聘，吸纳那些认同公司事业且高素质的员工。通过无依赖的市场压力传递，使内部机制永远处于激活状态，使干部和员工永不懈怠。竞争是活力之源，实行自由雇佣制。

价值评价体系：建立一套适应高科技企业发展需要的价值评价体系，对员工的价值创造过程和价值创造结果进行评价，为价值分配提供客观、公正的依据；确定全公司及各部门的 KPI 指标体系，处理好扩张与控制的关系，保证公司均衡、快速和可持续地发展；以业绩考核为主导，实行全方位的考核与评价制度，对员工的工作过程和工作结果进行系统的制度评价；考核评价结果与报酬待遇紧密挂钩，进一步激发员工持续的创业与创新精神；以绩效考核与评价为载体，各级管理者承担起人力资源开发和管理的责任。

价值分配体系：从根本上否定平均主义，提倡效率优先；按劳分配与按资分配相结合，并考虑员工的责任、绩效（可持续性贡献）、任职状况（能力、工作态度）。按劳分配要充分拉开差距，分配曲线要保持连续且不出现拐点，股权分配向核心层和中坚层倾斜，提倡可持续性贡献。

二、人力资源管理体系

（1）人力资源体系（管理大厦）构成。基础：职位、职位族与任职资格。招聘：解决选人问题（适人适岗）。培训：解决育人问题（人力资源增值）。绩效：解决用人问题（绩效为导向）。薪酬：解决留人问题（人员激励）。

（2）人力资源管理的责任与角色。"各级管理者首先是一个人力资源管理者"。人力资源管理不只是人力资源管理部门的工作，而是全体管理者的职责。各部门管理者有责任记录、指导、支持、激励与合理评价下属人员的工作，负有帮助下属人员成长的责任。下属人员才干的发挥与对优秀人才的推荐，是决定管理者的晋升与人事待遇的重要因素。高层领导——设计师，负责制定人力资本增值目标、政策、法规；设计人力资源管理理念、组织文化导向、组织结构。中基层管理者——督导与执行，负责营造良好的组织气氛；举荐优秀人才；帮助下属员工成长；激励与合理评价下属的工作；对下属工作予以指导、支持、记录。

三、任职资格体系

建立任职资格管理体系的目的：规范人才的培养和选拔，推动做实的人不断提高水平，引导有水平的人做实，按做实给予评价；激励员工不断提高其职位胜任能力，以职业化的员工队伍参与国际竞争；树立有效培训和自我学习的标杆，以资格标准牵引员工不断学习、不断改进，保持持续性发展；为职位晋升、薪酬等人力资源管理工作提供重要的依据。

四、招聘

（1）招聘调配原则。高层干一行爱一行实行岗位轮换、基层爱一行干一行、内部流动实现个人与企业的双增值。

（2）严格的面试流程。华为公司在招聘和录用中，注重人的素质、潜能、品格、学历和经验。一个应聘者经过人力资源部、业务部门的主管等四个环节的面试，以及公司人力资源部总裁审批才能正式加盟华为公司。为保证招聘质量，公司针对主要的岗位建立素质模型，对素质模型中的主要素质进行分级定义，统一各面试考官的考核标准，从而提高面试考核的针对性和准确性。

（3）面试资格人制度。有了标准，还得有执行标准的人才行。华为公司建立了"面试资格人"管理制度，对所有的面试考官进行培训，合格者才能获得面试资格，而且每年对面试考官进行资格年审，考核把关不严者将取消面试资格。

（4）内部劳动力市场。华为公司通过建立内部劳动力市场，在人力资源管理中引入竞争和选择机制。通过内部劳动力市场和外部劳动力市场的置换，促进优秀人才脱颖而出，实现人力资源的合理配置和激活沉淀层，并使人合适于职务，使职务合适于人。

五、培训

在华为公司，新员工入职开始接受培训，首先要接受企业文化以及相关的制度法规教育等综合性培训，这一环节最关键的是教授大家做人。通过普通员工和高层领导多次现身说法，"让你知道华为公司的理念，华为公司的做人方式"。让员工成为一个正直、诚实的人，一个立志做大事业的人。下一步是技能培训，做市场进入培训一营，不是教授销售技巧，而是教授产品，即使是文科生都要接受产品技术培训，从通信原理开始，直到去工厂参观；3个月后，华为公司会把新人派到"用户服务"前线去，到地方去，和用户服务工程师一起干；再过3个月才能调回总部，进入二营，内容转为市场和客户服务，观看胶片和VCD，一遍一遍地听老师介绍，被安排到客户服务展厅去，向客户讲产品。后面还会根据不同的岗位给予不同的考验。

六、绩效薪酬

华为公司的绩效评价体系包括：①职位评估——职位的相对价值；②任职资

格评价——职业行为与能力；③劳动态度考核——价值观与文化认同；④绩效改进考核——绩效改进；⑤中期述职制度——经营改善。

在薪酬体系中，工资、奖金、股票分红的收入是相当的。而其中股票是当员工进入公司一年以后，依据员工的职位、季度绩效、任职资格状况等因素按一元每股的价格派发，一般是用员工的年度奖金来购买。如果新员工的年度奖金还不够派发的股票额，公司会贷款给员工。

在华为公司的人力资源管理架构中，绩效管理体系、薪酬分配体系和任职资格评价体系，三位一体、互通互联，形成动态的结构。

第五节　国有企业加强人力资源管理规范建设的问题与对策

一、国有企业人力资源管理存在的问题

（一）观念有所转变但力度不够

过去，国有企业人力资源管理部门的工作相对简单，主要包括人事调动、档案管理、人员奖惩、工资调整等，内部员工只是消极被动地等待组织的人事安排，几乎没有任何的话语权，从上层领导到一线员工，认为这种人事管理的方式是很正常的，认为人事决策就是上层管理者的事，员工只要听从安排就行了。这说明企业的人才仅仅被视为企业的资源，企业只是注重资源的占有，员工像其他资源一样，只要服从安排就可以了，而没有看到人才资本属性的一面，没有充分地发挥好人才的增值作用。换句话说，就是不重视员工的开发和利用。

有些国有企业已经意识到了这一点并有所改变，不仅让企业的员工能够清楚他们每个月应该完成的工作量，并且他们能自行算出自己一个月能拿多少工资，知道什么时候接受培训、为什么培训，等等。从中可以看出，企业的确越来越重视人才的开发和利用了，并给予了他们充分的重视，但是在大多数企业中仍然存在人力资源后续开发不足的现象。培训的范围较小、投入小，一般都是以短周期为主，缺乏长远的规划和统筹。另外，存在培训的形式陈旧、重点不突出等弊端，从而影响了人力资源的整体质量和水平。

（二）人力资源规划制度逐渐完善但仍有很大提升空间

近年来，中央企业人力资源规划工作持续推进，企业不再面临一味应急招聘、辛辛苦苦培养的骨干人才又留不住这样被动的局面。部分企业通过对一定时

期内人才的数量、素质、成本及各类员工的配置结构的现状进行分析和预测，制订出合理的人力资源规划的方案。由于缺乏专业人力资源管理人员，无法制订合理的人力资源规划的方案，一些企业停留在哪个部门缺人了就去招聘的阶段，缺乏良好的人力资源接续计划。这是难以适应现代央企的发展需要的。

（三）适合各类员工的职业生涯通道增多但选拔机制不完善

在一些国有企业当中，表现突出的科技人员往往被提拔到行政管理岗位上，这样单一的职业生涯通道极大限制了员工的发展，让一个从事多年科研工作的员工，突然从事管理工作，员工难以适应新的工作要求，满意度自然会大打折扣，流失也不足为怪。

近几年，国有企业特别是中央企业在员工职业生涯发展方面做了很多工作，为各类员工量身定做了适合员工自身条件的职业发展通道。比如，经营管理人员、科技人员、技能人员都已经有了各自的"通道"，并且通道之间还有相通的接口，不同类型的员工还可以根据自身的兴趣，及时调整自己的职业发展路径。但是有良好的职业通道，缺乏完善的人才选拔机制，员工还是很难得到提升的，尤其是领导阶层的任用，往往是上级指定和任命，这样可能会让那些有事业心、责任心的好员工感到失望，最终离开企业。

（四）分配不合理，难以达到激励效果

国有企业现有的激励机制在一定程度上没有体现员工的市场价值。激励机制的核心主要体现在行为的规范和分配制度上，其中分配制度尤为重要，而现在很多国有企业仍然按照传统的行政级别与职称相结合的薪酬分配制度，工资结构不合理，即薪酬的差异主要表现为纵向的差异，同一级别的不同岗位的差异很小。这种分配方式的最大弊端就是不同岗位的价值的差异性几乎为零，不能反映不同的专业和岗位在特定时期对企业贡献的差异，造成分配不公平，进而起不到激励作用。

（五）人才流失较为严重

相当多数的国有企业由于观念比较陈旧，缺乏科学、合理的人力资源管理制度，所以出现了大量人才流失的现象。现在企业的人力资源主要是"80后""90后"和"00后"的年轻人，如果企业的人才管理能力弱，使员工看不到自己美好的前景，不能发挥自身的聪明才智，对于这些年轻人来说，只能离开企业，寻找适合自己的企业。同时，国有企业的外部竞争压力越来越大，许多私营企业、外资企业都有很完善的人才管理机制，如果人才都慢慢地趋于加入这样的企业，就会进一步加剧国有企业人员的流失。

（六）信息化建设发展迅速但目前遭遇新困难

信息化是实现有效管理和战略管理的重要手段，信息技术系统可以解决显性知识的收集和共享问题。21 世纪新的信息技术的应用，尤其是互联网的普及，加快了企业信息化的进程。全球经济一体化加剧了企业之间的竞争，企业对人力资源管理的观念有了重大的变化，组织就必须重视人力资源管理信息化。信息技术在人力资源管理领域的应用及时地满足了企业的这些需求。随着知识经济的发展，人力资源管理信息化成为企业关注的焦点，企业通过导入人力资源管理软件系统，建立了一个综合性的、功能丰富的人力资源平台，实现了企业人力资源的优化和管理的现代化。

加快信息化建设成为我国企业的重点工作，然而企业在实践中遇到了不少新困难，一些人力资源软件开发的项目经常以失败告终。各企业在人力资源管理信息化过程中存在的问题主要表现在：有的企业脱离国情，盲目引入。一些实力较强的大企业，寄希望于引进国外的优秀人力资源管理软件来迅速提升管理水平，但真正实践起来，却屡遭挫折。有的企业由传统人事管理向人力资源管理过渡，软件无法适应各企业管理模式的不断变化而陷入困境。有的企业缺少总体规划，数据源不一致，妨碍最终的正确决策。有的企业目标过高，追求一步到位，事实上，这样做是不现实的。有的企业不顾现实状况，追求数据集中管理，增大了失败的隐患。有的企业自行开发人力资源管理软件，波折颇多。

二、完善国有企业人力资源管理的基本对策

针对上述中央企业在人力资源管理中出现的问题，结合优秀的人力资源管理实践，中央企业在规范人力资源管理方面要从理念、实务到信息化进行全面的变革。

（一）战略性人力资源管理理念

战略性人力资源管理由人力资源管理的愿景与使命、人力资源规划、人力资源管理的各种实务制度以及由此搭建的人力资源管理平台四部分组成，将人与组织联系起来，构建形成统一性和适应性相结合的人力资源管理体系，它更强调人力资源与组织战略的匹配，强调人力资源管理活动实现组织战略的灵活性。

人力资源管理的愿景与使命，作为企业整体战略投射在组织内部管理上的一个剪影，是企业在动荡的市场环境中安身立命的护身符，应具有方向性、前瞻性的特点。人力资源管理的愿景与使命的确立不仅要考虑组织内部系统运作的系统性与有效性，而且要有助于维持甚至提升企业的核心竞争力，应当有助于充分发挥对企业的凝聚力、激励力、导向力的作用。

随着区域性或国际性经济合作模式的建立，地区与地区、国与国之间市场界限的逐渐模糊，注重纵向控制的传统人事管理正逐渐被横向合作的人力资源管理模式所替代。管理模式的不断转变、管理理念的迅速革新，鞭策着现代人力资源管理者摒弃传统"守门人"的角色，转而成为企业发展的战略伙伴，成为推动企业变革创新的中坚力量。同时，人力资源管理在国际化实践过程中逐步引入了客户服务意识，获得了良好的效果，促使管理者开始由简单提供行政福利，转变成主动关怀员工、协助提高员工附加价值的行动伙伴。

（二）人力资源规划

人力资源规划必须解决人力资源管理中的两个基础性问题：第一，企业需要什么样的人才；第二，企业应该制定什么样的人力资源管理政策与制度。

在进行人力资源规划时，企业经常需要将定量计算和定性分析的方法结合起来使用。其中，员工队伍现状分析和员工胜任力模型是企业在人力资源规划实践中经常运用的两种工具。

1. 员工队伍现状分析

员工队伍现状分析主要包括员工数量、员工结构、员工费用、员工技能、员工流动性（包括员工招聘、人员流失与冗员淘汰）五个维度。通过对不同维度中具体量化指标的计算分析，不仅使企业能充分掌握组织人力资源的供需状况，而且能为组织员工的甄选与招聘等队伍建设工作提供可靠的支撑。

2. 员工胜任力模型

员工胜任力模型是20世纪中后期，哈佛大学教授戴维·麦克利兰（David Mc-Clelland）研究建立的一种独特的人力资源管理的思维视角与操作方法。所谓胜任力，即驱动个体人产生优秀工作绩效的各种个性特征的集合；胜任力模型就是用行为方式来定义和描述员工完成工作需要的知识、技巧和工作能力。建立胜任力模型，可以帮助企业找到合适的员工完成企业目标同时提高员工个人能力和素质；长期来看，建立以胜任力模型为基础的人力资源体系，能够推动企业核心能力的形成，使企业战略目标、人力资源管理和员工个人能力形成有机整体，有利于企业和员工的共同发展和利益的达成。通过构建符合组织战略发展需要的胜任力模型，可以将企业的战略规划与岗位关键业绩因素（包括内在特质和外显特征）有机结合起来，将员工的个人目标、态度、能力和组织需要及岗位要求有机结合起来，为员工的职位管理、甄选与招聘、绩效管理、薪酬激励及培训与发展，乃至组织内员工的职业生涯规划提供了强有力的依据。

（三）做好职位管理

职位管理是根据企业组织结构的设置情况，在详尽描述业务流程和职责要求的基础上，对各部门、各职位进行控制协调的管理工作。职位管理是企业人力资源管理链条中最基本的环节。对于组织而言，如果没有完整的职位管理为前提条件，人力资源管理的种种方法和手段只能是书面语言，并不能给内部管理增效带来任何实质上的改善。对于员工而言，职位管理就好比一盏指路明灯，能清晰说明每个岗位在组织中的职权范围和任务特点，为员工的职业发展道路指明了方向。

职位管理一般分为组织设计、职位分析、职位描述和职位评估四步。不同的工作内容对员工有着不同的素质要求，据此形成相对固定的职位价值。传统的职位管理比较注重工作的组成要素，而基于胜任力模型的分析则通过研究绩效优异的员工，结合这些人的特征和行为定义这一职位的工作内容。这种研究分析得出的职位价值不会因为任职人员水平的高低和工作业绩的变化而变化，具有更强的工作绩效预测性，为绩效管理和薪酬激励设立了公平评判的基准点。

（四）甄选与招聘

人员的甄选与招聘作为企业人力资源管理工作的重要构成，是企业充实人才库的重要手段，对企业当前和长远的发展具有关键性影响。人员的甄选与招聘须在职位管理的基础上，根据各岗位必备的素质和技能，在企业内外寻找合格的人选，实现人岗匹配的目的。

传统的人才甄选与招聘通常是根据员工的能力发展情况进行选择和提拔的，一般比较重视考察候选人的知识、技能等外显特征，而很少针对工作动机等难以测量的内在特质进行考查。这种停留在硬性条件筛选的招聘方式很可能给企业的经营带来一定的风险——招聘的员工不具备竞聘职位所需的深层次的胜任特征，尤其是那些难以通过培训获得的个性特点，如灵活性、团队合作精神等。而胜任力模型中基于各个职位建立的全面评价标准正好解决了这个问题，为企业成功招聘奠定了基础。

国有企业必须建立一套科学合理的人员选拔评价机制，企业在选拔人才时，一定要遵守公开、公平、公正的原则。制订一套合理的人员培养计划，对高素质的人才进行深造，加以储备，以留后用。另外，还要建立一套科学的人力资源测评体系，选拔出一批高素质、能力强的人才，推动企业不断发展壮大。

（五）绩效管理

绩效管理是企业以战略规划的达成为目标，采用科学的方法，通过对员工或业务单元的工作态度、行为表现和业绩成果及个人素质进行全面的监测、考核、分析、评价，并借助人力资源管理的其他手段充分调动员工的积极性、主动性和创造性，持续改善员工行为、提高员工素质、挖掘员工潜力的活动过程。绩效管理历来是企业人力资源管理活动中备受瞩目的焦点。

要想真正做好绩效管理，首先要从深层次理解绩效的真正意义。绩效是一个含义广泛的概念，从员工个人的角度来说，"绩"是指业绩，即员工的工作结果；"效"是指效率，即员工的工作过程。也就是说，有以下公式：

绩效＝结果＋过程（取得未来优异绩效的行为与素质）

进而根据胜任力模型的思维进行发展，有以下公式：

绩效＝做了什么（实际结果）＋能做什么（预期结果）

绩效管理无疑应该是绩效导向式的，但绩效导向并不意味着只重结果不重过程，毕竟过程中的发展是预测和见证结果出现的决定性因素。对于员工来讲，他对于企业的最大贡献是绩效，也唯有绩效是支撑企业生存与发展的核心要素。因此，在胜任力模型中，绩效被定义为员工在未来取得优异绩效的行为和素质，更准确地体现了绩效的真正含义。

绩效管理既要保证可靠性和正确性，又要具有可行性和实用性；既要能够全面体现企业需要控制的行为，又要简单明了，节省操作成本。作为现在广泛应用的绩效管理工具——平衡计分卡（BSC）与关键绩效指标（KPI），BSC 能够从财务、客户、组织内部和运营、员工学习和成长四个层面帮助描述、衡量企业实现愿景目标的战略框架，并制定出实现战略目标的可操作的管理和绩效指标体系，包括企业的关键成果指标、绩效指标和关键绩效指标。如果说 BSC 可以帮助将企业战略目标逐层分解并转化为相互平衡的管理指标和绩效体系，那么 KPI 则可以帮助企业在庞大的指标体系中，寻找影响企业战略达成最关键的绩效指标，显著提高企业的管理效果和效率。通过 KPI，能够为显著提高企业绩效水平指明方向，能够为衡量员工工作绩效表现提供具体的量化指标，能够为工作完成效果提供最直接的衡量方式。因此，二者的结合，可以在反映企业战略框架的情形下，"将企业战略目标逐层分解转化为各种具体的相互平衡的绩效考核指标体系，并对这些指标的实现进行周期性的考核"，使绩效管理既不会依赖片面的指标进行，又不会因为过于繁杂而分散精力。

1. 以绩效为导向的企业文化的支持

通过企业文化来形成追求优异绩效的核心价值观，通过企业文化来约束员工的行为，建立绩效导向的组织氛围，同时通过企业文化化解绩效考核过程中的矛盾与冲突。正如 GE 公司的韦尔奇所讲："我们的活力曲线之所以能有效发挥作用，是因为我们花了十年的时间在我们企业里建立起一种绩效文化。"

2. 各级管理者承担起绩效管理的任务

由管理者来分解与制定关键绩效指标，而人力资源部门在这一过程中则提供专业咨询与服务。

3. 保证绩效沟通的制度化

关键绩效指标与其说是自上而下下达的，倒不如说是自下而上承诺的，只有保证畅通的双向沟通才能使关键绩效指标具有挑战性，并且能够顺利达成。

4. 设计对绩效管理的激励与约束体系

激励体系主要表现为绩效考核结果与价值分配挂钩，实践表明，两者挂钩的程度越紧，绩效考核的效果越明显。约束体系主要包括员工的绩效考核投诉机制、上级审核和主管负责的二级考核体制等。只有这些激励体系与约束体系建立并有效发挥作用，以关键绩效指标为核心的绩效管理才能真正发挥作用。

（六）薪酬激励

企业要设法将企业的经营理念通过薪酬激励落实在引导员工的行为上。对于企业来说，劳动力市场的情况、政府的政策调节、经济发展状况、劳动生产率和物价的变动、行业薪酬水平的变化都可能对企业的薪酬福利管理造成影响。虽然物质报酬不是唯一的激励工具，但作为企业与员工的独特沟通方式，能否留住和激励员工，在很大程度上是通过企业的薪酬激励来实现的。薪酬激励的设计与执行不只是一项关注分配的技术工作，同时深受企业经营哲学的影响，体现了企业放眼未来的一种战略思考。

薪酬激励通常与个人贡献相联系，着重体现了企业在时间、方式和内容上回报员工的一种总体看法。薪酬激励的重点是要达到薪酬效率和员工激励的平衡。具体来讲，就是要搭建合理、有效的薪资结构：其一，企业的薪资等级、级差以及岗位和职务之间的薪资分布趋于合理，体现公平付薪的原则；其二，企业各薪资要素之间的配置有效，体现按劳取酬的原则。全面薪酬正是基于以上原则为企业搭建起来的整合式薪酬福利体系。从结构上看，全面薪酬主要由短期激励、中期激励和长期激励三部分组成，在保证员工眼前利益的同时，鼓励员工重视长远，真正从企业发展的角度考虑问题；从内容上看，全面薪酬激励体系包括固定薪酬、浮动薪酬及特殊福利津贴三个项目，将薪酬福利与员工工作业绩相联系，充分调动了员工的主动性和积极性。

（七）培训与发展

从个体角度来说，培训的目的是帮助员工补齐"短板"，开发员工的潜力，为企业创造更多效益。从群体角度来看，培训是增强企业核心竞争力的重要手段。同时，构建企业培训体系的过程也被赋予企业文化有效内化的深层次含义。构建符合金字塔形发展形态的培训体系，是企业获得长足进步的重要保障。

作为企业一直依赖的发展手段，传统的培训方法主要存在如下几个方面的缺陷：第一，对于接受培训的对象而言，培训主要还是一种相对被动的学习方式；第二，相对来说，培训的内容比较适合知识和基本技能，并不太适合行为和心态类内容；第三，培训所创造的学习环境与实际工作环境的差距较大，学员在课后工作环境中缺乏或找不到实践所学知识的环境和必要的压力，所学知识和经验得不到应用而被很快遗忘，造成培训效果不佳。而战略性人力资源培训，应该是在企业确定的需求条件下设计建立起来的，能够支持企业经营策略的培训体系。企业这种完善的、基于胜任力模型的培训体系，从计划到需求分析，再到实施及效果评估，最后又回到计划调整，是一个完整的闭环，从而能更好地达到维持、监控、改善，甚至提升个人或组织竞争力的效果。

（八）职业生涯规划

随着人力资源管理的逐步完善，企业已经尝试把员工的职业规划列为企业愿景的战略组成部分，协调个人发展目标与企业发展愿景，以此来更有效地调动员工的积极性和创造性，建立更具凝聚力的职业队伍。

职业规划是企业一项精密的管理工程，需要的不仅仅是经验与热情，更要求严谨的系统思考与科学的方法体系。在胜任力模型的基础上，职业规划大致达成以下共识：①对员工的个性特征、倾向性及发展潜能进行测定和评价；②在了解员工综合素质的基础上，为员工制订职业发展规划，进行目标设定（短期目标、中期目标、长期目标和人生目标）等；③经常性地与职业指导师、人力资源专家开展关于员工职业发展的谈话交流，评析案例，听取专家意见；④开展基于员工个性的、有针对性的培训开发，这些不仅限于技能训练和知识培训，更重要的是在职业层面的岗位实践活动；⑤时刻关注职场信息，了解各种职业信息及职业发展动态，如职业特征及职业要求、就业需求状况等。

（九）人力资源信息化

从狭义上说，人力资源信息化是指基于互联网的、高度自动化的人力资源管理工作，囊括了最核心的人力资源工作流程，如招聘、薪酬管理、培训等；从广义上说，人力资源信息化是基于电子商务理念的所有电子化人力资源管理工作，包括利用公司内部网络及其他电子手段，如员工呼叫中心等的人力资源管理工作。

人力资源管理平台中信息化模块与技术的广泛应用大大提高了管理活动中事务性工作的效率，使人力资源管理者的工作可以聚焦到更重要的事务中。随着企业对信息需求的进一步增加，人力资源管理信息化平台的建设与完善必将推动形成新一轮人力资本管理科技变革浪潮。

第六章 国有企业公司治理现代化

第一节 公司治理的理论探析

"治理"一词源于拉丁语"gubernare",意思是"统治"或"掌舵",在希腊文中与"舵手"是同义词。无论是一个国家,还是一个地区;也无论是一个团体,还是一家企业,都需要治理。所谓治理,就是运用权力去指导、控制以及用法律来规范和协调影响人们利益的行为。

公司治理是一个引进的概念,其英文为"corporate governance",国内翻译为法人治理结构、企业治理结构等,也有人将其译成"公司督导"。公司治理又叫公司治理结构(corporate governance structure)、法人治理结构(legal person governance structure)、治理机制(mechanisms of governance)、企业治理结构(enterprise governance structure)等。

公司治理有狭义和广义之分。狭义的公司治理是指所有者对经营者的一种监督与制衡机制,即通过一种制度安排,来合理配置所有者与经营者之间的权利与责任关系。广义的公司治理是指通过一套包括正式或非正式的、内部或外部的制度或机制来协调公司与所有者利益相关者之间的利益关系,以保证公司决策的科学化,从而最终维护公司各方面的利益的一种制度安排。

公司治理包括内部治理和外部治理。内部治理是《公司法》所确认的一种正式的制度安排,构成公司治理的基础,主要是指股东(会)、董事(会)、监事(会)和经理之间的博弈均衡安排及其博弈均衡路径。

公司治理结构,通常由股东大会、董事会、监事会及经理阶层(即执行机构)组成。在这种结构中,各构成部分之间形成一种制衡关系。

一、公司治理结构的相互制衡作用

吴敬琏（1994）认为，所谓公司治理结构，是指由所有者、董事会和高级执行人员即高级经理人员三者组成的一种组织结构。在这种结构中，上述三者之间形成一定的制衡关系。通过这一结构，所有者将自己的资产交由公司董事会托管；公司董事会是公司的最高决策机构，拥有对高级经理人员的聘用、奖惩以及解雇权；高级经理人员受雇于董事会，组成在董事会领导下的执行机构，在董事会的授权范围内经营企业。公司就是由这样的一个公司治理结构（法人治理结构）而不是由出资人个人来经营和管理的。在公司治理结构中，股东及股东大会与董事会之间、董事会与高层执行官之间存在性质不同的关系，要完善公司治理结构，就要明确划分股东、董事会、经理人员各自的权力、责任和利益，从而形成三者之间的制衡关系。

贾和亭等（1999）认为，法人治理结构中的各种机构相互之间既有分工，又有相互衔接，还相互制衡，不是简单的上下级或领导与被领导的关系。公司的创立者或发起人根据国家法律，制定公司章程确定公司的宗旨、经营范围、营业方式等，建立法人机关；出资人通过股东大会形式行使所有者权益，形成独立于每个出资者个人的集体意志、意思；董事会是公司的最高决策机构，拥有对高级经理人员的聘免、奖惩权；高级经理人员受聘于董事会，在董事会授权范围内负责公司的日常生产经营；监督人员或机构则根据章程规定来检查、监督董事会、高级经理人员是否正确贯彻执行了股东大会的意志，维护股东权益不受侵害。公司法人治理结构的要旨在于明确划分股东、董事会、经理人员和监督机构之间各自的权力、责任和利益，形成相互制约的关系，保证公司有效地运作。

王峻岩（1999）认为，公司治理结构本质上是一种现代企业的组织管理制度，是科学管理的一种模式，一般是指以经济效益和股东权益最优化和持续化为目标，对公司的法人财产进行有效使用和管理的组织机构及其运行机制。其最明显的特征是：根据权力分工和效率优先的原则，在企业内部实行两权分离、三足鼎立的格局，即所有权与经营权相分离，所有者、经营者与生产者之间通过公司的决策机构、执行机构和监督机构，建立起相互独立、相互制约、权责明确、互相配合的机制，股东大会、董事会、监事会组成公司内部组织结构，有效行使其决策、执行和监督的权力。

二、企业所有权或企业所有者在公司治理中的主导作用

张维迎（1996）认为，狭义地讲，公司治理结构是指有关公司董事会的功能、结构、股东的权力等方面的制度安排。广义地讲，是指有关公司控制权和剩

余索取权分配的一整套法律、文化和制度性安排。这些安排决定公司的目标、谁在什么状态下实施控制、如何控制、风险和收益如何在不同企业成员之间分配这样一些问题。因此，广义的公司治理结构与企业所有权安排几乎是同一个意思，或者更准确地讲，公司治理结构只是企业所有权安排的具体化，企业所有权是公司治理结构的一个抽象概括。公司治理结构的目的是解决企业内在的两个基本问题：第一是激励问题，即在给定产出是集体努力的结果和个人贡献难以度量的情况下，如何促使企业的所有参与人努力提高企业的产出？第二是经营者选择问题，即在给定企业家能力不可观察的情况下，什么样的机制能保证最有企业家能力的人来当经理。

荣兆梓（1995）认为，公司治理结构主要涉及公司管理上层。公司法人治理结构是法人财产制度在公司内部关系中的具体化，广义地说，它涉及企业内部资本所有者与经营者以及全体员工的关系，涉及企业内部的所有组织制度、管理制度、激励制度和约束制度等，但是一般意义上的企业管理问题即以企业最高管理层为主体的对全体员工的指挥、监督和控制等不是公司治理结构要讨论的主要内容。公司法人治理结构的核心还是所有者与经营者的关系，是一个建构于企业组织顶层的，包括表示法人意思和执行法人业务的各种机构在内的复杂而完整的机构体系，它是传统企业中从事对外经营和对内管理全套职能的单个资本家的替代物，是公司法人这个法律塑造的"灵魂"赖以依附的机构实体。

何玉长（1997）强调产权结构在公司治理结构中的基础地位，认为"三会四权"既是公司产权结构，又是公司治理结构。二者之间的关系是：首先，产权结构是公司治理结构的基础。有了股东会的出资者所有权，才会有其最终控制权；有了董事会的法人财产权，才会有其经营决策权；有了经理人的法人代理权，才会有其经营指挥权；有了监事会的出资者监督权，才会实施其监督职权。只有在这种产权结构的基础上才会有公司治理健康运作。其次，公司治理结构是产权结构的实现形式。只有在规范的公司治理结构健康运作的条件下，"三会四权"才能得以正常发挥作用，产权结构的各项权能才算真正到位。

三、利益相关者在公司治理中的权益要受保护

杨瑞龙（1999）认为，在政府扮演所有者角色的条件下，沿着"股东至上主义"的逻辑，改制后的国有企业就形成了有别于"内部人控制"的"行政干预下的经营者控制型"企业治理结构。这种治理结构使国有企业改革陷入了难以摆脱的困境：一是由于政府追求的目标是多元的，当由政府对企业实施所有权约束时便会陷入管则干预过多、不管则失去控制的两难之中；二是信息不对称，经营者处于谈判的有利地位；三是行使监督权的政府官员可能与经营者"合谋"，

侵蚀国有资产；四是职工和小股东难以行使监督权，其利益易受到损害。为克服这些难题，必须实现企业治理结构的创新，其核心是扬弃"股东至上主义"的逻辑，遵循既符合我国国情又顺应历史潮流的"共同治理"逻辑。这一逻辑强调，企业不仅要重视股东的权益，而且要重视其他利益相关者对经营者的监督；不仅要强调经营者的权威，还要关注其他利益相关者的实际参与。具体来说，就是在董事会、监事会中要有股东以外的利益相关者的代表，如职工代表、债权人代表等。这种共同治理的逻辑符合现代市场经济的内在要求。

卢昌崇（1994）认为，"股东收益最大化""股东利益至高无上"的公司理论在西方国家早已是明日黄花，而有些同志在按社会主义市场经济目标模式创新我国企业制度过程中却仍然拘泥此道，这无异于邯郸学步，是企业形态进化过程中协调各权益主体关系的历史倒退。因此，他主张由职代会推举职工代表直接进入董事会，并将此以法律形式确定下来，最终建立起一种职工、经营者与股东物质利益趋同的机制。

四、市场机制在公司治理中的决定性作用

林毅夫等（1997）认为，所谓的公司治理结构，是指所有者对公司经营管理和绩效进行监督和控制的一整套制度安排。公司治理结构中最基本的成分是通过竞争的市场所实现的间接控制或外部治理，而人们通常所关注或所定义的公司治理结构，实际指的是公司的直接控制或内部治理结构。他们强调，后者虽然是必要的和重要的，但与一个充分竞争的市场机制相比，它只是派生的制度安排，其目的是借助于各种可供利用的制度安排和组织形态，以最大限度地减少信息不对称的可能性，保护所有者利益。

第二节　国有独资公司治理的独特规律性理论探讨

郑海航教授带领的研究团队长期关注国有企业公司治理改革的实践，通过现场调研，获取一手资料，发现问题，提出了国有独资公司治理改革的"所有者具体化、直面化理论""内外两类主体平衡论"等理论。

一、"所有者具体化、直面化理论"

"所有者具体化理论"是指把所有者和所有者代表区别开来，使抽象的所有者具体化。党的十六大决议把所有者代表和所有者分离开来，"国有资产由国家

统一所有，中央政府和地方政府分别代表国家，行使所有者职责，享有所有者权益"。这就是说，国有资产的最终所有权是"国家"（统一所有），"中央政府和地方政府"则分别"代表国家"，即充当所有者代表。为落实所有者代表的职能，中央政府和地方政府又分别特设"国资委"来行使国家的"所有者代表"职权。

郑海航教授认为，正是因为这种划分，把所有者和所有者代表分开，就使抽象化的所有者具体化了，有利于促使所有者到位。

在"所有者具体化理论"下，政府就做政府的事情，国资委排他性地成为具体化了的所有者代表，从理论上推动所有者到位。

"所有者直面化理论"是指把所有者和出资人区别开来，使遥远的所有者转变为直面的层层出资人。

通常人们容易把出资人的概念和所有者的概念混淆，未加区别。确实，在生产社会化程度不是很高的商品经济初期，金融投资链和企业化产权链都很单一，往往出资人就是最终所有者，这时的出资人和最终所有者应当是合一的，但随着生产社会化的高度发展，投资者投资再投资的延伸投资链形成母子孙公司的企业系列，即企业产权链和控股公司链形成和延长，这时出资人和最终所有者就开始出现分离。例如，对孙公司的产权而言，尽管很可能子公司对孙公司投资，用的是母公司的资金，母公司是孙公司的最终所有者，但因为在法律上是子公司给孙公司投资，所以孙公司的出资人只能是子公司，而不是母公司，于是出资人和所有者便出现了第一次分离。

由于非国有公司产权清晰、制度完善，不影响出资人到位。但对国有公司来说，所有者和出资人不加区分，就导致所有者离企业太远而缺位。尤其是当大型国有集团公司成为国有资产管理体制中间层，并形成了多层次的母子孙公司体制时，为使所有者到位，就必须在理论上把出资人和所有者区分开来。也就是说，"所有者"是唯一的、是遥远的，那就是"国家"，但出资人不是唯一的，而是多层的、直面的，出资经过几层就有几层出资人，如图6-1所示。

图6-1表明，在最高层级是国家终极所有者的下面，国资委是母公司的出资人，母公司是子公司的出资人，子公司是孙公司的出资人。这个层层出资人理论，不仅理论上说得通、站得住脚，而且在实践中，层层出资人理论就使唯一且遥不可及的所有者转化为多个直接面对而且顶头的出资人。

二、"内外两类主体平衡论"

国有独资公司的治理具有特殊的规律性（现有公司治理理论没有对其很好地阐明），在国有独资公司治理中客观存在企业内外两大类利益主体群。第一类是

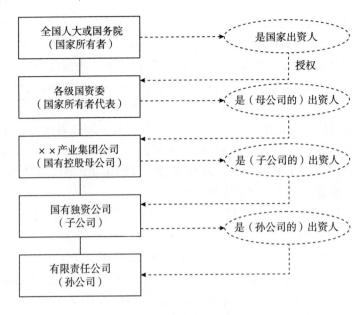

图 6-1　层层出资人到位

由企业内的决策者、管理者、劳动者组成的利益主体群，即企业"内部人"主体群；在"内部人"主体群中，各个主体之间可能有这样或那样的矛盾，但他们作为"理性经济人"无一例外地都追求向内部利益倾斜。第二类是由处于企业外部的国家股东、政府、国资委、外派监事会组成的利益主体群，即企业"外部人"主体群。在"外部人"主体群中，各个主体之间可能有这样或那样的矛盾，但他们作为"理性经济人"则无例外地都追求向外部利益倾斜。

　　企业内部人主体群和企业外部人主体群既有共同目标，又有不同偏好。其共同目标是把企业做大做强；其不同偏好，即最主要的区别就是，前者的利益偏好是共同向企业内部利益倾斜，追求内部人利益最大化。而后者则是共同向国家股东利益倾斜，追求股东利益最大化。

　　对于这两类利益主体的既统一又对立的关系，现有公司理论没有予以解释：因为委托代理理论往往过于站在股东委托人的立场上，坚持的是"股东至上论"；另一类理论是利益相关者理论，强调的是众多的利益相关者主体在公司治理中的平衡。而国有公司的治理则既不是股东至上论，也不是不加综合的众多利益主体之间的平衡，而是从国有公司特殊性出发，处理好企业内外部这两大利益主体群之间的关系。至于国有公司外部，国有股东之外的其他利益主体，如社区、团体、居民等，实际上都可由国有股东来代表，这也是由国有公司特殊规律决定的。因此，国有公司治理的要害就是实现这两大利益主体群的平衡，即"两类主体平衡论"。

需要强调的是，内部人主体群的"利益内倾"，其本身与经营者的个人品质无关，而是机制使然。因而，转轨时期的内部人控制也好，不同利益主体的不同倾向也好，也不是或主要不是人的品质问题，而是机制使然。应该说近几年选拔在任的国企领导大多是德才兼备的优秀经营人才，他们的"利益内倾"在机制上是因为立场所在。现实中，一旦内外两大主体群的干部对调，利益倾向也马上转向就是明证。因此，国有公司要实现有效治理，就必须找到一种防止"内部人控制"和"利益内倾"的机制，以实现内外两类主体的平衡。

第三节　国外公司治理的发展趋势和典型案例

一、国外公司治理的发展趋势

（一）人力资本分享剩余索取权的趋势

人力资本分享剩余收益的趋势最显著的表现为经理人员对于剩余索取权的分享。除了经理阶层，员工的人力资本在信息时代的作用越来越大，对于员工人力资本的激励和监督已成为新时期企业治理的重要一环。1974 年，美国国会通过《美国雇员退休收入保障法案》，该法案明确提出了公司实行雇员持股计划的问题，并对各类税收优惠政策做出了法律规定，比如，对持股雇员给予税收优惠，对售股给雇员的股东以税收优惠，对雇员持股的公司以税收优惠，对贷款给雇员持股的金融机构以税收优惠。这些措施有力地推动了员工持股计划的实行。

（二）利益相关者的治理趋势

传统的治理方式是坚持股东利益最大化原则的，公司治理的目的就是保证股东利益最大化，是一种股权至上的模式。而利益相关者理论认为，公司的发展离不开股东、债权人、雇员、消费者、供应商等各种利益相关者，公司应当要为利益相关者服务，而不仅仅局限于股东一方。利益相关者治理表现为各利益相关者能够进入公司最高权力机构，行使过去只有股东所拥有的权力。

玛格丽特·M. 布莱尔（2014）认为，公司治理的理想目标应该是最大化整个公司的财富创造潜能，而不应该仅仅最大化股东的财富。所以她提出，与授予股东过多的控制权相比，治理制度将相应的决策权和控制权授予相关利益者，或许会在激励财富创造中发挥更大的作用。

治理结构的实践也顺应了这种趋势。例如，美国许多州从 20 世纪 80 年代开始修改公司法，宾夕法尼亚州议会提出了新的公司法议案。其中有一条是赋予公司经理对利益相关者负责的权利，而不像传统公司法那样，只对股东一方负责。这样，允许经理对利益相关者负责，从而给予了经理阶层拒绝给股东以暴利却损害了公司的其他利益相关者权益的恶意收购的法律依据。这些新的法规要求经理不单是为股东的利益服务，不仅限于股东利益最大化，而且也应该为更广泛利益相关者的利益服务。

（三）董事会作用加强的趋势

作为企业的最高决策机构，董事会不仅要保证组织获取关键的资源投入，与外部环境相联系，做出战略决策，而且还要发挥治理与监督的作用，能够约束或者更换无效的管理队伍。董事会在整个企业运行中发挥着越来越重要的作用。

一方面，董事会作为公司内部重要的控制机制发挥着越来越重要的作用。董事负责评价首席执行官（Chief Executive Officer，CEO）和其他的高层执行人员，决定高层执行人员报酬的水平与结构，更换绩效低下的CEO。董事会作为内部的控制机制，在减少委托代理成本方面的有效性主要取决于董事会的组成与董事会独立的程度。

董事会中建立了各种专业委员会：执行委员会、审计委员会、提名委员会、报酬委员会等。执行委员会处于公司控制的核心，在董事会不召开会议期间代表董事会行使权力，由执行董事和高级经理人员组成。审计委员会负责提名公司的会计师和审计人员。在公司外部审计人员提供审计服务之前，对其服务范围进行界定。评价管理人员对由外部和内部审计人员提出的重要控制建议的反应。在每年的财务年报和其他会议报表发表之前，对其进行审查。报酬委员会负责对公司高级管理人员的报酬提出建议、制订一般管理人员的报酬、实施及管理股票期权计划。董事会中专业委员会的建立，使董事们可以在各专业领域中制定决策，减少了总经理对董事会的控制程度。

另一方面，董事会在战略制定方面所起的作用日益显著。公司战略决策一般由高层经理人员控制，董事会对公司战略的参与只在重大事项发生时才会发生。然而，随着市场竞争的日益激烈，董事会参与公司战略决策的必要性越来越重要。董事会不仅限于讨论、审议并通过执行阶层提出的战略方案，而且在战略规划的提出、制订、实施等多个方面进行参与。董事会甚至直接参与制定公司战略，许多董事会制定了一些指导方针来明确董事会在有关战略方面的角色和责任。一项具体的措施就是在董事会中设置战略审计机制，由非执行董事对这一机制的设立和运作负主要责任。在美国通用汽车公司，董事会制订了一项包括28条概括其职能内容的计划，其中包括选择首席执行官和董事长、为董事会会议确定日程安排、指明什么构成了外部董事的独立性和对继承计划进行控制等。

（四）机构投资者积极参与治理

机构投资者一般包括银行和储蓄机构、保险公司、共同基金、养老基金、投资公司、私人信托机构等组织。自20世纪70年代以来，西方国家的股权结构发生了重大的变化。银行金融机构逐渐退出公司主要股东的行列，而养老基金、共同基金、保险公司、投资基金等非银行金融机构开始大量持有公司股份，非银行机构投资者逐步成为公司的大股东。

早期机构投资者一般不干预企业的治理活动，当对企业的经营业绩不满时，主要使用"用脚投票"的方法对企业经理阶层施加压力。但是，20世纪90年代以后，机构投资者开始注重参与企业的治理活动，并提出了一系列原则，对企业的治理结构产生了重要影响。这主要是因为机构投资者所持股份在资本市场上所占的比例越来越大。在过去三十年中，在许多发达国家的企业由保险公司和养老金所持有的股份得到相当比例的增加，而私人所持有的股份相应地减少。同时，世界各国减少了对股东组织代理人竞争挑战现有管理者的限制。规则的改变，降低了协调股东行为和推翻管理层决策的成本，也无疑降低了机构投资者参与治理的成本。一些机构投资者开始选出满意的公司进行长期的投资，并采用私下交谈、代理投票和提出股东提案的方式参与企业的治理。美国的几家超大型机构投资者（如全美教师保险及年金协会）更提出了公司治理结构的原则，鼓励其投资的企业采用这些原则。机构投资者在企业治理中将发挥越来越重要的作用。

二、新加坡淡马锡控股公司治理经验

淡马锡是新加坡的古称。淡马锡控股，顾名思义是新加坡控股公司。淡马锡控股作为100%政府出资的新加坡最大的控股公司成立于1974年，是由新加坡财政部负责监管、以私人名义注册的一家控股公司。自成立后的30年来，该公司在公司治理、资本运作等方面都取得了比国际上同行业私人公司更突出的业绩。

淡马锡控股成立的背景是什么？它的任务是什么？它与新加坡政府又有什么关系？要回答这些问题，需要简要地回顾新加坡经济发展史。新加坡1959年从英国取得自治权，特别是自1965年与马来西亚分离后成立新加坡共和国，国家主权及经济发展完全掌握在自己手中。刚刚诞生的新加坡政府面临的首要任务是创造就业机会、减轻就业压力。为此，新加坡采取了以政府为主导、大力发展劳动密集型制造业的经济方针。当时新加坡的一些基础产业，如交通运输、造船业，都是由政府出面兴办的国有企业。在新加坡，人们把这类企业称为与国家有联系的企业，简称"国联企业"。

经过近十年的恢复和发展，到20世纪70年代初，新加坡实现了全民就业，政府调整了经济发展政策，即从劳动密集型向资本密集型和高科技产业发展。由于 20 世纪 70 年代初发生的石油危机，新加坡利用其特殊的战略位置，决定发展新加坡原油加工业。于是 1977 年由政府出资成立新加坡石油公司（SPC），不久又建立新加坡化工集团（PCS）。与此同时，政府还投资兴建了一批高科技的电子和计算机产业。

到 20 世纪 70 年代中期，新加坡由政府各部门出面兴办的企业（国联企业）越来越多，如何加强对这些企业的管理与监管，使他们能够在激烈的市场竞争中不断发展壮大，而不是处处依赖政府的保护和帮助，这是摆在当时新加坡政府面前的一个十分迫切而又艰巨的课题。

20 世纪 70 年代中期之前，新加坡政府为了进一步促进全国基础设施的发展和管理，成立了一些所谓"法定机构"。这些法定机构集政府职能与企业经营于一体，如电力局、邮电通信管理局、石油管理局等，实行政企统一，既制定法规、政策，又进行行业管理和经营。随着各类工业企业发展规模的扩大和企业数量的增加，政府要管理好众多的国联企业负担越来越重，难度越来越大。为此，政府逐步实行将制定工业政策和法规与企业的经营的职能分开，并将有关行业的管理机构进行合并。为了不影响企业的发展，确保原国有资产不流失并能增值，在 1974 年，新加坡政府决定由财政部（投资司）负责组建一家专门经营和管理原国家投入各类国联企业的资本的国家资产经营和管理公司。这家公司就是淡马锡公司，它是按照新加坡公司法的有关规定，以私人名义注册成立的控股公司。根据当时政府的委托，新加坡开发银行等 36 家国联企业的股权（总额达 3.45 亿新元，约合 7000 多万美元），被授权由淡马锡公司负责经营。政府赋予它的宗旨是："通过有效的监督和商业性战略投资来培育世界级公司，从而为新加坡的经济发展做出贡献。"

公司的主要业务是资产经营和管理，集中于资本投资和财务管理。总公司仅有 150 人，大部分业务人员为在海外留学、具有硕士以上学位的专业人士。公司在中国香港、马来西亚设有办事处。公司一直坚持人员精干、高效率的原则。这是它自成立以来，取得显著成绩的重要原因之一。

（一）淡马锡控股的战略定位

淡马锡控股由新加坡政府独资组建，由财政部主管，实行国有控股，代表新加坡政府经营管理政府资本，主要负责大部分政府公司的资产运作。这是新加坡政府经营政府资产独具特色体制的具体体现。

新加坡政府资产管理体制主要是成立 4 家控股公司掌管大量政府法定机构，政府公司的资产采取政府管理、市场化运作的模式，从而间接加强对政府资产的营运和管理。无论是法定机构，还是政府公司，都按照市场规则进行经营。由于产权主体的权责明确，新加坡政府避免了国有企业由政府部门直接管理、按照行政方式运行的弊端，既实现了政府对国有资产的有效控制，又大大增强了政府公司的竞争力。

新加坡与政府有关系的经济实体有三类：法定机构、政府公司、政府控股公司。其法定机构，类似于我国的事业单位，由国会依法成立，具有特殊权限、功能和活动范围，但不属于公共部门，除一部分承担政策性亏损外，许多都有盈利；其政府公司，是由新加坡政府控股公司持股、按照公司法成立的企业。1994 年开始，新加坡又对一些法定机构进行企业化改造，如港务局，通过建立海事港务管理局行使政府职能，原来港务局转制为企业集团，股权由政府控股公司持有。

新加坡拥有大量的法定机构、政府公司。为加强管理，提高运营效率，政府成立了 4 家政府控股公司：淡马锡控股公司、新加坡发展控股公司、新加坡科技控股公司、新加坡保健公司。淡马锡控股公司是最大的控股公司，负责管理大部分政府公司的资产；新加坡发展控股公司是第二大控股公司，主要运作外汇储备，但是只能在海外市场运作，不能涉足国内市场；新加坡科技控股公司是第三大控股公司，是主要涉足国防和科技领域的政府公司；新加坡保健公司控制了所有的国有医院。

淡马锡控股是新加坡这种政府资产管理体制中的经营层，即"第二层"，而不是"第一层，股东层"。在战略定位上，始终代表新加坡政府管理资产，依靠产权纽带管理控制所持股政府公司，并采取市场化运作政府资本，主要通过提高所持股企业的经营绩效、财务绩效，实现淡马锡控股所承担的政府资本配置的责任和权利。

（二）淡马锡控股的公司治理

1. 淡马锡控股与新加坡政府的关系

根据公司章程规定，淡马锡控股的董事局主席、董事和总经理的任命都需经新加坡共和国总统批准；董事局中八成以上的董事是政府官员，作为政府公务员的董事兼职不兼薪，薪水仍由政府支付，派出兼职董事的奖惩、升迁、撤换由政府根据公司的经营情况来决定（这种主要由政府公务员兼任公司董事的国有资产管理方式也是淡马锡控股的一个重要特点），公司的人事权基本由政府控制。作为淡马锡控股主管部门的新加坡财政部，在淡马锡控股公司治理框架中所起的作用有限：财政部指派公务员兼任公司董事；淡马锡控股每年提交经审计的财务报告供财政部审阅；财政部长时常召集与淡马锡控股或其管理的相关联的公司（GLC）的会议，讨论公司的绩效和计划。除此之外，财政部只在影响淡马锡控股在某个 GLC 股份的并购和出售的问题出现时才参与进来。

由于淡马锡公司不是一般的企业，它经营的是国有资产，因此，该公司的内外监督有一套独特的办法。

（1）外部监管：政府对淡马锡的监管。政府对其监管通过四种方式进行：一是直接派人参加董事会。如上所述，由财政部等部门共派出四位司（局）级和副部级官员，直接参加公司董事会。通过他们在董事会活动，影响和监督公司的重大决策，以确保公司经济活动符合政府赋予它的使命。二是通过财务报告和项目审批制度，对公司重大决策进行监管。如规定公司必须定期将财务报表上报财政部，且上报之前必须经国际权威审计公司评审，以便财政部了解和掌握公司经营状况。另外，凡涉及公司及公司下辖子公司的重大投资决策和经营事项，如公开上市、改变经营范围或到海外投资等，均需上报财政部审批或备案。三是不定期派人到公司或其子公司调查了解情况。新加坡是个小国，政府主管经济工作部门的有关官员与淡马锡公司上层负责人一般都比较熟悉，他们经常利用吃早茶或共进午餐等形式，随时向公司询问和了解情况。因此，对公司的重大举措，政府部门（主要是财政部）一般来说都是清楚的。四是通过舆论监督。新加坡实行严格的反腐倡廉法律和法规，除由总统直接负责的反贪局对国家公务员的公务活动进行监督外，政府还鼓励新闻媒体对侵吞国家财产和贪赃枉法行为进行公开曝光。作为一家掌管着400多亿美元国有资产的大公司，是媒体聚焦的对象，而且它属下很多公司的经营业务与普通百姓的日常生活息息相关，如民航、地铁、电信、港口、码头等，因此，公司的重大举措经常见诸报端或在电视上亮相。这就迫使淡马锡公司在涉及公司重大业务决策时，不能"暗箱操作"。这种监督，当然也包括对派往公司任董事的政府官员言行的监督。在新加坡，不仅淡马锡，任何一家公司，若干了什么不光彩的勾当，都非常惧怕被媒体曝光。

（2）内部监督：从制度上建立防范机制。公司没有专门设立监事会，其内部监督职能由董事会直接承担。董事会内设审计委员会，专门负责公司的财务审计。在公司内部，在业务运营（项目投资）制度和程序上，制定相关政策和规定，以确保公正，并接受政府的监管。而对于那些特大型的项目，因本公司资金有限而需要政府注入新的资本时，还要报请财政部审批。很显然，采取这样的审批制度，就是为了确保公司所授权经营的国有资产的管理和运营严格处于总公司和政府的监控之下，从而尽量避免发生重大项目投资决策的失误。

（3）对子公司（国联企业）的监督。一是子公司重要领导者的任免由总公司审批。公司规定，子公司的董事长、首席执行官（总裁）和总经理必须报总公司批准，任期不超过六年。董事长与首席执行官（总裁）的职位原则上分设，子公司的董事会规模大小由公司确定（一般设12人左右），并要求每家子公司必须保留一定比例的外部董事，鼓励他们从全球范围内物色优秀的管理经营专家加盟。二是实行子公司业务范畴控制制度。淡马锡公司要求所属企业在开拓新的业务时，必须经过充分的论证和总公司的审核批准；否则，将被视为违纪。三是建立业绩考核制度。业绩考核指标因行业不同，有所区别。具体某一国联企业当年指标的高低，则由公司提出一个基本比率，然后与总公司协商确定。四是开展定期业绩分析制度。淡马锡总公司根据企业的财务报告，每年至少进行两次业绩分析，并要实地抽查。对业绩好的企业，对经营者进行奖励；业绩差的企业，要帮助他们分析原因，提出对策（如集中核心业务、调换高层管理人员或调整业绩考核指标等）。

2. 淡马锡控股的内部治理结构

按照新加坡有关法令规定，新加坡4家控股公司均实行董事会下的总经理负责制。目前淡马锡控股董事局由10名成员组成，8名是政府公务员。董事局的职责包括：决定公司股息分配及配股等重大决策事宜，在投资决策、资金使用等方面也享有充分自主权，不受政府有关部门制约。同时，董事局作为政府资产产权代理人，拥有对其子公司有关股本变更、公司重组、年度预决算、委任董事等重大产权经营决策的决定权，监督管理下属公司的经营活动并负有保证政府资产增值之责任。公司高级经理人员由董事局任免，但必须符合新加坡共和国宪法第22C条的规定，并经共和国总统的同意。经理层负责公司日常经营管理活动。

3. 淡马锡控股对所投资公司的监督管理

淡马锡控股对所投资公司的要求包括：①要成为世界级的公司并具有国际竞争力，吸引人才；②拥有高素质的董事会；③集中关注核心竞争力；④支付具有竞争力的工资；⑤提高资产收益率、股本收益率，使财务绩效最大化。公司经营应当以国际标准为基准。为了鼓励每个公司更注重核心竞争力，任何多样化的计划必须事先得到淡马锡控股的同意。

淡马锡控股对所投资公司的管理控制，也是基于产权关系：①淡马锡控股委任董事；②定期向淡马锡控股呈报本公司董事局会议备忘录；③定期向淡马锡控股提交本公司月度、半年和年度财务及管理报告书；④定期呈报本公司有关投资和贷款方面的计划；⑤如进行增资等重大决策，须得到淡马锡控股董事局同意等。

（三）淡马锡成功因素分析

淡马锡控股公司是国有控股公司成功的典范。该公司的成功，除新加坡法律、政府运作规范等原因以外，也有其运作方面的原因。

首先是在战略定位上，淡马锡控股始终代表新加坡政府管理资产，依靠产权纽带管理控制所持股政府公司，并采取市场化运作政府资本。这是成功的基础。依靠产权纽带管理所持股公司，就可以避免了行政干预，做到政企分开；采取市场化运作政府资本，就消除了政府的计划指令，从而达到资源的市场分配，提高了资本的分配效率。

其次是淡马锡控股公司具有较完善的治理结构。在外部治理结构方面，对派出兼职董事的奖惩、升迁、撤换由政府根据公司的经营情况来决定，这就使公司经营业绩成为衡量兼职董事的主要标准，因而采取的是企业标准，而不是政府官员标准。同时，作为淡马锡控股主管部门的新加坡财政部，在淡马锡控股公司治理框架中起的作用也有限，这避免了主管部门过多地干预企业运行。在内部公司治理结构方面，董事局拥有较为灵活的运作方式以及较清晰的职权范围，如董事局有权任命新增董事（董事人数不超过公司章程规定的最高限额以内）；董事在征得董事局大多数成员同意的情况下，可以指定任何人为其代理董事，也可以随时解除这一代理关系；董事局可根据需要任命 1 名或多名常务董事等。

再次是公司经营理念符合公司运行标准。作为政府控股公司，淡马锡控股注重提高股东投资价值，其经营目标以追求盈利为主，兼顾政府需要。这样，公司在项目选择及决定资金投向问题方面都是以能否盈利为标准，这符合一般公司的运行标准。

最后是淡马锡注重加强对所投资公司的监督管理。淡马锡注重提高所投资公司董事局及管理层成员的素质，通过招揽最佳人才等方式使董事局成员多元化，积极推动所投资的公司给予股东以合理回报，增强公司在市场上的竞争力与进取心。

第四节　中央企业董事会试点工作的实践经验

中央企业是国有企业的代表。2004 年 2 月，国务院国有资产监督管理委员会（以下简称国资委）为了进一步推动国有企业加快建立现代企业制度，完善国有企业法人治理结构，进一步规范地行使出资人权利，决定选择部分中央企业进行建立和完善国有独资公司董事会试点工作，在得到国务院的批准后，国有独资公司董事会试点工作陆续开展起来。2004 年 6 月，国务院国资委下发了《关于中央企业建立和完善国有独资公司董事会试点工作的通知》，中央企业董事会试点工作正式拉开序幕。这一次国有独资公司董事会试点工作采取了一系列的深化改革措施。

一、建立了符合《中华人民共和国公司法》的董事会、内部各专业委员会及董事会办事机构

试点企业都按照《公司法》组建了董事会，建立了董事会内部专业委员会，设立了董事会办事机构——董事会办公室，任命了董事会秘书。试点企业按照《国务院国有资产监督管理委员会关于国有独资公司董事会建设的指导意见（试行）》（以下简称《指导意见》）的要求设立了提名委员会、薪酬与考核委员会。

二、完善了公司章程、董事会议事规则等一整套公司治理的规章制度

董事会试点企业依照《公司法》《企业国有资产监督管理暂行条例》等法律法规，制定或修改公司章程。根据《指导意见》，结合本企业实际，制定有关董事会建设的各项规章制度，其中有关董事会的职责、组成、下设专门委员会和办公室、重大事项决策制度、会议制度，董事的权利与义务、责任，董事会秘书的职责，董事会与出资人的关系、与总经理的关系等内容被纳入了公司章程。

三、实施并建立了外部董事制度

董事会试点企业建立外部董事制度，由国资委选聘具备条件的、任职公司以外的人员担任试点企业的董事。根据《指导意见》，外部董事是指由非本公司员工的外部人员担任的董事。外部董事不在公司担任除董事和董事会专门委员会有关职务外的其他职务，不负责执行层的事务。试点初期，董事会中的外部董事不少于2名，随着公司法人治理结构的不断完善，逐步提高外部董事在董事会成员中的比例。国资委为了鼓励外部董事在董事会中占多数，对外部董事超过董事会全部成员半数的试点企业授予多项自主权利。

四、设立经职工民主选举产生的职工董事

根据《指导意见》，职工董事是指公司职工民主选举产生，并经国资委同意，作为职工代表出任的公司董事，试点企业董事会成员中，至少有1名职工董事。职工董事代表职工参加董事会行使职权，享有与公司其他董事同等的权利，并承担相应义务。

五、注重发挥企业党组织的政治核心作用

坚持党的领导，发挥国有企业党组织的政治核心作用，是一项重大原则。为保证企业党组织参与企业重大问题的决策，大多数试点企业党委有关成员与董事会成员实行了"双向进入、交叉任职"，力图通过进入董事会的党委成员来反映党委的意见和建议，并把董事会的决策结果反馈给党委。董事会对重大问题统一决策的作用是不容置疑的，党委要参与重大问题决策，但主要是提出意见和建议，而不是代替董事会决策。截至 2015 年底，纳入董事会规范建设的试点企业已经达到 85 家。经过董事会试点工作，试点企业形成了董事会决策、经理层执行的公司运行机制，出资人、董事会、监事会、经理层各负其责，协调运转，有效制衡的机制初步建立、运转起来。

第五节　国有企业推进公司治理现代化的问题与对策

一、国有企业公司治理存在的问题

董事会建设是国有企业进一步改革的方向和关键，但是部分企业也存在或表现出一些有争议或亟待解决的问题。

（一）对"董事会决策、经理层执行"理解狭隘片面

"公说公有理，婆说婆有理"，董事、经理人员分别就国资委提出的"董事会决策，经理层执行，决策层与执行层分开"做出有利于自身的解释，做出狭隘的理解。

从董事会、董事长这一方面来看，他们认为，既然董事会拥有决策权，那么经理层就只能执行董事会的决议，就是"董事会怎么说，经理层就怎么干"，经理层不应插手企业的决策事务。

从经理层来看，他们则认为，既然赋予经理层执行权，董事会就不应该对经理层的执行事务"指手画脚"。而且从经理层来看，认为董事决策权就是审核权，甚至认为经理层提出决策方案，董事会只不过是走走过场象征性地审一审而已。

董事会的建立和运行就是形成企业决策权、执行权、监督权适当分离，权力相互制衡的科学合理的法人治理结构。在实际试点工作中，对"董事会决策、经理层执行"的理解存在狭隘和片面性，把两者的分开绝对化，这样导致董事会、经理层在工作中出现了争权、推卸责任等种种问题。

（二）董事会职权没有到位

国资委向外部董事超过半数的试点企业的董事会授予股东的部分职权，其中包括：重大投融资决策权、经理人员选聘权、考核经理人员、决定经理人员的薪

酬权等。这些职权本来就是《公司法》所授予董事会的，只要是按照《公司法》在我国境内设立或改制的公司，其董事会都应具有这些职权。

如果经理人员的考核权、决定经理人员薪酬权、经理人员的选聘权不授予董事会，董事会的试点工作很难实现改革的初衷和目标。当然，这种改革已经不是完全由国资委所能决定的，尤其是经理人员的选聘权，如果要真正授予董事会的话，可以说与现有的干部管理体制是不完全适应的。如何让这些职权到位，真正得以实行，还要在改革中特别是干部人事制度改革上有大的突破。

（三）内部董事的设置不够合理

中央企业外部董事是指由非本公司员工的外部人员担任的董事。与外部董事相对应，由本公司员工担任的董事称为内部董事或非外部董事。内部董事往往在公司除担任董事和董事会专门委员会有关职务外，还有其他的企业职务，特别是负责执行层的事务。

中央企业内部董事大多是董事长、总经理、书记或副书记、下属主要子公司负责人、集团主要职能机构的负责人、工会主席（多是职工董事）等。内部董事这样设置无疑是充分考虑了利益相关者的诉求，但是内部董事作为主要执行者，专业人士像财务专业人士、技术专业人士等在内部董事中所占的比例较小。为了加强董事会的决策功能，应当考虑增加财务总监或总会计师、总工程师作为内部董事的人选问题，不断优化或提升内部董事的专业结构。

（四）外部董事人选来源较为单一

国资委《指导意见》中明确规定：国资委选聘外部董事，可以特别邀请国内外知名专家、学者、企业家，可以从中央企业有关人员中挑选，可以面向社会公开选聘。

目前关于外部董事，除个别企业有来自境外的董事，少数有来自学校、研究机构的董事外，绝大多数都是原中央企业老总一级的管理者，来源较为单一。

（五）对董事的评价、考核、奖惩等工作没有展开

中央企业董事会评价和董事评价这方面的工作还没有展开，各方面对实施评价的主体、评价内容、评价方式还没有完全达成共识。可行方案包括：一是让外部董事强化对董事会、内部董事的评价；二是强化国有企业监事会的作用，可以通过明确、增强国有企业监事会对国有独资公司董事会、董事的评价的工作责任，补充力量、增加人员，承担对董事会、董事的考核评价等工作。

二、进一步推进国有企业公司治理改革的对策

2021 年 5 月，中共中央办公厅印发了《关于中央企业在完善公司治理中加强党的领导的意见》（以下简称《意见》）。《意见》坚持以习近平新时代中国特

色社会主义思想为指导，全面落实习近平总书记关于坚持党对国有企业的领导必须一以贯之、建立现代企业制度必须一以贯之的重要指示要求，立足于在完善公司治理中加强党的领导，明确了中央企业党委（党组）在决策、执行、监督等各环节的权责和工作方式。《意见》提出，中央企业党委（党组）是党的组织体系的重要组成部分，在公司治理结构中具有法定地位，在企业发挥把方向、管大局、促落实的领导作用。同时，《意见》在明晰中央企业党委（党组）讨论和决定重大事项的职责范围，规范党委（党组）前置研究讨论重大经营管理事项的要求和程序，明确党委（党组）在董事会授权决策和总经理办公会决策中发挥作用的方式，强化党委（党组）在执行、监督环节的责任担当，以及加强党委（党组）自身建设等方面，作出了制度性安排。

2021 年 10 月 18 日，时任国资委党委书记、主任郝鹏在中央企业董事会建设研讨班上讲话强调，要深入学习贯彻习近平总书记关于坚持"两个一以贯之"、建设中国特色现代企业制度的重要论述，贯彻落实党中央、国务院决策部署，坚持加强党的领导和完善公司治理相统一，围绕建设专业尽责、规范高效的董事会，健全制度、建优机制、建强队伍，全面提升董事会建设质量，进一步健全完善中国特色现代企业制度，为做强做优做大国有资本和国有企业、充分发挥国有经济战略支撑作用、加快建设世界一流企业提供坚强制度保证。

（一）国有企业董事会建设是国有企业法人治理机制改革的方向

董事会作为公司的决策机构，一方面接受股东大会的委托，承担公司的重大决策；另一方面，又将执行权委托给经理层。董事会在公司治理中占据核心的地位。董事会治理是公司治理的中心，国有企业董事会的设立和建设代表了这种公司治理发展的方向。

经济合作与发展组织（2005）发布了《OECD 国家国有企业公司治理指引》，该指引第六部分的标题就是国有企业董事会的责任。在该部分中，该指引要求：国有企业董事会应该具有必要的权威、能力和客观性，以履行他们在战略指导和监督管理上的职能。根据政府和所有权实体制定的目标，国有企业董事会应该履行其监督管理层和战略指导的职能。他们应该有权任命和撤换首席执行官。

从我国国有企业的运行体制来看，国有独资企业不设股东会，由国资委行使股东会职权。除公司的合并、分立、解散、增加或者减少注册资本和发行公司债券必须由国资委决定外，国资委可以授权公司董事会行使股东会的部分职权，决定公司的重大事项。所以，应该确立董事会在国有独资公司治理中的核心地位。国务院国资委推行的董事会建设，就是要建立外部董事占多数席位的国有企业董事会。因此，在国有企业改革中既要坚持以董事会治理为方向，又要注重推行外部董事占多数的国有企业董事会。

同时，在国有企业公司治理中，党组织的政治核心作用必须得到保证和加强。《国务院办公厅关于进一步完善国有企业法人治理结构的指导意见》指出，落实全面从严治党战略部署，把加强党的领导和完善公司治理统一起来，明确国有企业党组织在法人治理结构中的法定地位，发挥国有企业党组织的领导核心和政治核心作用，保证党组织把方向、管大局、保落实。坚持党管干部原则与董事会依法选择经营管理者、经营管理者依法行使用人权相结合，积极探索有效实现形式，完善反腐倡廉制度体系。

（二）国资委应向中央企业董事会授予公司法所赋予的权力

国资委应进一步解放思想向中央企业董事会授予公司法所赋予的权力。国资委给外部董事占多数的国有独资公司董事会应下放三项重要权力：主业投资决策权、总经理选聘权、总经理业绩考核和报酬决定权。

一旦国资委对董事会授予充分的职权，随着董事会建设的推广和深入，国资委的监管将会从监管国有企业的经营领导班子，转向对董事会中董事的监管，让董事会中长期做过执行者的决策者去监督执行层，而国资委将监督这些决策者，这将降低国资委的监管难度。

2017年5月，《国务院办公厅关于进一步完善国有企业法人治理结构的指导意见》（以下简称《意见》）发布。该《意见》指出，国有独资公司要依法落实和维护董事会行使重大决策、选人用人、薪酬分配等权利，增强董事会的独立性和权威性，落实董事会年度工作报告制度；董事会应与党组织充分沟通，有序开展国有独资公司董事会选聘经理层试点，加强对经理层的管理和监督。

（三）扩大外部董事来源，建立中央企业的外部董事人才库

根据前面对中央企业外部董事来源的分析，应特别注重从以下三个领域增加外部董事来源：一是从世界500强企业中特别是国外的跨国公司董事会及高管中选聘外部董事，促进国有企业的治理及管理提升。二是从国内优秀民营企业家中选聘外部董事，经过近三十余年的发展，中国已经成长出一批优秀的民营企业家，将他们引入国有企业聘作外部董事，可以更加充分地发挥民营企业家的作用。三是从国有企业现职的高管中选聘外部董事。我们肯定有一大批优秀的现职国有企业领导人员，不要让他们非得60岁以后才能作为外部董事进入国有企业董事会，让部分年龄低一些、更加年富力强的中年企业家进入外部董事人才库，这样能起到优化国有企业董事会结构的效果，而且也便于国资委实施。

当然更为重要的是，要加快外部董事人才库的建设，有了扩大的外部董事来源，有了充分数量的外部董事候选人，这样才能更好更快地推动中央企业董事会建设工作。

（四）推动中央企业董事会规章制度及董事会运行的信息披露工作

国资委在推动企业董事会制度建设及董事会运行的信息披露方面可以加大工作力度。首先，国资委本身在公告外部董事的选聘信息时应尽可能附上比较详细的董事个人信息，以便于社会的公共监督和舆论监督。其次，国资委应当要求董事会试点和规范化企业在其网站详细公布公司章程等有关文件、规章制度，在网站中详细公布董事会组成及董事的个人信息，对董事会会议、董事会专门委员会会议内容要及时披露。这样才能有利于发挥社会公众及舆论对国有企业的监督作用。

（五）完善董事的任期制，并推动对董事、高管的评价、考核工作

董事是有任期的，目前国资委在公告外部董事时都有任职年限。对于国资委来讲，首先对每个企业的董事任期、下届董事会人选都要进行慎重设计，如外部董事如果连任就不要等到6年后全部更换，在第二次担任外部董事时就要为下一届外部董事人选做好准备，外部董事是连任还是轮换到其他企业抑或不再续聘，一定要有科学的依据和标准，不要是因为年龄不得不退，或者连任两届不得不换，所以必须要设计科学的董事评价和考核体系。

同时，以董事会推动对企业高管的评价考核和高管的任期制的实施。这样做的结果是，减轻了国资委的工作，即董事会负责对高管的评价考核及实行任期制。

当然董事的评价考核等工作仍然十分烦琐，在董事实行任期制时，一方面一旦发现不称职、损害国家股东利益的董事，要及时通过董事会罢免；另一方面由于董事个人其他原因不能履职时，也要及时更换和补充新的外部董事。

第七章 国有企业营销管理规范

营销管理现代化是企业实现更好生存和高质量发展的重要前提。在现代营销管理中起着重要标杆作用的企业不乏国有企业，尤其是中央企业。依据时间序列变化，本书通过对 11 家有代表性的企业进行专项调研，可以发现国企营销管理中的一些突出问题，进而基于现代营销管理趋势和国外经验，提出国企营销管理现代化的建议。

第一节 企业营销管理的目标、过程与风险点

一、市场营销管理的含义与目标

美国市场营销协会对营销管理的定义是：营销管理是创造、沟通与传送价值给顾客，及经营顾客关系以便让组织与其利益相关者受益的一种组织功能与程序。菲利普·科特勒认为，市场营销管理是个人和集体通过创造产品和价值，并同别人进行交换，以获得其所需所欲之物的一种社会和管理过程。市场营销管理是为了实现企业目标，创造、建立和保持与目标市场之间的互利交换关系，而对设计方案的分析、计划、执行和控制。市场营销管理的任务，就是为促进企业目标的实现而调节需求的水平、时机和性质，其实质是需求管理。根据需求水平、时间和性质的不同，市场营销管理的任务也有所不同。市场营销管理是企业管理的重要职能，也是企业专业管理的重要领域之一。由市场营销在企业中地位的演变可以发现，现代市场营销管理发挥着连接客户需求与企业目标的桥梁和纽带作用。

市场营销管理和销售管理是两个不同的概念。从制度经济学的视角来看，营销的本质是企业的一种管理交易，而不是产品买卖交易。销售的原则是价格最优化，而营销的原则不是价格最优化，而是规模经济最大化，是效率最大化。在营销中，规模经济原则就是企业的市场锁定原则（目标市场和市场定位原则），企

业通过规模营销手段锁定市场规模，以此实现规模经济的生产效率。营销的原则实质上就是通过规模经济（把蛋糕做大）实现企业和客户的"双赢"。

中国企业的营销管理已经从市场占有率或利润最大化目标导向向保证短期盈利目标、提升战略性规模经济效益方向发展。从考核层面来看，企业基本建立了不同程度的销售考核制度，但是对营销考核大多缺乏制度。原因是销售活动的特点决定了销售管理比较容易指标化，而营销活动的特点又使其营销管理难以指标化。比如销售和营销管理的投入产出在企业财务报表上的反映，有些企业虽有考核，但缺乏纵向与横向的制衡，使量化的考核无法真正落实，这种现象在营销管理和销售管理中并存。

市场营销管理的目标是：对市场需求作出快速反应；使市场营销效率最大化；代表并维护消费者利益。

二、市场营销管理的过程与主要风险点

市场营销管理过程，是企业为实现企业任务和目标而发现、分析、选择和利用市场机会的管理过程。更具体地说，市场营销管理过程包括如下步骤：发现和评价市场机会；细分市场和选择目标市场；发展市场营销组合和决定市场营销预算；执行和控制市场营销计划。

（一）发现和评价市场机会

要发现潜在市场，必须作深入细致的调查研究，弄清市场对象是谁，容量有多大，消费者的心理、经济承受力如何，市场的内外部环境怎样等；要发现潜在市场，除充分了解当前的情况以外，还应该按照经济发展的规律，预测未来发展的趋势。市场营销管理人员不仅要善于寻找、发现有吸引力的市场机会，而且要善于对所发现的各种市场机会加以评价，要看这些市场机会与本企业的任务、目标、资源条件等是否相一致，要选择那些比其潜在竞争者有更大的优势、能享有更大的"差别利益"的市场机会作为本企业的企业机会。市场营销管理人员可采取以下方法来寻找、发现市场机会：第一，广泛收集市场信息；第二，借助产品/市场矩阵；第三，进行市场细分。

（二）细分市场和选择目标市场

目标市场营销，即企业识别各个不同的购买者群，选择其中一个或几个作为目标市场，运用适当的市场营销组合，集中力量为目标市场服务，满足目标市场需要。目标市场营销由三个步骤组成：一是市场细分；二是目标市场选择；三是市场定位。市场细分有利于企业发现最好的市场机会，提高市场占有率，使企业用最少的经营费用取得最大的经营效益。

（三）发展市场营销组合和决定市场营销预算

市场营销组合即产品策略、定价策略、渠道策略和促销策略的制定。大市场营销组合还包括政治权力和公共关系策略。市场营销预算是指执行各种市场营销战略、政策所需的最适量的预算以及在各个市场营销环节、各种市场营销手段之间的预算分配。

（四）执行和控制市场营销计划

市场营销计划控制包括年度计划控制、盈利能力控制、效率控制和战略控制。年度计划控制，是指企业在本年度内采取控制步骤，检查实际绩效与计划之间是否有偏差，并采取改进措施，以确保市场营销计划的实现与完成。盈利能力控制，用来测定不同产品、不同销售区域、不同顾客群体、不同渠道以及不同订货规模的盈利能力。效率控制的本质就是要解决营销管控问题，"管"是强调资源的最大化原则，而"控"则是费用最小化原则。战略控制是指市场营销管理者采取一系列行动，使实际市场营销工作与原规划尽可能一致，在控制中通过不断评审和信息反馈，对战略不断修正。

在市场营销管理中，市场营销审计是其中的一个重要内容。它是对一个企业的市场营销环境、目标、战略、组织、方法、程序和业务等做综合的、系统的、独立的和定期性的核查，以便确定困难所在和各项机会，并提出行动计划的建议，改进市场营销管理效果。

在整个市场营销管理流程中，能否建立起一套能够对各部门起到制衡作用的制度是整个营销管理制度的关键风险点。图 7-1 显示了市场营销管理流程的主要风险点。

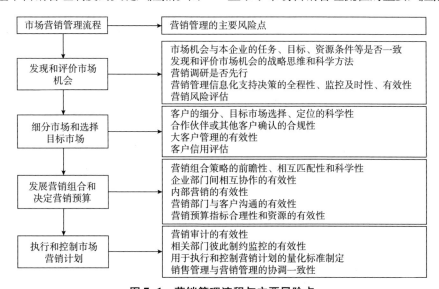

图 7-1　营销管理流程与主要风险点

第二节 企业营销管理现代化的趋势

市场营销的核心是创造、维护和提升产品或服务的价值，市场营销的利益相关者是与该价值分享有关的所有角色。企业只是其中众多角色中的一个，并且有时充当主角，有时充当配角。鉴于这种市场营销特征，目前一些成功的战术性营销管理方法必须向战略层面升级，以迎接并适应现代市场营销发展的大趋势。许多资深的营销学者和专家都在思考营销的发展方向问题。他们以世纪营销大论战的形式，对市场营销大趋势进行了富有战略意义的探讨。对他们的观点进行归纳和总结，可以得出市场营销的七大趋势。

一、企业需要建立客户驱动型的组织管理和支持结构

以客户为中心的客户互动型营销成为发展方向。由获取新客户、维持现有客户、提升现有客户的价值和通过一个产品组合来从外部移植客户构成的四种客户驱动力，要求企业构建与其相匹配的组织管理和结构，而这种组织管理和结构能够满足 21 世纪企业投入资源和衡量回报的财务要求。

二、营销信息系统的信息流走向将从系统所有者主导型向系统使用者主导型转变

由于新经济的驱动，使得客户可以自主方式选择和接受营销信息，传统的营销沟通方式将逐渐失去原有的效力。企业必须适应客户发起型沟通模式。

三、营销者的角色从企业向客户转移

信息就是市场权力，在发达经济中，消费者和顾客在迅速控制市场，掌握市场权力。因此，企业的营销战略和战术必须基于并坚持客户导向。

四、复合营销系统被称为主流营销模式

这种复合营销系统由产品驱动型营销模式、渠道驱动型营销模式和客户驱动型模式交互构成，企业侧重哪种模式取决于客户偏好哪种模式。

五、营销绩效基于营销投资回报财务模型进行度量

21 世纪营销研究的重点聚焦于营销和沟通行为的财务测量，因为营销管理

的核心是"价值预期"管理，价值预期必须落实到公司的财务指标上。顾客是企业的资产，顾客也必须按照企业管理资产的形式进行管理。

六、战略措施与现代信息和通信技术的结合是企业竞争优势的源泉

客户关系管理（CRM）系统帮助企业从战术层面基于特定客户价值进行客户关系管理，它有利于维护、提升和创造客户体验价值，与顾客建立长期关系，是现代企业营销管理之必须。但是，这种战术易被模仿。企业必须从战略层面考虑如何建立竞争壁垒，长期为客户创造体验价值。战略措施与现代信息和通信技术的结合将为企业打造竞争优势发挥重要作用。

七、企业品牌化和品牌联想在客户的判断和决策中扮演非常重要的角色

先进企业会关注企业品牌化问题，企业品牌联想会在产品品牌联想的基础上联系到作为一个整体的企业的其他社会角色和社会责任。客户会根据他们看到的该企业履行社会责任的情况来奖励或惩罚这个企业。

论及营销管理的标准时，有学者将其概括为以下6个关键点：①需要把客户当作资产对待；②需要发展整合的营销；③企业要成为关注客户和受客户驱动的组织，这需要大量的投资和组织结构重组；④需要关注利益相关者和股东；⑤增加创造性的促销开支，并衡量相关成果；⑥企业需要更加认真地对待企业品牌。

第三节　国外企业营销管理的先进经验

一、国际市场营销战略

国际化战略是国企面临的重要课题，有效的国际化战略应该是怎样的？可以从中国市场上那些著名的跨国公司的国际化营销战略及经验中找到借鉴。从战略目标上看，美资企业一直为市场导向，日本企业从开始的要素导向逐步向市场导向转变，而韩国企业则是从成本导向逐渐向市场导向过渡。从环境因素上看，它们重视投资国的法律环境，努力寻求在华的长期发展。从绩效目标上看，跨国公司制定国际市场营销战略的共同绩效目标是增强全球竞争力和获利能力。

张喜民（2011）在综合考虑跨国公司母公司因素、子公司因素和环境因素基础上，将跨国公司子公司的营销战略可以归结为三类：一体化战略、调适性战略（包括母公司主导和子公司主导两种情形）和双差异化战略。其结论对面临国际

化发展的大型国企而言是有重要参考意义的。

二、营销组合战略

（一）产品战略从标准化向差异化的转变

标准化有助于公司降低成本、树立统一的品牌形象和适合于全球技术标准化的要求。在低碳经济下，标准化是实现低碳环保的一项重要举措。宝洁公司在华销售的大多数产品均为其在欧美市场原有产品的直接延伸。但是，面临目标市场需求多样化，公司必须考虑在标准化产品基础上，通过产品的差异化提升其市场适应能力。

（二）价格阶梯定价模式

在那些产品组合复杂的企业，产品品牌连接着不同的目标客户。以法国欧莱雅和美国 PVH 集团为例，这些公司均基于品牌的差异化定位而制定差异化价格策略。从普遍意义上看，对于奢侈品品牌，法国 LV 的定价原则是"高品质溢价"，定价基础是客户价值感知。对于大众消费品，韩国 LG 在家电业的定价原则是"相同的价格、更好的质量"或"相同的质量、更低的价格"。

（三）基于与终端渠道资源共享的战略共赢

20 世纪 90 年代中期以后，分销渠道尤其是终端渠道成为国内外厂商竞争的焦点。

韩国 LG 电子在华开始对各个产品采取产品经理责任制，对各个地区实施营销人员责任制。对不同市场采用不同的分销策略。对销售人员的管理实行收入与业绩挂钩的激励机制，通过经销比赛鼓舞士气。为了提高品牌知名度和渠道效率，公司投资 4.2 亿美元在上海和北京建立专卖店，在中国六个地区建立服务中心。在华南地区渠道以中间商和百货商场为主，中间商为主销渠道，百货商场为产品展示基地，不仅提高了品牌知名度和市场份额，同时近距离把握消费者的各种需求。

在与零售商合作方面，宝洁公司实施客户业务开发制度，并进行了渠道组织机构调整，设置了专门的客户业务开发部。业务开发部通过实现与客户知识的共享，提高了销售量、市场份额和利润。通过与顾客在每一个业务领域的整合和沟通，为最终客户创造了更高的价值。在新的组织结构下，宝洁与零售商的关系由原来相对简单的交易关系转变为合作伙伴关系，将公司的财务部、信息部和销售部数据库与零售商对应部门的数据库连接，实现了交易数据、信息系统的共享。因此，宝洁公司更容易获得零售商有关库存、消费者购买偏好的资料，为其更有效率地开发消费者喜欢的产品、组织生产和物流配送提供了组织上的支持。

渠道成员的战略伙伴关系使飞利浦与 TCL 实现了强强联合与双赢。飞利浦利用 TCL 的渠道顺畅进入中国西部市场。这一渠道以前只销售 TCL 品牌产品，现在两种品牌的产品在同一个渠道销售，成本没有太大增加，但业绩却有长足发展。

从渠道模式上看，全面覆盖型渠道模式对与"可口可乐"类似的产品依然适用，扁平化的专营渠道策略通常适用于奢侈品牌产品，如顶级的手表、服装服饰、汽车和服务等。以实体、虚拟各类可能渠道交互的整合型渠道模式则是所有类型产品都必须考虑的战略性选择，无论是以服装为主业的美国 PVH 集团，还是世界第一大奢侈品集团 LVMH，那些成功的企业都在探讨采用整合渠道模式走进它们的最终客户。

（四）促销策略的目的是培养和开拓市场

在促销策略方面，跨国公司突出表现为以下 6 个特点：①立足长远，重视潜在消费者培育；②为成为行业领先者，保证大量促销费用投入；③促销的目的是获取消费者认同；④建立消费者数据库，实现有效的客户沟通，进行顾客关系管理；⑤热衷公益事业，与社会大众进行良性沟通；⑥整合营销传播，以各种可能的促销手段和模式寻求沟通传播的低成本和高效能。

三、R&D 保障是成功营销的必要条件

以汽车工业为例，德国、法国、美国和日本不乏一流的汽车制造商，它们的研发投入一般是我国整车制造商的 2 倍以上，我国的产品研发投入低于世界平均水平。在世界感光材料业，只有柯达敢言，该领域的所有先进技术都是柯达创造的。成功营销以企业核心竞争力为基础，而打造企业核心竞争力，掌握核心技术是必须的。

四、通过品牌建设打造和提升企业无形资产

世界品牌实验室每年公布的品牌及品牌价值排行榜中，绝大多数是国际大公司所拥有的著名品牌，先进的国际大公司不仅拥有牢固的品牌管理战略思维，还掌握提升品牌资产的营销管理方法，如将客户资产纳入企业品牌资产的考量，并将基于客户资产的品牌资产与企业财务管理密切结合。

此外，整合公司的全部资源提升公司品牌力也是优秀外国公司的战略品牌管理趋势。德国大众已经推出由德国大众（中国）投资公司负责的公司品牌计划。它要求所有在华"大众"统一口径，对外宣传"大众"品牌。其目的是将公司战略聚焦于汽车市场竞争的焦点"品牌"。

五、通过内控防范营销风险

营销风险主要与企业资本相关，资本包括人、物、资金和信息等。在众多内外部营销风险中，主要的营销风险突出在销售环节，如渠道信用风险。营销风险管理是企业内部控制的重要组成部分。就内部控制本身而言，以美国为例，企业内部控制强调5个要素：控制环境、风险评估、控制活动、信息与沟通、监督。控制目标是为了合理地保证：①经营效果性和效率性；②财务报告的可信性；③对有关的法律和规章制度的遵循性。

以某美国企业为例，该企业的营销部与销售部被整合为销售部。企业内部控制中涉及营销风险管理的内容主要体现在销售管理、信息安全和电子商务管理中。以销售管理为例，销售管理包括：销售计划的编制；销售台账建立程序；发货申请及批准程序；发货运输管理以及销售人员工作日志管理。企业明确指出，销售管理内部控制的目的就是提高销售计划的准确性，合理防范运营和管理风险。这套风险防范体系涉及财务部、营销部、生产部、采购部、物流部和人力资源部等部门，人力资源部负责相关内容的人员培训。总经理或营销副总负责销售计划的批复。批准的计划未经授权不得更改。销售台账针对每个独立客户设置，由内勤登记，并在 MIS 中显示，销售台账与财务部应收账款保持一致。发货申请及批准程序中的一项重要内容是由财务部或信用部主管依据公司的信用政策审核客户信用、汇款能力。财务部或信用部有权拒绝向信用评价较低的客户发货。这种制衡机制有效防范了坏账风险。发货运输管理中对货物运输流程有明确设计，强调物流部必须根据销售部提出的经财务部或信用部审批后的发货申请单安排运输、发货。从物流部填写货物运输单到客户接收均有跟踪和监控。销售人员工作日志管理的目的是掌握市场行情、竞争对手和客户变化情况，管理销售人员，防范销售风险。日志是公司的秘密资料。在处理或报销经由销售人员发生的费用时，必须核对日志。由此可以看出，富有现代企业管理经验的公司其营销风险防范体系是缜密的。公司的全球营销总监表示，随着新情况和新问题的出现，公司会不断调整内控管理程序。

第四节　国有企业营销管理的经验总结

自1998年起，中国企业联合会（以下简称中国企联）开始在全国范围内进行现代管理创新成果评选工作，该项工作基本反映了国有企业特别是中央企业的现代管理理念、水平和经验。

一、央企在现代营销管理中起着重要标杆作用

优秀的国有企业特别是中央企业在现代营销管理中起着重要的标杆作用。相对于市场营销学学科自 19 世纪末 20 世纪初至今 100 余年的发展历史，中国企业对现代营销管理的研究和实践只有改革开放以来几十年的历程，那些优秀的国有企业作为在我国国民经济发展和建设中的一种重要企业形态，扮演着现代营销管理的标杆角色。从现代企业管理特别是现代营销管理的角度来看，大型国企的硬件和软件资源相较其他企业均有资源优势。尽管中央企业的前身是纯粹计划经济体制下的国企，但是在步入市场经济体制后，在国家改革开放政策指引下，进行大规模体制改革，直接践行现代企业管理理念和方法，并有条件迅速地、较深层次地与国际一流企业接触、学习、实践的企业。优秀的央企管理者往往受过正规高等教育，并直接接受了世界一流的现代管理学理论的系统学习和训练，如 MBA、EMBA 或 DBA 的学习，管理理念与现代企业管理潮流同步。此外，他们有大型企业的从基层、中层到高层的企业管理实践，经历了从计划经济到市场经济的体制变迁，正值中年，有魄力和强烈的使命感，他们带动着央企在现代营销管理的轨道上健康地发展着。正是这些卓越的领军人物，创造了 11 年的中国国企管理创新成果，并成为中国企业营销管理现代化的典范。

二、大中型国有企业特别是央企的营销管理理念演进正在向战略营销管理倾斜

依据时间序列变化，大中型国企特别是央企的营销管理理念演进浓缩了市场营销学学科理念 100 年的历史，已经进入现代营销管理阶段，并向战略营销管理倾斜。

自 1998 年以来由中国企联组织评选的中国企业管理创新成果中的营销创新成果，共涉及 32 个企业的营销创新案例。表 7-1 是按照时间顺序对 1998~2010 年的成果的梳理、归纳和提炼。表 7-1 显示，国际营销学学科最新的、主流的和战略性的营销理念已经应用于中国国企营销管理实践。这些理念指导下出现的营销管理创新成果（依时间顺序）包括：品牌管理、区域营销、整合营销、差异化营销、客户关系管理、客户满意度管理、社会营销、顾客价值管理、替代性产品营销、服务营销渠道自建及管理、营销信用管理、专业化营销、老字号品牌再造、基于质量的品牌建设、信息化营销管理、基于民族文化的品牌战略管理、体验营销、战略营销（集约化营销、利益相关者共赢、社会责任为导向、国际市场开发）、敏捷营销等。这些营销管理创新成果呈现出如下特点：第一，品牌管理、客户忠诚度管理自始至终是企业关注的营销管理内容；第二，2002 年以前，企

业关注整合营销，当时也是舒尔茨提出的整合营销理论广为传播的时候；第三，战略营销管理受到重视的程度越来越高，这与国家主张的可持续发展观相一致。国企已经明显意识到企业发展的战略性考量应该落实到企业管理活动中，于是战略营销管理被纳入其中。其实，品牌管理、整合营销、差异化营销、客户关系管理、客户满意度管理、社会营销、顾客价值管理、替代性产品营销、营销信用管理、信息化营销管理、体验营销也是战略营销管理的重要内容。上述事实说明，改革开放以来，我国国有企业的营销管理有了跨越式发展，已经进入现代营销管理阶段，并向战略营销管理倾斜。

表 7-1 1998~2010 年中国企业联合会营销管理创新成果汇总

企业名称	创新成果	年份
陕西省宝鸡啤酒厂	品牌管理	1998
杭州钢铁集团公司	区域营销	1998
大连棒棰岛啤酒厂	整合营销管理——兼具社会化与规范化的营销管理	1998
四川川橡集团	差异化营销	2000
深圳供电局	客户满意度管理	2001
广东佛山市电信局	客户满意度管理	2001
太极集团有限公司	整合营销管理兼社会营销	2001
湖南唐人神集团	顾客价值管理	2002
厦工集团三明重型机器	整合营销管理，优化销售和营销管理	2002
上汽大众汽车销售公司	客户满意度管理	2003
安徽国通高新管业股份有限公司	替代性产品营销	2003
湖南省电信有限公司	客户满意度管理	2005
广东移动通信公司	渠道管理，服务营销渠道自建及管理	2005
内蒙古远兴天然碱股份有限公司	营销信用管理	2005
石家庄市邮政局	专业化营销	2005
济南供电公司	客户满意度管理	2006
上海衡山宾馆	品牌管理，老字号品牌再造	2006
中国网通上海市分公司	客户满意度管理	2007
华北石油通信公司	品牌管理，基于质量的品牌建设	2007
海阳电业集团公司	信息化营销管理	2007
湖北省邮政公司	客户关系管理	2008
上海铁路局	客户满意度管理	2008

续表

企业名称	创新成果	年份
太子龙控股集团	品牌管理，基于民族文化的品牌战略	2008
上海雷允上药业	品牌管理，老字号品牌再造	2008
中国移动北京有限公司	体验营销	2009
中国烟草重庆市公司	战略营销——集约化营销	2009
平顶山煤业运销公司	战略营销——利益相关者共赢	2009
广东电网珠海供电局	战略营销——以社会责任为导向	2009
沈阳金杯车辆制造公司	敏捷营销	2010

三、央企营销管理理念及其践行与市场营销理论及优秀国际企业同势

据成果内容聚类，央企的营销管理理念及其践行与前沿市场营销理论以及优秀的国际企业同势。对 1998~2010 年营销管理创新成果进行内容聚类，可以发现，依重视程度排序，企业更重视客户满意度管理、品牌管理、战略营销管理和整合营销管理。当然，正如前一段所述，营销管理创新成果中采用的其他营销理念也可划归到战略营销管理的范畴。

谈到 21 世纪市场营销的发展时，舒尔茨（Schultz，2003）指出，伴随着 20 世纪 90 年代中期国际互联网的商业化运用，交互式、网络式的信息和沟通系统逐步发展起来，带来了一场虽然缓慢但不可避免的市场权力的转移。信息就是市场权力，在发达经济中，消费者或客户都在迅速控制市场。市场权力不可避免地向他们转移。这种市场权力是：比较的权力、选择的权力、谈判的权力，以及必要时在世界范围内选择最高性价比产品的权力。部分国企显然已经意识到这种市场权力的转移，它们开始将营销管理的重心向大客户或关键客户转移，通过客户关系管理和顾客满意度管理，实现企业盈利。品牌管理的核心是品牌资产管理，而品牌资产的核心是客户的品牌价值感知。战略营销管理的思路在于实现利益相关者的共赢，即客户利益的长期维护。整合营销传播强调利用一切沟通手段以最低成本、最高效率通过沟通向客户传递价值。显然，上述内容均聚焦于客户价值。而那些优秀的国际大企业也将企业的营销战略重点聚焦于高价值的客户群体。从这个意义上讲，央企的营销理念及其践行与前沿市场营销理论相符，与优秀的国际企业同势。"同势"的含义是趋势一致，但营销管理效能存在差距。

四、应当加强对先进理念的奉行，持续提高营销管理能力

应该看到，一些优秀的国企已开始践行先进的营销理念，但是通过分析营销

管理创新成果的内容可以发现，中国国企的营销管理手段还比较传统，不够先进，效能也较低。此外，广义而言，大多数国企或央企还需要更广泛地或更一贯地将先进的营销管理理念贯彻于企业营销管理实践中，向先进的企业或优秀的外国企业学习，掌握现代化营销管理的有效方式和方法。国企有接受先进理念的积极性，但是缺乏长久练内功、从综合素质上提升现代营销管理能力的思想准备。特别在经济持续高速发展的我国，企业还普遍存在急功近利的倾向。这在企业品牌营销管理方面尤为突出，表现为关注短期内迅速做成名牌，缺乏对品牌资产和客户资产的科学分析，从而品牌管理缺乏科学方法和战略思维。

第五节　国有企业推进营销管理现代化的问题与对策

一、国有企业营销管理存在的问题

为研究央企现代营销管理课题，课题组对 12 家企业副总以上的高管进行了专家访问和企业调研，其中包括央企或国企 6 家，合资企业 4 家，外国企业 2 家，其中包括全球 500 强企业。它们是：中国移动集团总公司（央企）；中国石油化工股份有限公司（央企）；中国移动集团天津分公司（央企）；中国电信集团北京分公司（央企）；上海贝尔股份有限公司北京分公司（合资）；上海贝尔股份有限公司贵州分公司（合资）；上海贝尔股份有限公司上海分公司（合资）；上海贝尔股份有限公司天津分公司（合资）；中国邮电器材集团（央企）；ASIM-CO 工业技术有限公司（美国）；EXFO 公司北京代表处（加拿大）；深圳市天音通信发展有限公司（国企）。

调查上述企业的目的在于，这些企业涵盖了现代企业制度下重要的企业所有制形态，对认识央企营销管理现状，并借鉴合资企业、外资企业的营销管理经验和教训，在市场经济下，规范央企的营销管理运作，提升央企的营销管理效率，具有积极和有效的借鉴、启示作用。

调研围绕一个"营销管理调研提纲"进行，该调研大纲主要涉及营销管理风险点，具体主要包括以下 6 个方面的问题：①营销信息系统（Marketing Information System，MIS）和市场调研的应用情况及其对企业营销决策的支持；②销售管理中潜在的关键风险点及其管控或规避措施；③目标市场管理和客户关系管理（含顾客满意度管理）；④品牌管理；⑤营销预算的内容、依据、执行、风险点及其管控；⑥营销计划的规划、组织、实施与控制。

访问结果反映出的营销管理中的突出问题如下。

（一）营销管理的内控规范有待细化和完善

2008 年，财政部会同有关部门印发了《企业内部控制规范——基本规范》，在上市公司范围内施行，鼓励非上市的大中型企业执行。在此背景下，所有上市央企或绝大多数非上市央企着手建设自己公司的内部控制体系，制定或完善与本企业相关的有针对性的内部控制条例，如中国移动天津分公司制定了"与财务报告相关的内部控制手册"，中国电信北京分公司制定了"内控实施细则"等。从整体来看，大型跨国公司一般都具备较为系统完善的内控条例或规范，其他多数企业也有自己的内控管理手段和办法，只是在制度的刚性程度上有松散或严格之分。但是，从各类企业内控规范的内容上看，直接针对营销管理的内控规范水平和制度刚性程度参差不齐，针对营销管理中风险点的认识、界定简单，风险规避措施薄弱，企业对营销管理的职能范畴认识各异。

（二）营销信息系统（MIS）和调研对企业营销决策的支持不足

受访企业一致认为，企业处理营销信息的效率与效果，直接决定了营销工作的效率与效果，进而决定了企业经营的业绩，市场营销中信息是最为关键的要素。但是，并非所有企业都已将市场调研纳入公司决策的常规流程中，存在盲目决策的隐患。在一些企业，MIS 存在信息或数据录入工作烦琐、消耗较多工作时间的问题。在信息管理方面，MIS 信息来源主要涉及客户、产品和竞争者等。如何收集、传递和管理这些信息，做出准确、快速的市场反应，是目前营销管理中的难题。事实上，有效的 MIS 可以提升企业营销管理乃至企业整体管理的效率和水平，包括风险评估和应对能力，而低效的 MIS 往往使企业受制于系统的管理和维护，结果导致资源耗费，事倍功半。因此，企业 MIS 必须整体优化和升级，以满足支持营销决策的要求。

（三）销售管理中潜在财务风险突出

大多数国企对营销管理中的潜在风险点没有明确态度，对本企业的营销或销售管理工作表示满意，对应的内控措施往往侧重于与企业绩效相关的市场回报上，所以，其管控重点自然也就聚焦于客户管理。在调研中，一些合资企业或外企明确表示，销售管理中的风险点主要涉及以下方面：现金、销售流程、销售机会、客户信用风险、销售人员道德风险（与客户的灰色交易）、三包索赔损失风险、营销操作风险、应收账款、票据有价证券风险、销售合同条款执行、销售人员垄断商业信息、公章使用等。在一些行业，由于缺乏市场竞争环境，导致出现大型央企买方市场的局面。

现金交易主要出现在有类似营业日款和营业尾款等需要现金结算的 BtoC 和小规模 BtoB 的交易活动中。以 BtoB 为主要交易形式的大企业表示，公司基本不存在现金交易。一般地，公司的账户由公司财务部门统一管理。公司会依据银行的相关规定对账单和支票进行背书。有企业表示，销售管理和应收账款管理方面的主要难点是：客户的入账政策和三包索赔政策不合理、对账不配合、销售人员素质低、奖励提成政策不合理、信用控制弱等。

（四）客户关系管理水平有待提升

客户关系管理（CRM）是现代企业营销管理的核心内容之一。在一些企业，客户关系管理和客户资产管理工作仅实现了通过价格、营销方案、专属客户经理等常规手段对不同价值客户群开展服务的层面，而 IT 化和网络化客户分层营销与服务工作需要进一步完善。CRM 中突出的问题主要有以下 4 点：一是缺乏客户资产管理。由于企业对客户资源没有真正形成集中统一管理，而是垄断在个别业务员手里，造成了客户管理上的被动局面。二是需要提高 CRM 系统中数据的准确性与即时性，使系统海量数据处理达到能够有效支持营销决策的水平。在一些企业中，由于企业拥有的客户信息不真实、不全面，造成过高的信用风险和决策失误。三是将员工工作流程与 CRM 系统结合不够。四是重视大客户关系管理，而对行业其他客户的关系管理不足。

（五）品牌管理缺乏战略思维

调研显示，企业普遍非常重视品牌建设和管理。品牌建设与管理方面存在的问题主要表现为：一是一些企业尚未将品牌建设纳入公司发展的战略规划中，这些企业还在专注于低附加值市场运作。二是一些大型企业本身庞大的公司实体、广泛的地域分布、差异化的文化等因素，都给品牌管理带来了新的课题和困难，如品牌文化建设、品牌形象塑造等。三是品牌建设不规范，流于形式，缺乏品牌保护意识，央企老字号品牌管理问题突出，造成高价值品牌的滥用和贬值，致使国有资产中"品牌"这一无形资产大量流失。四是随着公司的重组，大公司面临着品牌兼并及如何延续和提升被兼并公司优势品牌市场价值的问题。

（六）营销预算的效力低

营销预算通常由销售收入预算、销售成本预算、营销费用预算三个部分组成。主要支出项目是营销费用。在调研中，企业提及较为具体的营销预算包括：针对各个客户的维护和发展预算、专业展览会、研讨会、渠道酬金、运输费用、销售奖金、促销费、业务招待费、差旅、财务费用、管理费用、其他与销售直接相关的费用等。

调研显示，与营销预算相关的风险点集中在以下四个方面：一是预算的有效性低。表现为营销预算缺乏灵活性，导致面对多变的市场环境，营销功能软弱无力；公司无法直接评价营销预算变化所带来的业务的变化；营销预算规划的目标设定太高，以致在业务员具体执行的时候无法完成，导致月月考核不达标，收入下滑，积极性低落，人员流失率居高不下，团队信心丧失；管理层采取强势方式的"数据硬压"，使得预算无的放矢。二是预算导致企业资产流失。表现为超预算现象；社会渠道套取现金；营销预算规划的内容被偷梁换柱，规划的费用科目清晰，但具体操作的时候往往被操作人以市场需求的理由将之随意转变成另外的费用支出，使得公司在具有战略意义上的投入不足，影响品牌形象和后期销售收入的提升。三是营销与销售矛盾突出。由于基于营销预算的营销活动先行，销售业绩后验营销绩效，从而造成在企业里营销为投入角色（绩效劣势）和销售为产出角色（绩效优势）。四是营销调研预算缺失。

（七）营销规划过于倾向重点客户

企业通常每三年编制一次战略措施滚动规划，每年制订年度营销规划。规划通常需要月考核、季考核、大客户考核来确保其实施进展。在营销规划方面存在两个突出问题：其一是战略性营销规划不足，过多关注短期操作；其二是战略营销目标科学性不足。比如越来越多的公司在制订营销计划时主要聚焦现有的重点客户（KAP），有的公司甚至根据 KAP 的历史表现提出年度营销计划。其结果一方面造成潜力客户群在营销规划中缺失；另一方面对 KAP 的市场预测不足，形成规划层面的战略失误。公司的战略营销目标往往缺乏可行性和有效性论证。上述结果的原因之一，与大型国企特别是央企高管职业生涯规划保障体制包括轮岗制度有关。

（八）营销风险管理意识淡薄

对营销风险的把控是企业营销管理的主要内容。调研显示，企业家认为的营销风险主要有：营销信用风险、信息管理风险、营销组合策略风险、全员营销理念缺失风险、营销预算管理风险和风险意识缺失风险。营销信用风险主要来自商业合作伙伴，表现为客户套利、代理商和其他渠道商套取酬金；代理信用低而造成的企业坏账；交易对方的合同执行风险。信息管理风险和营销预算管理风险在本部分第二点和第六点有论述。营销组合策略风险是由于产品策略、定价策略、渠道策略和促销策略的不适宜导致的市场风险。全员营销理念缺失风险来自企业内部员工对市场营销职能的认同，许多企业还普遍存在重销售、轻营销的现象。而风险意识缺失风险则是企业营销风险管理的难点，如果没有风险管理意识，自然就不会有风险管理职能本身。

此外，傅升和梁嘉骅（2005）指出，现代企业营销风险还表现为：以关系的建立取代产品的推广和以市场的开发取代市场占有。前者是因为市场权力向顾客的转移使得企业不得不将营销的重心移向与关键客户的利益关系维系，但是，关系的维系是有条件的，必须是长远意义上的利益关系。

企业营销的本质在于为客户创造"附加价值体验"优势。而这种优势是建立在产品与服务的有效整合基础之上的。此外，开发市场是营销之动态、活力和创造力的表现，是营销回报的条件，市场占有率要与营销回报成正比，是营销的结果。处理不好上述因果关系，营销将面临市场风险和投资回报风险。

二、国有企业推进营销管理现代化的对策

针对目前国有企业特别是中央企业营销管理中面临的问题，为使企业的发展能够适应市场发展的战略要求，有效参与国际竞争，本书结合以上分析和研究提出如下营销管理建议。

（一）以战略营销管理的思维开拓市场

战略营销管理就是要着眼于市场营销的发展大趋势，考虑市场的开拓和企业盈利问题，这是实现企业可持续发展的前提。市场的主动权将由客户掌握，企业的核心竞争力将基于客户价值感知、创造和提升来打造。为此，企业战略营销管理应该重视以下5点建议：①建立客户驱动型的组织管理和支持结构；②遵循良好的营销伦理规范，以在客户心目中获得良好的企业形象；③树立与利益相关者共赢的价值观；④营销战略应与社会发展、人类文明、保护环境、造福后代等社会责任相一致；⑤要做好市场国际化的思想准备，具备国际市场营销管理的理念、素质和能力。

（二）培养战略品牌管理的能力

战略品牌管理包括两个层面的品牌管理工作：近期的品牌资产管理和远期的企业品牌管理。产品或服务品牌管理的核心是品牌资产。可以看到，那些位居一线的世界级卓越品牌的资产远远大于没有品牌作用的一般产品价值。品牌资产的核心是客户资产，而客户资产管理是基于对客户需求信息的掌握。因此，企业应该进行有效的客户资产管理，建立和不断完善客户需求等客户资源信息数据库，以支持企业的客户关系管理。有效的客户关系管理，将提升客户满意度和客户忠诚度，并为提升企业品牌资产创造有利条件。

企业品牌化是企业品牌建设的方向。整合企业的一切优势和价值，包括与产品组合相匹配的品牌价值，展示企业综合竞争优势，最终将会以企业品牌体现。

（三）加大研发投入，打造企业核心竞争力

事实证明，产品的研发能力不足，削弱了央企的核心竞争力。企业家应该有脚踏实地练真功夫的担当。企业的研发投入应该达到行业平均水平或之上，这当然要参考那些优秀的在华外企和合资企业。从自主品牌建设角度出发，没有产品的技术诀窍和领先优势，品牌建设将丧失其最基本的价值基础，即产品本身的价值。

（四）建立或完善营销信息系统以有效支持营销管理决策

企业应该配置 ERP 系统，建立或完善营销信息系统（MIS），连接 CRM 信息管理系统等必要的分类信息管理系统，并使企业信息系统建设坚持以企业决策支持特别是营销决策支持为导向。考虑到企业在信息系统使用和管理中存在的普遍问题，每个企业有必要根据本行业、本企业、市场、客户的特点，对 MIS 系统进行优化改造，简化信息录入等基本操作方法，规范信息使用权限，降低系统维护或更新成本，提升决策支持效率，满足与合作伙伴信息共享的要求，使 MIS 能够充分发挥其基于海量市场信息的营销决策支持工具的作用。

（五）建立或完善营销风险防范机制

央企应该在企业内部控制基本规范的基础上，建立或完善风险防范机制，特别是营销风险防范机制。该机制的建立应该基于以下工作：对营销管理特别是销售管理中主要业务内容的界定和业务流程的编制；对流程中可能重要风险点的诊断或预测；核查或建议匹配的政策，使风险防范机制有相应的政策文件支持，这些政策文件包括《公司授权管理程序》《财务计划预算和预测》《保密协议》《信息安全政策》《奖惩管理程序》《公司福利管理程序》《信用政策》《退货管理》《询价及确定货源流程》《保险管理程序》《发货管理程序》《安全保卫》《销售台账》等；考虑制衡因素。销售管理的内控管理程序建议包括：销售计划的编制、销售台账建立程序、发货申请及批准程序、发货运输管理以及销售人员工作日志管理等。特别地，关于如何解决现金和应收账款的管理问题，基于本书被访问企业经理人的经验，建议企业首先要制定严格的销售收款流程和政策，明确对销售业务相关人员的授权，强化质量管理，严格检查销售合同条款执行情况，强化财务监控，定期或随机由财务和内控人员与客户财务对账，并形成对账盘点制度化，双方财务部门建立直接联系，加强承兑汇票等票据管理。严控业务人员收取客户现金。在开发新客户前，提前进行客户的资信审核评估，强化信用管理，严格执行信用政策，购买信用保险。检查销售人员工作日志，建立销售台账，对销售人员定期轮岗培训。销售部门和公司公章应统一保管，建立使用授权登记制度。此外，企业应该严格客户或代理商的信用证付款制度，对大客户直销应通过电子办公系统落实。

（六）营销投资回报财务指标化

现代营销管理的理性思维在于营销职能下的价值管理，营销的投入与产出或投资与回报无疑应该落实到企业的财务报表上，因此，建议企业从现在开始就着手营销绩效的财务指标化研究和实践。企业要理性地思考营销预算的盈利能力度量问题、顾客资产带来的企业资产价值度量问题等。鉴于营销管理的核心是"价值预期"管理，那么价值预期理所应当地要落实到公司的财务指标上。

第八章 国有企业科技创新管理现代化

党的二十大报告阐明了中国式现代化的内涵、本质要求和重要特征。中国式现代化关键在科技现代化，如果国家缺少科技创新，就不会成为创新型国家；企业没有科技创新，就很难成为世界一流企业。2023 年 4 月 21 日，中央全面深化改革委员会审议通过《关于强化企业科技创新主体地位的意见》，明确提出企业是科技创新的主体，企业在科技创新体系中发挥核心作用。

加快发展新质生产力，是新时代国有企业推动经济高质量发展的战略谋划，是落实中央决策部署的使命责任，也是企业自身发展的迫切需要。国有企业，特别是中央企业，是我国经济的脊梁和命脉，要进一步加深对世界经济形势严峻性的认识，明确所应肩负的科技创新责任和使命，紧紧围绕企业核心能力打造和科技创新的体系建设，加快实现国有企业科技创新管理的现代化。

在科技创新中，企业扮演着将新科技由"发明"到"创新"的转化者、将新科技由实验室走向市场的推手、实现科技创新价值化的核心，并为科技创新进一步的发展提供激励。企业的科技创新工作是一项涉及多部门、多环节的系统工程，必须建立一套完善高效的管理体系。

实现国有企业科技创新管理的现代化，深入实施创新驱动发展战略，更好地发挥包括国有企业在内的企业科技创新主体作用，加快发展新质生产力，推动企业高质量发展不断迈上新台阶，将是国有企业的重大战略目标和核心任务之一。

第一节 科技创新管理现代化的内涵

一、科技创新管理的内涵

（一）科技与创新

"科技"（technology）一词最早由希腊文 techne（艺术、手工艺器）和 logos

（词、言语）组成，意味着既是好的又是有用的。17 世纪，technology 开始出现在英文中，主要用来讨论艺术应用。20 世纪以后，其内涵迅速扩展，开始包含方法、工艺、思想以及工具和装备等，人们逐渐认同的定义是"人们力求改变和控制其环境的各种手段和技能"。"科技"实际上是一个非常宽泛的概念，它既包括人们基于对客观规律的认识而发现创造而成的各种物质材料、生产工具、加工方法、工艺流程、劳动技能和诀窍及其他"硬"科技，也包括生产实践经验、自然科学原理以及适应现代劳动分工和生产规模等要求的对生产系统中人、财、物、信息等所有资源进行有效组织与管理的知识经验与方法等"软"科技。其中，"硬"科技直接用于劳动和生产，服务于人们的生活，是人们所重视的科技，人们所说的"科技"通常就是指这种硬科技。

"创新"是 1912 年之后频繁出现的一个概念。在人们的习惯中，这一概念首先意味着先进设备或工艺的发明、引进，以及传统工艺的改造、提升。在现代经济的发展中，创新有着更广泛、更深层次的含义。熊彼特认为，创新的五种基本类型是开发新产品、采取新的生产方式或新工艺、开辟新市场、取得或控制原材料或半制成品的一种新的供给来源、形成新的产业组织方式或企业重组。经济学意义上，我们更多地认为创新是企业家向经济中引入的能给社会和消费带来价值追加的新东西，这种东西以前从未曾从商业的意义上引入经济中。

因此，企业科技创新是指创造和应用新知识、新技术、新工艺，采用新的生产方式和经营管理模式，开发新产品，提高产品质量，提供新服务的过程。这个过程包含了科学研究的新突破，以及将这些科研成果转化为实际应用的创新行为。通过科技创新，可以推动社会进步、提高生产效率、提高生活质量、增强国家竞争力，并且能够引发产业变革和经济结构的调整优化。

（二）科技创新管理

科技创新管理是指在科技创新活动中，对创新过程进行计划、组织、协调、控制和评价的一系列管理活动。科技创新管理运用先进的管理理念和方法来推动和管理创新活动，使其成为推动企业转型和发展的重要力量。

这里有必要区分"科技管理创新"与"科技创新管理"两个概念。"科技创新管理"突出对科技创新活动进行有效的管理和引导，注重如何更好地组织、协调和推动科技创新工作，包括设定创新目标、规划创新路径、整合创新资源、评估创新成果等，以实现科技创新的有序发展和价值最大化。"科技管理创新"强调的是对科技管理这一领域或过程进行创新，侧重于通过新的理念、方法、模式等改进科技管理本身，以提升科技管理的效率、效果和适应性，如采用新的项目管理方式、资源分配策略等。科技管理创新的内容更多地表现为科技创新管理现代化的核心内容。

随着数智时代的来临，科技创新管理更是成为企业发展的重中之重，其管理模式和方法也面临着转型，需要不断更新理念和手段，以符合企业转型和发展的需要。未来的科技创新管理至少面临着 5 个方面的挑战。

（1）跨领域融合：科技创新将越来越多地涉及多个领域的知识和技术，跨领域融合将成为创新的重要途径。

（2）数据驱动创新：随着大数据、人工智能等技术的发展，数据将成为创新的重要驱动力。企业将更加注重数据的收集、分析和利用，以挖掘潜在的创新机会。

（3）开放创新：企业将更加注重与外部合作伙伴的合作，通过开放创新模式，整合内外部资源，加速创新进程。

（4）可持续发展：可持续发展将成为科技创新的重要考量因素。企业将更加注重研发环保、节能、低碳等技术和产品，以满足社会对可持续发展的需求。

（5）以人为本：科技创新将更加注重人的需求和体验，以提高产品和服务的质量和满意度。

因此，未来科技创新管理将更加注重跨领域融合、数据驱动、开放创新、可持续发展和以人为本等方面的管理策略，以适应快速变化的市场环境和社会需求。

二、企业科技创新管理现代化的内容与原则

（一）企业科技创新管理现代化的内容

企业管理现代化是指企业适应现代生产力发展水平的客观要求，按照市场经济规律，积极运用现代经营的思想、组织、方法和手段，对企业的生产经营进行有效的管理，使之达到或接近国际先进水平，创造最佳经济效益的过程。其内涵包括管理思想现代化、管理组织现代化、管理方法现代化、管理手段现代化、管理人员现代化、管理文化现代化六个方面，这六个方面是密切联系、互相促进、缺一不可的，它们构成了一个统一的整体。其中管理思想是根本，管理组织是保证，管理方法是手段，管理手段是工具，管理人员是关键，管理文化是基础。作为企业核心职能之一的科技创新，其管理现代化的基本内容至少包括 8 个方面的主要内容。

（1）战略规划现代化：制定具有前瞻性、适应性和灵活性的科技创新战略，能准确把握科技发展趋势和市场需求变化。

（2）资源配置现代化：实现对人力、资金、技术等资源的高效、合理配置，确保资源向重点创新领域和项目倾斜。

（3）项目管理现代化：采用先进的项目管理理念和方法，如敏捷管理等，保障创新项目的有序推进、质量控制和风险管控。

（4）协同创新现代化：建立完善的内外部协同机制，促进不同部门、企业、科研机构之间的深度合作与知识共享。

（5）成果转化现代化：建设高效的科技成果转化体系和渠道，加速成果从实验室走向市场应用。

（6）人才管理现代化：构建科学的人才培养、引进、激励和评价体系，吸引并留住优秀科技创新人才。

（7）技术监测与评估现代化：运用先进的技术手段对科技发展动态进行实时监测和准确评估，以便及时调整策略。

（8）创新文化现代化：营造鼓励创新、宽容失败、开放包容的创新文化氛围，激发员工的创新热情和创造力。

科技创新催生新产业、新模式、新动能，是发展新质生产力的核心要素。从人类历史上历次重大科技进步，到近年来的互联网、大数据、人工智能等前沿领域的发展，无一不是由新技术催生新产业，进而形成新的生产力的表现。在激烈的国际竞争中，我们要开辟新领域、新赛道，塑造新动能、新优势，根本上要依靠科技创新。

（二）科技创新管理现代化的原则

科技创新管理的现代化意味着运用现代的理念、方法、技术和机制，使科技创新管理更加适应经济社会发展的需求，推动科技创新的持续发展和突破。因此，科技创新管理现代化必须坚持10条基本原则。

（1）战略导向原则：以明确的科技创新战略为指引，确保所有管理活动符合战略方向。

（2）系统性原则：将科技创新视为一个复杂的系统，统筹考虑各要素之间的关系和相互作用。

（3）以人为本原则：充分重视科技人才的核心作用，激发他们的积极性和创造力。

（4）开放合作原则：积极开展对外合作与交流，整合多方资源提升创新能力。

（5）动态适应原则：能够根据科技发展趋势和市场变化及时调整管理策略和方法。

（6）效益优先原则：注重科技创新成果的转化和应用，追求经济、社会等多方面效益的最大化。

（7）风险管控原则：有效识别和应对科技创新过程中的各种风险。

（8）持续创新原则：营造持续创新的氛围，推动创新活动的不断深入和拓展。

（9）数据驱动原则：依靠数据分析来进行决策和优化管理流程。

（10）质量保障原则：确保科技创新的质量和可靠性。

企业是产业体系核心构成单元和国家创新体系核心主体，相比其他创新主体，具有离市场最近、对市场需求反应最灵敏、场景痛点把握最全面、适应市场需求进行创新的愿望最强烈、对科技创新成果转化和产业化的机制最灵活等突出优势。作为国家创新体系中科技创新主体的企业，特别是国有企业实现科技创新管理的现代化，成为现在和未来打造世界一流企业的核心任务。

第二节　科技创新及其管理体系理论综述

一、国外学者对企业创新的研究

（一）熊彼特的创新理论

创新的理论化最初可追溯至约瑟夫·熊彼特（Joseph A. Schumpeter）的创新理论。他在其著名的《经济发展理论》中首先结合经济发展，提出了"创新"的概念。他认为，创新是企业家把一种生产要素和生产条件的"新组合"引入生产体系，并通过市场获取潜在的利润，推动发展的活动和过程。熊彼特将创新的主要形式归结为五个方面：一是采用一种新的方法；二是创新一种新的产品；三是开辟一个新的市场；四是取得或控制原材料或半制成品的一种新的供应来源；五是实现任何一种新的产业组织方式或企业重组。进一步地，他对发明与创新加以区分，他认为"先有发明，后有创新""发明是新工具或新方法的发现，创新是新工具或新方法的实施""只要发明还没有得到实际的应用，那么在经济上就是不起作用的"。就"企业家"与"创新者"而言，熊彼特指出，创新能产生动态的经济运动与经济发展，企业家的首要职能是创新，企业家是企业的经营者，但企业经营者不一定是企业家。企业家必须要有眼光，能看到别人不一定看得到的潜在的利润；具有能抓住机遇的敏锐性，企业家"为了他的成功，更主要地与其说是敏锐和精力充沛，不如说是某种精细，它能抓住眼前的机会"；企业家要有胆量，敢于冒风险；企业家要有组织能力，不仅能动员和组织企业的内部资源，还能够组织利用外部资源来实现创新。

（二）彼得·德鲁克对创新的阐述

彼得·德鲁克在《创新与企业家精神》中指出创新是企业家精神的特殊手

段，创新本身创造了资源，创新行动赋予资源一种新的能力，使它能够创造财富，只有当人类在自然界中发现了某个东西的用途，并赋予它经济价值，这个东西才成为资源。他认为，系统的创新即指追踪创新机遇的七大来源，前四大来源存在于企业内部，后三种来源涉及企业或工业外部的变化。一是意外之事——意外的成功、意外的失败、意外的外在事件。二是不一致之事——现实与设想或推测的不一致基于程序需要的创新。三是每一个人都未注意的工业结构或市场结构的变化，包括：人口统计数据（人口变化）；认知、情绪及意义上的变化；新知识，包括科学和非科学的。七个创新机遇来源的界限并不分明，彼此之间有相当多的重叠部分。它们好比是七扇位于同一个建筑物不同方向的窗口，每一扇窗口展现的一些景色也可以从邻近窗口看到，但是从窗口中心看到的景观却互不相同。

（三）弗里曼等对创新企业的认识

弗里曼等（Freeman, et al., 1997）对创新成功的企业进行了研究，并归纳出具有创新精神的企业有以下 10 个特点：①企业研发能力强；②利用专利进行保护，与竞争对手议价；③从事基础研究或相近研究；④研发时间比竞争对手短；⑤企业规模较大，且长期资助研发；⑥愿冒高风险；⑦培养客户，关注潜在市场；⑧善于发掘潜在市场；⑨有使研发、生产与销售相互协调的企业家精神；⑩保持和客户与科学界的联系。

（四）克里斯坦森的颠覆式创新理论

克里斯坦森在《创新者的窘境》中提出了颠覆性创新理论，认为创新有两种类型：持续性创新和颠覆性创新。持续性创新是指在现有市场和技术基础上进行的改进和优化，旨在满足现有客户的需求和提高产品或服务的质量和性能。颠覆性创新则是指通过引入新的技术、产品或服务，打破现有市场的格局和规则，创造新的市场和需求。颠覆性创新是一种重要的创新模式，它能够打破现有市场的格局和规则，创造新的市场和需求。

二、国内学者对企业创新的研究

（一）对企业创新进行的系列研究

傅家骥（1998）对当时国外创新研究的发展作了基本论述，对我国当时国有企业技术创新对经济发展的作用、国有企业技术创新的障碍等方面进行了研究。他认为，在根本性的产品或工艺创新出现之后，还必须有一系列后继的渐进性创新并形成新群，从而引起新产业的成长与老产业的再生和衰亡。

（二）对企业技术创新及其持续性的研究

夏保华（2006）对企业持续技术创新的概念、本质、动因进行了分析，提出了企业持续技术创新是由两个阶段（技术家族创新阶段与战略技术创新阶段）组成的经过多次循环往复的过程以及企业持续技术创新的四个动因：①技术演化的周期兴衰推动企业持续技术创新；②激烈的技术创新竞争迫使企业持续技术创新；③持续技术创新经济诱使企业持续技术创新；④持续技术创新是现代企业制度的必然要求。他还指出，企业持续技术创新管理是企业从持续发展角度、从战略高度动态地、系统地计划、组织、领导和控制技术创新流的过程。技术创新持续性的内容包括技术创新对后续技术创新的推动作用、拉动作用、支持作用、衍生作用、示范作用和渗透作用。技术创新持续性因素包括技术创新机会、技术创新学习、技术创新资源共享、技术创新收益以及企业家精神五个方面；技术创新持续性的阻碍因素包括转换成本、成功心理、技术、经济极限以及技术范式转换五个方面。

（三）对标世界一流的技术创新管理体系

从 2010 年开始，国务院国资委提出，做强做优中央企业、培育具有国际竞争力的世界一流企业是一项长期性、战略性的目标任务。

德勤华永会计师事务所在 2013 年出版的《对标世界一流企业——做优做强管理提升之路》中，提出了世界一流企业创新管理的体制与系统模型，指出国有企业创新管理的 4 个步骤及 5 种战略。创新管理分为创新项目收集、创新项目筛选、创新的商业化、成果的利用 4 个步骤；5 种战略包括激发内部员工、延展固有创新、邀请合作伙伴、开展行业创新、提供开放平台。国有企业利用外部产业链合作伙伴创新，为企业提供了定量与定性两个维度在创新与研发管理上的竞争力。

三、企业创新动力理论的启示

企业的创新动力问题是科技创新管理现代化的核心要素，国内外学者做了大量的研究，主要有以下几种观点：

（一）企业家精神（技术）动力说

熊彼特认为，创新的原动力来自企业家精神和企业对超额利润的追求，一个现代企业，其首先要做的事情就是建立一个研究部门，每个成员都应该知道他的面包和黄油都取决于他们所发明的成功的改进方法。这一观点被概括为熊彼特的大企业创新模式。这个模式反映了技术创新来自企业内部的创新部门，技术创新的成功使企业获取了超额利润而不断壮大，并形成暂时的垄断。

（二）市场动力说

施穆克勒（Schmookler，1966）打破了技术推动理论的核心地位。他在《发明与经济增长》一书中研究和分析了 1884~1950 年美国铁路、石油冶炼、造纸业、农业机械与部分消费品工业部门的专利和投资情况，得出了市场成长与市场潜力是发明活动速度与方向的主要决定因素的结论。施穆克勒认为，市场需求推动技术创新，他强调经济因素对发明和技术创新的影响。

（三）技术—市场双向动力说

罗森伯格（2004）从经济特性与技术特性方面进行了更深入的研究，他指出，"作为基本的、演进的知识基础的基础科学技术同市场需求的结构一道，在创新中以一种互动方式起着核心作用。忽略任何一方面都将导致错误的结论和政策"。他将需求拉动与技术推动论有机地结合起来，认为发明活动由技术与需求共同决定，需求决定了创新的报酬，而技术则决定成功的可能性及成本。

（四）社会需求—资源论

斋藤优（1985）提出了"社会需求—资源"关系作用模式。他认为，技术创新的动因在于社会需求和资源之间的矛盾或瓶颈，即当社会提出某种技术要求或某种产品需求，而现有的社会资源满足不了需求时也就产生了需求和资源之间不相适应的瓶颈现象。

（五）内外动力说

段云龙等（2016）认为，企业创新动力来自企业的内部动力要素和外部动力要素，企业内部动力要素就是企业的制度结构，它包括非正式制度结构（包括企业家创新精神、企业家创新意识和企业创新文化）和正式制度结构（包括企业产权制度、企业家接任机制以及研究部门的制度化和内部化）。他们指出，企业内部动力要素促使企业不断地追求社会效益和经济效益，从而产生创新的动力。外部动力要素强调科技发展以及国家和区域创新系统对创新的推动作用。

四、科技创新管理体系模式理论

科技创新管理体系是企业将企业科技创新动力和能力转化为创新成果，并最终实现企业经济目标的一个包含文化、理念、结构、制度、激励等内容的"硬件+软件"的复杂系统。关于企业科技创新管理的组织结构和管理模式，主要有以下研究结论：

（一）"过程体系"理论

李相银和杨亚平（2002）以不同科技创新活动类型，将企业科技创新管理体系划分为两阶段，按照科技创新的两个主要阶段构建管理体系，形成了一种"过程体系"。企业创新体系表现出两个较明显的阶段或运行中心：第一个以创新搜寻与选择系统为中心，主要根据外部环境、动力系统及信息系统的要求解决创新什么的问题；第二个以创新过程系统为中心，主要利用方法系统、能力系统和支持系统提供的条件解决如何创新的问题。

（二）"阶层体系"理论

杜宏巍和张东生（2004）围绕创新管理体系的功能构建了"阶层体系"，按创新的主体构造分析模型从主体与机制两个切入点，共建了一个以企业组织阶层为基础的科技创新管理体系。"阶层体系"将创新主体划分为个人、部门和公司（总部）三个层次，并依次建立三者的动力机制、激励机制、约束机制、支撑机制和运行机制五种机制。

（三）"四要素"体系理论

连燕华（1999）将企业技术创新体系建设与管理划分为四个基本要素，即组织、规则、资源、决策四大系统。组织系统是企业进行技术创新的硬件结构，是技术创新得以进行的基础。规则系统是由与企业技术创新活动有关的各种策略、文化、原则、规定、程序和行为规范等共同构成的，是企业技术创新活动得以进行的舞台，是技术创新的"游戏法则"。资源系统是企业技术创新体系的血脉，由技术创新资源的筹集、分配以及技术创新资源使用效率的监控等子系统构成。决策系统是由企业的技术创新决策活动以及与决策活动有关的机构所组成的有机系统，具有完整的结构。

（四）全球化创新系统理论

世界上一些跨国公司的技术创新组织系统已经实现了全球布局。苹果、微软、IBM、特斯拉等跨国公司都已经形成了网式的创新组织结构。跨国公司分别在北美、欧洲、日本、中国、印度等国家和地区设立了若干个直属总部的研究院，组成了全球化的创新网络，支撑着跨国公司在全球的经营活动。在大型企业集团网络模式的技术创新组织系统中，根据需要建立星式的子网，既是其全球研发网络系统中的重要节点，又是跨国公司布局在特定区域的一个具有星式结构的中心位置的机构，这些研究机构往往又与所在地的高等学校、科研院所和企业建立了一批联合研究中心，以最大限度地吸收当地的科技资源与信息。这种网式与星式两种组织模式的结合体现了大型企业技术创新组织系统的灵活性。

国有企业科技创新必须建立在与自身发展相适应的科技创新组织结构、功能体系和相关的制度保障的基础之上，形成一个可持续的科技创新管理体系。

第三节　国内成功企业的案例研究与经验启示

一、华为公司

（一）背景

华为技术有限公司成立于 1987 年，总部位于中国广东省深圳市，是全球领先的 ICT（信息与通信）基础设施和智能终端提供商。华为公司共有 20.7 万员工遍及 170 多个国家和地区，为全球 30 多亿人口提供服务。

华为致力于把数字世界带入每个人、每个家庭、每个组织，构建万物互联的智能世界。让无处不在的连接，成为人人平等的权利，成为智能世界的前提和基础；为世界提供多样性算力，让云无处不在，让智能无所不及；所有的行业和组织，因强大的数字平台而变得敏捷、高效、生机勃勃；通过 AI 重新定义体验，让消费者在家居、出行、办公、影音娱乐、运动健康等全场景获得极致的个性化智慧体验。

2023 年华为技术公司实现销售收入 7042 亿元，研发费用支出为 1647 亿元，占全年收入的 23.4%。自 2010 年以来，华为坚持每年将 10% 以上的销售收入投入研究与开发，近十年累计投入的研发费用超过 11100 亿元。截至 2023 年 12 月 31 日，研发员工约 11.4 万名，占总员工数量的 55%；华为在全球共持有有效授权专利超过 14 万件。

（二）科技创新实践与管理经验

华为作为国内优秀科技制造企业的代表，在科技创新管理方面一直走在国内企业的前列，是把国际先进管理理论与中国企业实践相结合最成功的企业之一，构建了全球独一无二、具有中国特色和国际理念的现代企业管理制度。吴晓波教授认为华为公司发展历程符合后发企业以追赶到超越追赶再到国际引领的路径特征，即伴随着技术创新的持续进步，同时也伴随着商业模式的持续创新，华为公司实现了在技术创新与商业模式双轮驱动下的持续高质量发展。

1. 追赶阶段的华为：技术创新与商业模式构建

创业初期，华为从小型用户交换机代理业务开始，经过散件组装低端用户交换机、模仿生产小型用户交换机，到自主研发 2000 门数字局用交换机，再到成功推出拳头产品 C&C08 万门数字局用交换机。这一阶段，华为的主要战略目标是活下来，技术创新主要是以模仿和重组为主，即在模仿和重组的基础上，逐渐实现技术积累，并最终走向技术和产品的自主研发。在商业模式上，初创期的华为无法和国际大公司正面竞争，于是选择了竞争压力相对较小的农村市场；没有实力像国际大公司那样布局代理渠道，于是选择了直销的模式来进行市场拓展，即在全国各主要省会城市设立分公司，直接面向客户销售。该模式的优势：一是可以直接面对客户，及时发现市场机会、快速响应客户需求，提升市场占有率；二是可以及时发现产品问题并快速解决问题，从而弥补产品和技术方面的缺陷。在客户需求的推动下，华为的技术创新也得到了快速积累和提升。

这一阶段的华为，可以说是边研究技术，边开拓市场，边开发和改进产品。就这样，在技术创新和商业模式创新的共同推动下，经过多次的失败和艰苦努力，华为终于在技术上有了较大提升，1993年，华为成功推出C&C08系列局用数字交换机，实现了技术、资金和市场的快速积累。1997年，华为推出无线GSM解决方案，随后开始从农村市场走向城市市场，实现了从农村到城市的第一次战略转型。

2. 国际引领阶段：超越追赶的技术创新与商业模式创新

进入城市市场的华为，继续坚持技术和产品研发方面的大力投入。经过多年高强度的技术和产品研发投入，华为在2G、3G技术方面取得持续突破，与世界一流企业的技术差距逐渐缩小，成功进入国内主流市场，并开始走向国际市场。2003年，华为全球首创3G分布式基站；2004年，华为开始4GLTE标准化工作。随着5G技术研发工作的推进，华为技术创新从顶层应用技术开发逐渐延伸到基础技术开发领域，2012年实验室的建立是华为进入基础技术研究的关键里程碑。

技术创新的进步同样推动着华为商业模式创新的进步。进入国际市场以后，简单的通信设备销售已经无法满足国内和国际客户的需求，华为开始从通信设备销售商向通信技术解决方案提供商转变。在市场开发上，华为选择通过参加国际化展会、在海外设立办事处、营销中心等形式，积极开拓海外业务。同时，为了更好地服务国际化大客户，华为持续加大技术投入，通过引进国际先进经验、国际一流人才、国际先进技术，在海外设立研发基地、技术中心等措施，持续提升技术开发能力和产品开发能力。从华为的发展可以看出，企业的持续进步是技术创新和商业模式创新在不同的阶段相互促进、共同作用的结果。

3. 数字经济时代的原创商业模式：数字生态建设

工业经济时代，华为的商业模式是基于"硬件产品+软件产品+服务"的价值创造循环。数字经济时代，质量的底层逻辑发生了改变，从零缺陷变为零距离。只有抓住质量零距离的本质并不断追求传统制造的零缺陷，才能实现增长方式的动力变革、质量变革与效率变革。进入数字化时代的华为，在5G技术方面处于全球引领地位。其在MWC2018大展上发布的首款3GPP标准5G商用芯片巴龙5G01和5G商用终端，支持全球主流5G频段。在5G标准必要专利技术方面，2020年1月的统计数据显示，华为以3147项专利位列全球第一，华为Polar码成为5G国际标准。

在商业模式创新方面，伴随着移动通信和数字技术的发展，华为的业务从单一的以运营商业务为主，转向云管端一体化发展。在终端产品上，华为手机业务采用了自建线上电商平台+线下渠道代理的线上线下相结合的销售模式；在运营商业务上，华为顺应5G核心网演进趋势，从电信级5G专网走向工业级5G专网，从集中的电信云走向分布的移动计算网；在企业业务方面，华为通过信息与通信技术基础设施建设，为企业提供企业网络、统一通信与协作的成品和服务。2021 年，华为开始成立行业军团，并设立生态经理角色，整合数字产业上下游资源，打造数字化网络生态。未来，华为将以"行业军团+铁四角交付"模式更好地服务不同领域的企业网客户。

数字经济时代，华为商业模式最大的亮点是数字化生态建设。为了更好地以客户为中心、为客户创造价值，华为引入了 IBM 的数字流程变革，通过质量部与流程 IT 部的合并，将质量工作融入数字流程中。质量流程 IT 的使命是支撑公司战略和业务发展。一方面通过数字规则影响质量评价规则，使软件、硬件、服务三位一体，全面提升质量效益。另一方面，通过全面数字生态体系建设，与产业上下游企业共同搭建数字生态系统，在客户端实现质量零距离，更好地提升客户体验以及个性化产品和服务质量。同时，华为还通过在供应端提升工程规模和先进程度，进一步推动质量从零缺陷走向零距离。

（三）启示

华为公司科技创新管理经验集中体现在创新战略、组织架构、研发投入、项目管控、管理创新、企业文化六个方面。在创新方向上，华为制定了清晰的创新战略，注重研究和市场需求的整合，将创新重点放在前沿科技上，通过提升用户体验和满足客户需求来驱动创新。在创新组织架构上，华为建立了灵活高效的组织结构，各个业务部门设有研发团队，同时成立了中央研发机构。在项目执行层面，实施矩阵管理结构，增加跨部门合作的弹性，有助于资源的有效配置和充分利用。在研发投入方面，华为以 10% 以上的研发强度持续投入，不仅在硬件研发上投入巨大，在软件、服务和业务流程创新上也同样重视。华为还与外部的学术机构、科研单位以及多个国际标准化组织紧密合作。在项目管控方面，华为公司关注效率，对创新项目的执行情况进行严格监督，使用成熟的项目管理流程和工具，注重项目风险管理，对项目团队成员执行严格的绩效考核。在管理创新上，华为公司不断探索和优化，在管理上推行了 Huawei Integrated Product Development（IPD）和自研的目标责任体系（Integrated Financial Management）等创新方法，提高了决策效率和执行力。在企业文化方面，华为重视创新文化的培养，强调"客户为中心、奋斗者为本"的企业精神，提供激励措施，营造良好的创新氛围。同时，华为重视知识的共享和团队间的协作。这些因素共同促进了华为公司的科技创新管理，使其在全球信息通信技术领域取得了显著成就。

华为公司的技术创新管理经验为国有企业技术创新管理现代化提供了技术创新与商业模式创新双轮驱动的经典案例。

二、中车集团

（一）背景

中国中车股份有限公司（中文简称"中国中车"，英文简称缩写为"CRRC"）是经国务院同意、国务院国资委批准，由中国北车股份有限公司、中国南车股份有限公司按照对等原则合并组建的 A+H 股上市公司。现有 46 家全资及控股子公司，员工 17 万余人，总部设在北京。

经中国证监会核准，2015 年 6 月 8 日，中国中车在上海证券交易所和香港联交所成功上市，中国中车承继了中国北车股份有限公司、中国南车股份有限公司的全部业务和资产，是全球规模领先、品种齐全、技术一流的轨道交通装备供应商。主要经营：铁路机车车辆、动车组、城市轨道交通车辆、工程机械、各类机电设备、电子设备及零部件、电子电器及环保设备产品的研发、设计、制造、修理、销售、租赁与技术服务；信息咨询；实业投资与管理；资产管理；进出口业务。

面向未来，中国中车将以融合全球、超越期待为己任，紧紧抓住"一带一路"和全球轨道交通装备产业大发展等战略机遇，大力实施国际化、多元化、协同化发展战略，全面推进以"转型升级、跨国经营"为主要特征的全球化战略，努力做"中国制造 2025"和"互联网+"的创新排头兵，努力把中国中车建设成为以轨道交通装备为核心，跨国经营、全球领先的高端装备系统解决方案供应商。

（二）科技创新实践与管理经验

中车集团始终将科技创新作为"头号任务"，勇当国家科技创新机制改革的先行者。国企改革三年行动以来，中国中车集团坚持三个"创新"、抓好三个"聚焦"、推进三个"优化"，不断优化科研体系，全面激发创新活力，获得国家专利奖金奖 5 项、银奖 7 项，发布国际标准 21 项，为壮大国家战略科技力量发挥了重要作用。

1. 坚持三个"创新"不断完善科研机制

创新项目立项模式。聚焦战略引领、突出市场导向，将自下而上申报转变为上下结合的科研立项新机制。近三年，中国中车集团部署前瞻基础共性技术项目 82 项、全局性项目 51 项、设立重大新产品研发项目 323 项。

创新"揭榜挂帅"模式。近年来，中车集团在轨道交通、数字化/智能化、碳达峰/碳中和、再制造等技术领域的 17 个研发方向、26 个项目、117 个课题全部通过"揭榜挂帅"确定牵头单位，有效激发了创新活力和潜能，其中一大批项目已取得重要阶段性成果。

创新协同研发机制。中车科学家牵头、多家子企业各有侧重，协同开展关键核心技术和重点产品研发创新，在高速列车、磁浮交通系统、碳纤维复合材料应用领域组建了 8 个协同创新团队，构建形成基于共同目标和资源共享、成果共享、风险共担的重大科技创新攻关机制，在避免重复研发、推动科技创新整体效能最大化方面取得显著成效。

2. 抓好三个"聚焦"打造科研管理示范

聚焦科技创新体系完善。制定实施《科技体制改革工作指导意见》《科技创新评价管理办法（试行）》等科研管理顶层规划和制度，重构"两纵两横一贯通"科技创新体系，推动形成"同一个中车"理念更加认同、自主创新特征更加显著、与研发创新规律更为契合的项目管理、协同研发、团队建设、人才激励、知识产权、标准化等制度体系，科技创新活动的系统性、整体性和协调性明显提升。

聚焦重大项目过程管控。成立重大科研项目管理办公室，实现指令快速响应，切实提高项目执行效率。推行立体矩阵式管理模式，以项目任务书节点计划为抓手，强化资源协同和过程管控，实现重点专项科学化、制度化和精准化管理。建立项目定期报告制度，及时掌握项目进展，有效提升项目过程管控质量。

聚焦重大成果产出。通过各类重大科技专项组织实施，目前中国中车集团正在推进的 74 个研发项目、365 个课题均按计划有力推进，其中在时速 600 公里高速磁浮系统、时速 400 公里可变轨距跨国互联互通高速动车组、时速 350 公里货运动车组、首列中国标准地铁列车，京张、京雄、京沪智能动车组，高原双源动车组，中老铁路"澜沧号"动车组以及大功率机车、重载铁路货车、货运动车组、城市轨道车辆等研发方面取得了一批举世瞩目的科技成果。

3. 推进三个"优化"全面激发创新活力

优化科技人才队伍。中国中车集团依托重大项目、重大工程等载体，结合协同创新机制，不断健全"团队+项目+人才"培养模式，优化评价机制，建设了一支由两名工程院院士领衔、20 名中车科学家为核心、3 万余名科技骨干为主体的科研人才队伍。在推进科技研发重要项目、重点工作的同时，培养出多名中车总部和各主机企业的技术高管，及一大批水平高、经验足的项目负责人，其中16 位项目/课题负责人成为行业领军人才。

优化科研文化氛围。制定实施《科研诚信管理办法》，营造诚实守信、严谨务实、崇尚创新、勇攀高峰的良好氛围。制定实施《科技创新容错管理机制实施办法》，倡导敬业、精益、专注、宽容失败的创新创业理念，将创新探索中出现的失误与玩忽职守区分开来，在依法合规守纪的前提下为科技创新"松绑解压"。

优化创新激励机制。用足用好工资总额单列、科技型企业股权和分红激励、混合所有制企业员工持股、超额利润分享等激励工具，对承担关键核心技术攻关的子企业实施工资单列，一次性对重大科技项目、创新团队、创新英才兑现奖励，充分激发员工想干事、干成事的热情。

（三）启示

中车集团科技管理创新给了我们六个方面的经验启示：一是完善科研体系，中车集团通过制定科研管理顶层规划和制度，重构科技创新体系，完善项目管理、协同研发、团队建设、人才激励、知识产权、标准化等制度体系，提升了科技创新活动的系统性、整体性和协调性。二是创新科研机制，中车集团采用了新的科研立项模式，将自下而上申报转变为上下结合，同时推行"揭榜挂帅"模式，激发了创新活力和潜能。此外，还建立了协同研发机制，实现了资源共享和成果共享。三是加强重大项目管控，中车集团成立了重大科研项目管理办公室，推行立体矩阵式管理模式，建立了项目定期报告制度，提高了项目执行效率和过程管控质量。四是优化人才队伍，中车集团依托重大项目和工程，结合协同创新机制，不断优化"团队+项目+人才"培养模式，建设了一支高素质的科研人才队伍。五是营造创新氛围，中车集团制定了科研诚信管理办法和容错管理机制实施办法，营造了良好的科研文化氛围。六是强化创新激励，中车集团充分利用各种激励工具，对承担关键核心技术攻关的子企业实施工资单列，对重大科技项目、创新团队和创新英才进行奖励，激发了员工的创新热情。

中国中车坚持自主创新、开放创新和协同创新，持续完善技术创新体系，不断提升技术创新能力，建设了世界领先的轨道交通装备产品技术平台和制造基地，以高速动车组、大功率机车、铁路货车、城市轨道车辆为代表的系列产品，已经全面达到世界先进水平，能够适应各种复杂的地理环境，满足多样化的市场需求。

第四节　国有企业科技创新管理现代化的对策与措施

基于创新管理理论的梳理和国内外先进企业的管理实践研究，可以认为，实现国有企业科技创新管理现代化的对策与措施，主要应该聚焦于三个方面：一是树立现代化的科技创新管理理念；二是构建现代化的科技创新管理体系；三是形成世界一流企业的科技创新能力。

一、树立现代化的科技创新管理理念

科技革命是创新现代化的主要推手。科技创新管理现代化的本质是实现科技现代化与产业现代化的交融与发展，企业作为科技创新的主体，通过技术创新、组织创新、文化创新等，不断创造新的财富、造福人类，不断优化生存空间、优化环境，保持与时俱进并引领时代发展的可持续发展状态。国有企业要实现现代化的科技创新管理，必须树立生态、前瞻、产业和效率理念。

（一）生态理念

科技创新管理现代化要有生态理念。国有企业科技创新现代化营造企业内外良好的创新生态，让创新的"种子"不断落地生根，形成参天大树与灌木丛林共生共荣的"热带雨林"式创新生态，在良好的创新生态环境下，让企业内外的创新主体如雨后春笋生长壮大，创新成果不断涌现。企业科技创新需要在各种创新群体之间及创新主体与创新环境之间，通过物质流、能量流、信息流的联结传导，形成共生竞合、动态演化的开放、复杂系统。没有良好的创新生态，企业的创新能力将会受到严重抑制。

（二）前瞻理念

科技创新管理现代化建设要有前瞻理念。国有企业科技创新管理现代化需要有更高层次的战略认知和全球视野，紧盯产业前沿和技术前沿，超前布局关键技术、未来产业，努力构造具有国际先发优势的科技创新战略布局。全球科学技术发展突飞猛进，正在重塑全球产业链、供应链、创新链、价值链，改变产业和经济竞争的赛场和规则。世界一流企业纷纷强化科技创新前沿领域和未来产业布局，加速集聚优势创新资源，加快推动颠覆性技术突破，加紧建立科技和产业竞争新规则，力图抢占新一轮竞争主动权。

（三）产业理念

科技创新管理现代化要有产业理念。科技创新管理现代化需要注重产业链的构建，以产业意识推动科技创新。中国不缺少任何一种工业门类，全产业链的特点有利于提高各个产业链的创新效能，这是中国企业发展的独特优势。完整的产业体系有利于构建以企业为主体的创新体系，能够降低产业链上下游企业创新成本，提高企业生产效率。中国产业呈现区域产业集聚的特点，极大地促进了区域内创新系统的形成，有利于创新要素在区域内更加快速地集聚并反过来推动创新。

（四）效率理念

科技创新管理现代化建设要有效率理念。国有企业的科技创新管理现代化要更加注重创新效率的提升，更加注重企业科技创新速度的提升，促进企业快速发展和构建国际竞争优势，打造世界一流企业。我国国有企业的科技创新面临着原始创新能力不强、创新体系整体效能不高、科技投入产出效益较低等问题。在新的发展环境下，国有企业长期以来主要依靠资源、资本、劳动力等要素投入支撑经济增长和规模扩张的方式已不可持续，企业发展正面临着动力转换、方式转变、结构调整的繁重任务，我国低成本资源和要素投入形成的驱动力明显减弱，需要深入实施创新驱动发展战略，着力提升创新效率对企业高质量发展的战略支撑作用。

二、构建现代化的科技创新管理体系

所谓现代化的科技创新管理体系，国有企业核心是要解决创新动力的问题。国有企业应该围绕创新动力核心要素构建企业科技创新管理的"1+6"模式体系（见图8-1）。

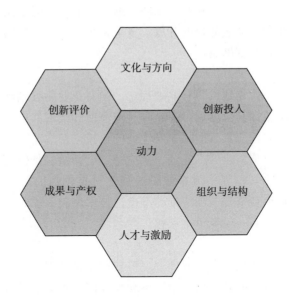

图8-1 国有企业科技创新管理"1+6"体系

（一）一个核心要素

科技创新动力要素是加强国有企业特别是中央企业科技创新的核心要素，中央企业必须为自身的科技创新注入创新的动力。

（二）六大管理要素

1. 科技创新文化与方向

企业科技创新发展方向选择以创新驱动力为基础，不同企业、不同时期选择的创新方式不同，但其所具有的基本动力都具有很强的连续性，科技创新文化与方向具有较强的一贯性。

企业创新文化由创新的使命、哲学、精神、价值观等要素组成，可从市场销售与利润追求、科技价值追求、客户价值追求、国家与社会价值追求等方面构建创新文化。国有企业承担着一些关系国家、社会长远科技发展与竞争力的责任，其文化特征更具民族和国家使命感。

科技创新的方向选择要依据国家创新规划和前沿技术趋势。《国家中长期科学和技术发展规划纲要（2006—2020 年）》明确，要通过加强原始创新、集成创新和引进消化吸收再创新，增强国家的竞争力。企业科技规划要围绕企业战略和主业范围，聚焦核心业务，形成具有自主知识产权的核心技术，提高技术集成和引进消化吸收再创新能力，从战略上把握、整体上谋划企业科技发展道路。

2. 科技创新的投入

科技投入是企业创新的根本保障，是支撑企业科技创新能力不断提升的重要手段。国家科技政策鼓励企业加大自主创新的投入，国有企业在这方面要起带头作用，要根据企业实际情况，努力探索多种途径和方式，自觉加大研究开发投入，确保企业科技投入水平的不断提高，保证企业自主创新资金需要。

3. 科技创新管理的组织与结构

组织体系是企业科技创新的实体组织架构和功能支撑，有效的组织是企业创新的保障。加强体制机制创新，完善科技创新体系，推动企业内外部科技资源的有效整合与优化，对加快提升国有企业的自主创新能力具有重要意义。国有企业科技管理部门要加强与规划、财务、人事、法律等部门的协调与配合，努力做好相关工作。平台模式一方面要体现科技创新的企业或部门主体性和有效统一，聚集更广泛的创新资源，有利于科技创新目标的实现；另一方面要体现利益主体多元化、决策分散化等市场经济特点和科技创新发展形势。

4. 科技创新人才与激励

人才是实现科技创新的核心要素，企业必须从人才战略规划、人才培养、工作环境、人才评价和激励等多个方面综合考虑，建设具备科技创新能力的人才队伍。创新奖励机制是激励创新人员进行持续创新的重要手段，它不仅可以激发员工的创新积极性，而且能吸引和激励企业所需的创新人才。

5. 科技创新成果与产权

科技创新成果是企业科技创新体系运行的最终结果，一方面，它是科技创新体系中的重要一环，是检验科技创新成败的关键标准；另一方面，科技成果的成功转化是对整个创新系统的激励和鼓舞。

6. 科技创新的评价体系

科技创新评价体系是国有企业对自身科技创新能力的监督和不断自我提高的系统，是科技创新管理体系的重要构成。通过对科技创新的评价，企业应不断发现自身科技创新方面的优势和不足，有效发挥优势，弥补科技创新方面的不足，以进一步提高企业科技创新能力。

国有企业在建立与完善自身科技创新管理体系的过程中，要依据企业实际，从企业科技创新管理体系现状、所处行业特点、企业科技优势、企业发展战略等多个方面来考虑。

三、形成世界一流企业的科技创新能力

世界一流企业科技创新能力的基本特征：一是掌握具有自主知识产权的关键核心技术，突破制约行业的技术"瓶颈"，引领行业技术进步；二是高效的科技创新成果商业化转化能力，可显著增加企业价值；三是有完善的内部创新管理流程与机制。

世界一流企业在科技创新管理能力上都能够支撑企业灵活运用以下三类创新战略：一是把握技术路线转换的时机，进行突破性的技术开发；二是通过结构创新进行突破性的技术创新；三是颠覆式创新和新市场创新。世界一流企业在科技创新管理上的共性特征可以概括为五个方面：一是产品组合管理，创新战略可根据市场需要，灵活实现从低端产品到高端产品的延展，或从高端到新的高价格竞争力产品的转换。二是开发流程与工具，多层次交互式流程实现企业内部与外部的合作创新。三是绩效管理与投资，按照战略发展目标优化对创新项目的选择及资金支持。四是领导力支持，高层领导全程参与创新的计划与实施。五是组织与文化，鼓励在合理风险缓解措施下，大胆追求变革的文化。世界一流企业的领先优势实际上是依靠其创新能力，企业按部就班，在执行创新战略时点点滴滴积累而形成的科学、大胆，为企业实现高附加值的工作成就，而不是仅仅依靠一些科学家或工程师，或偶然的智慧灵光闪现就可以实现的。

国有企业科技管理创新现代化的目标，就是打造和形成能够引领行业发展的世界一流的企业的科技创新能力。一方面，以解决我国经济实现高质量发展面临的重大现实问题为技术创新的基本方向，实施面向国内需求导向的企业科技创新战略；另一方面，通过抢占引领新一轮技术经济范式转变的关键领域，引领全球经济技术范式转变的发展趋势，实施把握全球技术革命机遇的企业科技创新战略。

第九章　国有企业风险管理体系现代化

第一节　企业风险管理的基本概念

企业，作为具有明确经营目标的组织，其风险来源于未来实现组织目标过程中的不确定性。因此，企业认识与管理风险的历史几乎与企业的历史一样长久。虽然现代企业的诞生和发展已有几百年的历史，现代风险管理理论的萌芽和诞生却是 20 世纪 30 年代的事情。企业风险管理理论的发展一方面是由于科学技术的发展；另一方面，随着企业活动的扩展，企业面临的风险日趋复杂，其种类不断增加，风险的变化直接推动了风险管理理论的进步和发展。最初，风险管理理论主要涉及企业纯粹风险的管理。20 世纪 80 年代以后，企业的经营环境发生了巨大变化，以价格风险、利率风险、汇率风险等为代表的市场风险和财务风险给企业带来了很大威胁，使得企业开始寻求有关风险管理的工具。到 20 世纪末，随着大型企业，特别是大型跨国企业面临的风险环境日趋多样和复杂，开始出现了将企业纯粹风险和机会风险整合起来进行管理的全面风险管理的概念。

"风险管理"的概念出现于 20 世纪 50 年代。但到 20 世纪 80 年代末，风险管理理论才开始蓬勃发展起来，这与 20 世纪 80 年代末开始的接连不断的金融危机是分不开的，如 1987 年美国的"黑色星期一"大股灾、1990 年的日本股市危机、1992 年的欧洲货币危机、1994~1995 年墨西哥的比索危机、1997 年的亚洲金融危机，等等。这些事件的发生给经济和金融市场的健康发展造成了巨大的破坏，同时也使人们意识到了风险管理的必要性和紧迫性。在这种背景下，如何管理风险已逐渐成为各国政府和企业界关注的热点和焦点问题，有关风险管理的许多理论框架和标准在世界范围内开始涌现，极大地推动了风险管理理论和实践的发展。

第二节　企业风险管理的国际经验

一、政府层面

欧美国家在风险管理方面已相继建立起相对成熟的体系，并制定了相关的政策、法律和法规。从澳大利亚与新西兰共同于 1995 年出台全球第一部风险管理国家标准至今，已先后有加拿大、日本、欧盟、美国等国家和地区颁布了各自的风险管理标准（框架）。安然、世通事件发生后，美国参众两院迅速通过了久而未决的《萨班斯法案》，以促进企业完善内部控制，加强信息披露的质量和透明度，并对公司经理层提出了明确的责任要求。世界银行业监管机构巴塞尔银行监管委员会和英国的特恩布尔委员会都要求金融机构和企业采用更完备的风险管理办法。2004 年，美国 COSO 委员会发布了《企业风险管理整合框架》，进一步拓展了内部控制，并将其纳入企业风险管理框架。经过近四年的努力，国际标准化组织也发布了风险管理标准 ISO31000：2009《风险管理——原则与指南》。不仅如此，许多国家的审计标准已将审计的重点从会计审计逐渐转到了风险管理审计。国际著名评级机构（如标准普尔和穆迪）已将企业风险管理列为其对企业评级的基本评价因素。

二、企业层面

20 世纪 90 年代以来，西方国家的金融服务业、公用事业、能源行业等风险密集领域的大型企业开始建立风险管理体系，许多还设立了首席风险官。一家国际咨询公司（PwC）的调查结果显示，标准普尔 500 强企业中有 1/3 设立了首席风险官职位。经过十多年的探索和研究，国际知名大企业已经基本建立了较为完善的风险管理制度，对公司面临的所有风险进行系统考虑、整合管理。如微软、思科、波音、美国通用、杜邦、BP 等企业均已建立了风险管理体系，拥有了一系列成熟的操作方案和技术手段。风险管理的概念已经得到了全球企业界的普遍认可。大量的管理实践证明：企业风险管理水平的高低已经成为衡量现代企业管理能力的一项重要标志。

怡安咨询公司和美国大企业联合会所做的全球风险管理调查报告（2007）显示，《财富》500 强企业中，已经有 80% 的企业的董事会内部建立或部分建立了风险管理的政策，50% 的企业已经成立了负责全面风险管理的团队。

　　国际上企业风险管理的特点，概括起来，主要体现在以下几个方面：一是董事会和经理层高度重视企业风险管理。公司董事会明确要求制定公司层面的政策规定和指导方针，并定期讨论风险报告。二是企业风险管理与企业战略紧密结合。风险管理不仅仅局限于对企业流程的控制，而且作用于战略目标的制定，许多企业在制定战略目标的同时就确定了与之相适应的风险管理策略和措施。三是风险管理已经融入企业经营管理的全过程，包括各个业务流程、管理活动和企业文化。四是在风险管理的过程中大量使用技术手段，包括量化的数据模型和先进的信息系统。

第三节　国有企业风险管理的实践经验

一、国资委成立以来开展的工作

　　国有企业特别是中央企业所处的经营环境复杂多变，面临来自全球的竞争压力，目前中央企业的管理水平与国际大公司相比还有很大差距，而业务规模快速扩张和业务操作日趋复杂也增加了企业的管理难度。中央企业要做强做大、实现国际化，就必须提升风险管理水平。中航油事件的深刻教训说明，不重视企业风险管理将会带来巨大的损失。国资委成立以来，非常重视推动中央企业风险管理水平的提升，主要开展了以下工作：

　　（1）为进一步提高企业管理水平，增强企业竞争力，促进企业稳步发展，国资委于2006年印发了《中央企业全面风险管理指引》，指导企业开展全面风险管理工作。

　　（2）从2008年以来，国资委连续印发《中央企业全面风险管理报告（模本）》，鼓励有条件的中央企业自愿报送全面风险管理报告。

　　（3）组织召开了中央企业全面风险管理报告分析研讨会及中央企业风险管理经验交流会，将优秀企业的风险管理经验在中央企业内部分享，促进了企业风险管理水平的提升。

二、企业全面风险管理工作的进展

　　近年来，全部中央企业都提交了《企业风险管理报告》，涉及军工、石油石化、冶金、电力、交通运输、建筑、通信、投资、商贸、机械、矿业、农林牧渔、科研设计、房地产、电子等多个行业。

（一）全面风险管理工作的广度和深度有效拓展

（1）风险管理工作开展范围不断扩大。从整体层面来看，2014 年共有 113 家中央企业向国务院国资委提交了《企业风险管理报告》。113 家编报企业中，58 家董事会试点企业均报送了《全面风险管理报告》。113 家编报企业范围涵盖了所有中央企业所处行业。从个体层面来看，58 家编报企业中，在集团及主要所属单位开展风险管理工作的有 32 家，占比达到 55%；在集团及试点单位开展风险管理工作的有 16 家，占比 28%；仅在集团总部开展风险管理工作的有 10 家，占比 17%。各中央企业全面风险管理工作形成了全面系统开展、专业条线（部门）梳理、专项风险推进、重点单位试点、制定制度和统一模型框架等多种方式。

（2）风险管理团队不断充实，人才队伍壮大。编报企业中（总公司层面）风险管理专职人员平均为 2~5 人，超过 10 人以上的有中国石油、中化集团、国家电网等企业。其中，中国石油内控与风险管理部为 21 人；中化集团风险管理部为 22 人，全集团搭建了由 367 人组成的全面风险管理队伍；国家电网更是在集团内部成立了专业的风险管理咨询公司，以支持和推动全集团的全面风险管理工作。此外，中远集团设立了首席风险官，中材集团设立了总风险管理师，专门负责企业全面风险管理工作的日常推进。

（二）全面风险管理体系基本建立

（1）风险管理组织体系更加健全。国家电网、神华集团、中国海运、中国航油等 9 家企业在董事会或总经理办公会下设立了专门的风险管理委员会；中煤集团、葛洲坝集团、中材集团等 16 家企业设立了审计与风险管理委员会、预算考核与风险管理委员会、内控与风险管理委员会等履行风险管理职责；中核集团、中国海油、鞍钢等 8 家企业设立了风险管理工作领导小组等专职机构履行风险管理职责；其他公司则由审计委员会或总经理办公会等机构履行风险管理职责。

此外，中化集团、中国节能、通用技术集团、中国石油等 9 家企业设立了风险管理部或内控与风险管理部，占 15%；航天科工、诚通集团、中国南车等 10 家企业设立了审计与风险部、法律与风险部或审计与内控部，占 17%；航天科工、诚通集团、宝钢、国投等 16 家企业设立了全面风险管理办公室、风险管理处等风险管理专职办事机构，占 28%；其余 23 家企业分别由审计部、财务部、法律部、战略规划部、综合部、运营管理部等部门履行代管职能，占 40%。

（2）风险评估机制基本建立。所有编报企业均建立了风险管理评估机制，宝钢集团建立了"谈项目必谈风险，项目可研阶段同步揭示风险"的投资风险评估机制，并通过对客户风险的评估监控，建立营销体系的存货—信用—价格联动应对机制；一汽集团确定了集团母公司和分（子）公司两级风险评估标准，采取"两级打分、两级确认"的方式，结合经营战略目标，找出经营管理重大问题 121 个；兵器装备集团通过对各级人员发放 3989 份调查问卷，调查面覆盖集团母公司各职能部门领导、各二级单位高管人员、中层管理人员和关键岗位人员等开展风险评估。

（3）工作方法和手段不断丰富，风险管理技术手段和量化水平不断提高。如中国五矿利用量化风险模型（包括风险度量指标模型和企业收入分布模型）进行行业风险分析，通过行业风险量化的工具，在企业战略、预算、投资等方面为管理层提供决策帮助，并协助企业进行中短期运营方面的决策；中国外运长航根据评估出的重大风险，着重针对市场波动风险和投资管理风险设计了综合评估指标体系，进行量化分析，并建立了相应的风险承受度分析模型。

（4）风险管理信息系统开始建立。风险管理信息系统是全面风险管理工作的必要支持手段，绝大部分中央企业都在全面风险管理规划的中长期目标中明确要建设风险管理信息系统。中远集团、中国海油、中国海运、中煤集团、中广核集团五家企业已构建了独立的"全面风险管理信息系统"，占比 9%；鞍钢、神华集团、中国电信、中国外运长航等 18 家企业则充分利用现有信息系统手段落实风险管理功能，占比 31%，如鞍钢在 ERP 平台上整合、升级、补充各模块，实现风险管理与业务管理的有效融合，中国外运长航在现有系统中加入全面风险辨识评估系统模块等；国家电网、葛洲坝集团、航天科工等 27 家企业的风险管理信息系统建设工作正处于规划、开发和设计阶段，占比 46%；其余 8 家企业尚未开展该项工作。

（三）全面风险管理对企业发展的促进作用逐步显现

（1）风险管理意识提高，风险管理文化初步成型。各中央企业领导高度重视风险管理工作，风险管理文化已初步成型。如中核集团使"风险管理是企业发展的灵魂，风险管理责任重大"成为集团全体员工共享的价值观；中国海油树立了以效益、效率和风险平衡为核心的风险管理理念；中煤集团树立了"风险无处不在，风险无时不在，严格控制纯粹风险，合理利用机会风险，岗位上的风险管理责任重于泰山"的风险意识和理念。此外，中国五矿、中国电子等企业还通过创办风险管理期刊的形式宣传风险管理文化。

（2）风险管理与内控等工作有机结合，逐步融入企业的日常经营管理，形成了以风险为导向的综合管理体系。各编报企业的内控工作均以风险评估为起始点，通过对关键流程进行梳理，发现风险点，据此建立控制体系和关键控制措施，风险管理与企业各管理体系逐步融合，形成了以风险为导向的综合管理体系。如中国移动把风险管理与内控工作有机结合，形成了《内控与风险管理手册》；恒天集团建立风险导向型审计模式，加强对高风险点的关注，将风险分析和风险控制贯穿于审计工作全过程；中国电信强调风险管理工作与内控、审计等部门的协同，审计部将重大风险的审计作为专项审计的重点，从而形成综合的、全方位的企业风险监督控制防范体系。

（3）有效防范了企业重大风险，尤其是国际金融危机所带来的风险，减少了损失。根据企业上报情况，58 家编报企业 2009 年对所评估重大风险中的 226 项风险，通过有效的风险防范和应对机制，将绝大部分风险造成的影响和损失均控制在预期可承受范围之内。尤其是在 2008～2009 年金融危机蔓延过程中，各中央企业充分利用风险管理手段，有效应对和化解了金融危机对企业生产经营的不利影响。如中国外运长航开展危机监控，强化资金管理，调整投资项目管理，加强成本费用控制；国家电网转变电网发展方式，加快推进智能电网建设，全面推行人财物集约化管理，开展"三节约"活动，降本增效；中化集团加大市场开拓力度，加强风险管控，加速战略转型，培育新兴业务补充预算缺口。

（4）促进企业管理水平的提升，解决了业务流程层面的问题，有效支撑了企业战略决策。全面风险管理促进了企业制度、流程的优化和管理水平的提升，已经成为各中央企业的共识。具体表现在两个方面：一是风险管理与企业各项业务流程相结合，确保了企业各关键流程中的主要风险点被辨识和监控。如中国联通建立了流程层面的内部控制规范，包括 153 个末级流程、362 个风险点、507 个控制措施、201 个控制证据，涵盖了公司从建设、运营、资金、资产管理到财务报告的全过程、全业务；中国海油在风险管理支持体系的基础上，参照财务内控制度体系化建设的做法，对公司其他业务管理制度进行全面梳理，形成系统规范的管理制度体系。二是将风险评估纳入企业决策流程，有效支撑了战略决策。如东航集团在面临重大危机的情况下，通过缜密的风险分析和评估，支撑了战略重新定位、结构调整和重大重组等重大战略决策。

第四节　国有企业风险管理存在的主要问题

科学管理体系的建立需要长期的实践与积累，而作为国有企业代表的中央企业开展全面风险管理工作只有十多年的时间，且又处于复杂的经营环境之中，面临国际、国内多重竞争压力，因此中央企业目前的风险管理工作仍存在一些不足之处。

一、部分企业发展战略不清晰

部分企业仍然存在发展战略不清晰，企业发展重数量不重质量，只顾眼前收入不做长期规划等问题，不重视企业战略风险不仅可能会给企业带来重大损失，甚至有可能带来颠覆性的严重后果。

二、重大风险事件时有发生

个别企业风险管理工作落实不到位，例如，有的企业未进行充分的风险评估就盲目签订合同，导致产生巨额损失。安全生产、合同、应收账款等重大风险事件时有发生。

三、投资管理水平有待提高

企业目前的投资管理水平有待提高，投资风险仍是第一大风险。某些重大投资仍是"一把手"说了算，没有科学的决策程序，个别可行性研究报告实际上是可批性报告。

四、风险管理体系建设急需进一步深化

个别企业对风险管理工作仍然不够重视，风险意识淡薄，尚未建立风险管理体系，更没有形成统一的风险文化。

五、风险管理信息系统建设滞后

真正能够利用信息系统进行风险管理的企业并不多，风险管理手段的落后必然制约企业风险管理水平的提高。

六、部分企业风险管理与内部控制的关系不明确

内部控制体系的建设与完善既是企业制度、流程有效执行的保证，也是风险管理的基础。部分企业将风险管理工作与内部控制工作割裂开来，分别由不同的部门负责，导致企业内部风险管理体系运行不顺，存在管理重叠与管理真空并存的现象。

七、风险管理人才缺乏

部分企业没有专业的风险管理人员，缺乏针对全面风险管理的人员培训，使风险管理很难与专业管理相结合，难以真正融入企业日常经营管理之中。

第五节　国有企业推进风险管理现代化的对策

一、加强董事会建设，完善公司治理结构

加强企业风险管理是董事会的重要职能之一。特别是在战略风险控制上，董事会要扮演更加重要的角色，尤其要发挥好"刹车"的作用，对经营班子提出的发展计划、思路和指标要认真评估可行性和风险，发挥否决职能，把风险控制在企业的承受范围之内。

自2004年以来，国务院国资委开展了中央企业董事会试点工作。通过引入外部董事制度，并保证外部董事数量超过董事会成员的半数，有效降低了"一把手决策风险"。中央企业的外部董事大都是原大型国有企业的主要领导、知名财务专家以及来自新加坡、中国香港等国家或地区的华人企业家，他们的知识背景、行业阅历、年龄结构合理，各有专长，又互为补充。特别是外部董事风险控制意识非常强，他们非常关注公司的发展，对有关事项的落实密切关注，提出大量有针对性和前瞻性的意见和建议，并督促有关部门贯彻落实董事会的各项决议，对完善治理管控体系起到了非常重要的作用。

因此，无论是中央企业集团母公司还是所属子企业，都应当进一步建立健全公司治理结构，充分发挥董事会在控制企业风险管理中的主导作用。

二、不断完善全面风险管理体系和工作机制，实现风险管理与企业管理相融合

风险管理是企业自我诊断、优化业务管理制度和流程、改善内部控制、提高企业管理水平的有效工具。企业通过对自身的主要业务流程的细致梳理，针对辨识出的风险，制订有效的风险解决方案，从而使企业管理不断完善。特别是要建立起风险管理预警体系与重大风险动态监控机制，防止重大风险给企业带来颠覆性灾难，确保国有资产安全。

通过风险管理体系建设，培育风险管理文化，将风险管理文化和理念渗透到企业经营管理之中，使风险管理与企业管理相融合，更能有效防范经营过程中的风险，为企业重大决策提供依据，确保经营目标的实现。

三、建立健全内部控制体系

中央企业应当按照内外部监管的要求，建立健全内部控制体系，制定《企业内部控制手册》。明确企业的内控目标、基本原则、适用范围、内部控制定义、内部控制要素的现状和要求、内控领导小组及日常组织机构；建立业务流程分类，明确各业务流程的关键控制点，编制控制矩阵；制定权限指引，明确责任和授权；加强内部控制检查与考核评价等。

四、通过自评、对标等手段不断提高风险控制水平

为了检验企业风险管理发展水平与执行情况，企业可以通过自评、对标等手段查找自身的不足，不断提高风险控制水平。目前，中国石化等一批中央企业已经建立了内部控制评价体系。2006 年 6 月，国务院国资委印发了《中央企业全面风险管理指引》的通知，引导企业进一步完善风险管理评价工作。

第十章　国有企业环保与社会责任管理现代化

　　企业是组织生产活动的细胞。在生产活动中人与自然界必然要发生密切关系。马克思在分析劳动与自然界的关系时指出："劳动首先是人和自然之间的过程，是人以自身的活动来引起、调整和控制人和自然之间的物质交换的过程。"也就是说，人作用于自然界、利用劳动改变自然物质的形态与性质，使各种原料成为人类生活需要的财富，借以满足自己的需要。但同时，人们在改造自然物质时会对自然环境带来损害，给大气、海洋、水资源等带来污染。随着科技的日益发达，人们越应该高度重视对环境的保护。

　　企业是一个通过生产经营和市场交换不断满足社会需求来追求利润最大化的经济实体。追求经济效益是它的根本目的。但是，企业又始终离不开社会这个共同体，只有在社会中才能完成交换，才能实现自己的最终目标获取利润。因此，它又必须应该尽一些社会责任。认真做好环境保护工作，在生产过程中不因生产废水、有害气体排放以及生产垃圾的排放而给周围环境造成污染，这就是企业应该对社会所负的责任之一。

第一节　国有企业承担环保与社会责任的意义

一、国有企业承担环保责任对自身具有重要的现实意义

（一）国有企业承担环保责任是企业节约经营成本的需要

　　长期以来，企业的生产成本中往往不计环境成本，导致企业环境成本外部化，即由社会来承担。环境恶化使社会所担负的成本远远超过某个经济人的短期获利。但是，近些年来，随着能源、资源的价格不断上涨，企业的自身消耗所带

来的成本也是巨大的，如果企业出于环保而采取行动——加强管理、节能减排，则可以为企业节约可观的成本。

（二）国有企业承担环保责任有利于树立良好的企业形象

环境保护已经成为一个全世界关注的焦点，如果企业重视节约资源和保护环境，承担相应的社会责任，就能够使企业获得社会、社区和公众的好感，从而使企业的知名度与美誉度得到提升，有助于企业树立良好的社会公众形象，打造极具口碑的品牌经济。企业以优良的产品和优质的服务给社会公众留下了良好的印象。而良好的企业形象是企业不断发展壮大的精神动力和无形财富，能使企业最大化地实现利益，促进企业的发展，提高企业的竞争力。国有企业更应当认清世界市场潮流，迎合经营环境的变化，塑造绿色企业文化，实施绿色管理，把自身转变成绿色企业，树立良好的社会形象，从而促进企业的可持续发展。

（三）国有企业承担环保责任可以有效规避环境风险，增强企业的核心竞争力

环境风险是指企业被迫支付环境污染的巨大费用的风险，以及由此带来的信用风险。其主要风险有两个方面：一是由于污染环境造成环境损失而支付的罚款。目前在一些发达国家，因企业承担污染导致环境损害的责任而付出的治理环境污染的费用达到了历史上的最高点，严厉的处罚甚至使有的企业被迫停止经营活动。二是金融机构越来越注重企业环境问题对其信贷和投资决策的影响。现在许多银行在提供贷款之前要求先对企业进行环境评估。因为企业一旦发生环境事故，就会增加银行的贷款成本。借款的企业会因为罚款和清理污染而被迫追加环保费用支出，从而导致因流动资金困难而无力偿还债务。另外，投资者也要求他们所投资的企业遵守环境标准。当前国外一些信托投资公司对上市公司进行选择时，宣布只对符合社会和伦理标准的公司进行投资。这些都启示国有企业进行绿色经营，审视自己的环保责任，以规避环境风险。

二、国有企业承担环保与社会责任具有重大的社会意义

（一）国有企业承担环保责任有利于维护环境安全、保障公民生命财产安全

污染问题解决得好坏，不仅关系到企业行为是否具有经济效益、社会效益，更关系到人民的财产、生命安全。当代环境问题急剧恶化的最重要原因是企业污染，特别是大工业污染所致。企业污染环境给受害者造成了严重的伤害，而这些损害在法院认定后作出的损害赔偿判决也必然使企业承受严重的法律后果。企业的发展带来了物质财富的增长，提高了人们的生活水平，但环境污染如果不加以严格控制，人们的生命安全将受到严重威胁，可持续发展也就无从谈起。

（二）国有企业承担环保责任有利于协调企业与政府、社区之间的关系

企业的发展需要有良好的社会关系，要求得到各方的支持与关照，因此企业必须考虑如何协调与当地政府及社区的关系。按照传统观念，企业是以营利为目的的。因此现代企业，基于企业内部收益计算，把最大限度地获取收益作为自己的目标。企业在这种价值观之下当然不会考虑对大气污染、水质污染等的环境消耗支付代价的问题，因而对污染防治、清洁生产自然也无须费心。但在当代社会，企业追逐利益的规则发生了变化，当立法设计导致企业环境违法成本远远高于守法成本时，只有履行环境法律义务，才更符合企业作为"经济人"所具有的理性行为特征。企业只有正确处理治理环境与企业谋利之间的关系，认真实施环境保护，才能协调企业与当地政府、社区的关系。一个成功的企业绝不会因为少量污染治理成本的付出，而牺牲企业生存赖以维系的社会基础。

（三）国有企业承担环保责任有利于我国参与国际分工和国际竞争

当代社会对企业提出了更高的环境保护要求，不仅要求企业在产品加工过程中的污染最小，而且要使产品在整个生命周期中对环境的冲击最小。同时，还要求企业在生产过程中有害物质的低排放、零排放，要求企业对产品生产及工序设计予以彻底变革。企业只有保护环境才有利于参与国际竞争，使我国进一步参与到国际分工中来。在国际贸易领域，对环境保护有严格的要求，许多产品因受污染而遭到国外商户拒收。因此，企业必须狠抓环境保护以保证产品畅销，使企业立于不败之地。实践证明，企业积极承担环保责任是企业对品牌的投资，是企业信誉的投资，是企业对社会形象的投资，既可达到企业回报社会的目的，也符合企业发展的长远利益，有力地增强了企业竞争力。企业家只有重视自己的环保责任，承担历史重任，才能建立企业发展与社会环境的良性互动机制，从而促进企业长期稳定健康发展。

第二节　国外企业承担环保与社会责任的先进经验

一、国外企业承担环保责任的制度建设

国外实行市场经济的国家在对企业进行的环境规制中，各种环境经济政策先行于规制，起到了宏观管理的作用。环境政策对企业的环保工作提出了要求，同时，也给予了企业一定的保障。其中，最为主要的有：排污权交易制度、环境税收制度、补贴污染企业制度。

（一）政府与企业之间的排污权交易——节约治理成本

世界上许多发达国家都采用排污权交易制度。这种制度起到了节约治理成本的作用。美国于 20 世纪 70 年代开始实施排污权交易制度，根据美国国家环保总局 EPA 的排污权交易计划，污染排放量低于法定标准的企业可以获得排污削减信用（Emission Reduction Credits），该信用可以补偿企业内部其他污染源的超标排放，或是与其他企业进行交易或是储存起来。美国国会于 1990 年通过的《空气清洁计划（修正案）》中推出酸雨计划，美国国家环保总局在这项计划实施之前预测，要达到控制排放的目标，如果不实行交易政策，每年的治理费用约为 50 亿美元，而排污权交易实施后实际费用每年只有 20 亿美元。

（二）环境税收——反哺环保产业

20 世纪 70 年代以来，各国越来越多地采用环境税的手段，主要包括能源燃料税、污染物排放税、环境服务税、污染产品税、生态税等。美国采用的环境税有 26 种，瑞典有 26 种，加拿大有 20 种，丹麦有 19 种，芬兰有 19 种，挪威有 26 种，澳大利亚有 14 种，荷兰有 14 种。例如，澳大利亚、奥地利、新西兰、意大利、日本等国对汽油以外的其他能源征收消费税；荷兰征收政府垃圾收集税；德国征收污水处理税；等等。与此同时，许多国家还把征收的环境税款返还用于环境保护的产业。英国向供电公司征收矿物燃料发电税，用于补贴新能源和再生能源发电，丹麦对工商企业征收环境附加税，将该部分收入用于企业节能补贴。

（三）环保补贴——帮助企业实现环境治理

对污染企业进行补贴，帮助其实现环境治理是很多国家的环保经验。意大利为固体废弃物的回收和再利用提供补贴，尤其是优先提供给那些为治理污染而改进生产程序的企业；德国的补贴系统为那些由于采用污染控制措施而导致资金周转不灵的小企业提供帮助，加速了环保计划的实施；瑞典提供基金来检验农药喷洒设施的有效性，以减少农药对环境造成的负担；荷兰有一项财政援助计划，该计划激励企业服从监管，并激励企业进行技术研究，引进控制污染的设备；美国减少了污水治理工厂的建设，投入上亿美元的资金帮助农场主支付水土保持和维护土地生产能力的成本。

二、国外企业环保体系的建设

（一）在战略上，企业遵循可持续发展的方针

国外很多企业将可持续发展的思想逐渐而全方位地渗透到企业的各个领域，企业将这种思想提高到战略管理的高度上来认识，并依此形成一个有效的企业组

织结构，进而将其深入到企业文化中去，真正实现自身发展的可持续性。

传统的企业经营战略，通常以产品的交货期、质量、成本和服务为主，即"TQCS 战略"。这种战略以赢得市场、获取最大经济效益为目的，却忽视了企业与生态环境之间的关系，没有将企业的外部不经济性考虑在内。可持续发展要求建立有利于环境保护的资源节约型生产方式和消费模式，要求企业把环境影响列入经营战略内，即除 TQCS 外再加入一个环境因素，变为 TQCSE。企业必须根据这种战略，建立专门的环保部门，研究环境政策，监测企业生产过程中的清洁程度和排污状况，建立行之有效的清洁生产管理制度。另外，要通过加强环保部门与技术部门的沟通，从技术方面入手，以综合预防为主，实现清洁生产；通过加强对公司员工和公众的环保宣传，将"生态"概念融入企业文化中，树立"生态企业"的良好形象。美国施乐（Xerox）公司被认为是采取可持续发展战略或以可持续发展为目标的典型企业。施乐公司将"无工厂废物，无产品废物"定为其战略目标。施乐公司是世界上最大的办公设备制造商之一，主要生产复印机。自 1970 年以来，根据美国的环境保护相关法律的要求，施乐公司实施了环境保护的经营管理，以"可持续发展"为生态管理的战略目标，开展了一系列的环境保护活动。根据"可持续发展"的战略目标，施乐公司采取了"环境保护""产品管理""环境设计""开发循环使用产品""制定材料战略回收"等战略措施。

（二）在运营中，企业保证各个环节遵守环保法律法规，进行系统管理

企业的运营环节都要遵循环境方面的法规和政策，这是很多发达国家的企业实行的一种最为普遍的承担环保责任的方式。美国联合信号公司（Allied Signal Company）、南方公司（Southern Company）、冠军公司（Champion Company）、联合化工公司（Allied Company）以及北柏林顿公司（Belington Northern）都采取了此种战略。在这些公司中，美国联合信号公司的环境遵循战略最为典型。美国为了解决企业污染问题制定了很多法律，如《1976 年清洁空气法案》《1972 年清洁水法案》等。为了管制废物，美国还制定了《1976 年资源保护与回收法案》《1980 全面环境应答、补偿和责任法案》，目的是消除过量废物并杜绝使用最具毒性的物质。美国联合信号公司是生产酸、碱、煤焦油和氮的化学与燃料公司，这些产品的生产对环境威胁很大。为了加强生态管理，该公司遵循美国政府的法律法规和政策，制定了遵循战略。该公司被认定为危险物产生者，并要在美国环境保护署注册。联合信号公司通过制定遵循战略，对环境实行系统管理，管理的重点如表 10-1 所示。

表 10-1　联合信号公司的系统管理

名称	参与人员	具体内容	实行结果
审查计划	董事会	检查工厂对环境规章制度和公司遵循情况在危险废物和固体废物审查中需要回答100多个具体问题	审查后要写出审查报告，上报到经营部最高管理层
危险废物处理现场检查	专业顾问公司雇员	首先由专业顾问来检查废物处理现场，其次由公司的雇员重新检查。公司使用三个标准来评价处理场、与处理场过去行动相关的风险、与当前行动相关的风险以及处理场的财务状况	只有在废物处理场的工作不能令人满意、公司承诺赔偿时才起作用
废物削减	公司环保部门	《1994年资源保护与回收法案再核定法案》要求所有的危险废物产生者一年两次写出他们削减所产生废物量的计划	按《紧急计划和公众知情权法案》要求公司每年提交化学品排放的年度报告，即《有毒物质排放概要》
"负责的"管理	化学品制造者协会与公司本身	化学品制造者协会要求会员坚持"负责的"生产和管理原则，即所谓的"负责的"管理。要求企业主动、持续、长期地削减所有排向周围环境的污染物，并且要达到的最终目的是其成员公司所排放废物的稳定减少。联合信号公司是"负责的"管理参加者，并通过制订自己的改进废物削减计划来执行"负责的"管理	到1992年，《资源保护与回收法案》中的危险物排放下降了75%。在公司的任何部门中，10年间都没有发生违反《资源回收与保护法案》的问题。该公司已经不在美国前10名的最大污染企业之列

（三）在研发环节，企业大力发展生态技术，取得核心竞争优势

企业承担环保责任离不开技术的支持，国外经验表明，如果没有先进技术的输入，循环经济追求环境保护和资源节约的目标都将难以从根本上实现。在循环经济发展过程中，应加强对节能技术、节水技术、生态技术等的研究开发，降低生产过程中的能耗、水耗，实现废弃物的无害化处理，并不断研究新的可再生资源代替自然资源，用高新技术和先进技术改造传统产业，提高各种资源的利用率。积极采用各种新工艺，降低生产过程中对物料能源的消耗。在实施企业生态化发展战略时，无论是发达国家，还是发展中国家都始终将科技进步放在重要位置，采取科学的管理制度、科学的环境评价体系以及先进的治污技术，从而达到企业生态化发展的目的。

大力发展生态技术可以使企业赢得竞争优势，企业利用已经取得的自然资源优势，只要为环境研究和保护提供资源，就可以取得竞争优势；或者将废物转化为能源，从而可以大量回收利用可回收材料，目的是取得相对于废渣填埋和普通的焚烧方法的竞争优势；或者通过在危险废物管理方面形成的规模经济，以及通

过其技术和经验，同样在不广泛影响市场的情况下取得竞争优势。国外许多公司把环境作为竞争优势的源泉，企业在环境问题中利用其独特组织资源来获得竞争优势。

以杜邦公司为例，杜邦公司是世界上最大的氟利昂（CFC）产品的生产商。在 20 世纪 70 年代后期，在人们最开始因臭氧遭到氟利昂（CFC）产品破坏而感到愤怒时，杜邦公司就开始了减少环境污染方面的努力，并已经开始致力于关注企业生产经营活动对气候和环境的影响方面的研究。杜邦公司每年花费 300 万~400 万美元以寻找替代品。到 1988 年，杜邦公司已花费 3000 万美元以上。1987 年，CFC 替代品的开发有了很大进展。在开发能够用于泡沫的其他化学品方面，杜邦公司也领先于其竞争对手。杜邦公司通过降低成本、开发替代产品等战略措施，在 CFC 产品的生产销售领域，仍然处于领先地位，其竞争优势仍然保持，取得了战略上的成功。1987 年销售额达到 304.68 亿美元，均高于 1985 年和 1986 年；企业净收入达到 17.86 亿美元，比 1985 年增加了 6.68 亿美元。

（四）在监督环节，定期发布环境报告，公开自身的环境指标，接受政府和社会监督

随着时代的发展和社会生态危机日益严重，越来越多的大企业已逐渐接受这样一种观点，即树立良好的环境形象是提高企业自身竞争力的重要手段，更是承担企业社会责任的一种有效途径。企业为了提高自身环境管理水平，积极削减企业的环境负荷，达成企业与社会的环境信息交流，向社会展示企业良好的环境保护形象，做好企业环境报告书已成为企业活动中必不可少的一个环节。许多西方国家的企业不仅在年度报告中增加了反映环境信息的内容，还开始编制独立的环境报告。

许多发达国家的法律都对企业披露其环境信息作了严格的要求，荷兰企业每年有公开环境信息的法律责任，每年的 4 月前必须向政府提交一份政府环境报告书，对其内容都作了统一规定，并由权威机构监督来确保其遵从法律和贯彻国家环境方针。政府环境报告要求必须包括对环境不利影响的信息、技术、组织和管理措施的实施以及环境保护设备的装配情况。但是环境部只要求企业披露环境成果信息，对企业是否提供环境成本数据并没有明确规定。同时，每年的 7 月企业还必须出版发行一份公众报告书，主要是面向公民、团体、消费者和员工。

日本企业发行环境报告书开始于 20 世纪 90 年代中期，日本环境厅在2001 年发布了环境报告书指南和环境绩效指标指南，同时还设立了两个环境报告书奖项，其中 2002 年"环境报告书奖"的一等奖由日本松下电器集团获得。1998 年丰田公司首先在它的环境报告中加入了第三方认证意见，今天已经有许多环境报告书中包括了第三方认证意见。根据《环境报告书准则——环境报告书

制作手册》的规定，在环境报告书中主要披露四部分内容：第一部分是基本情况，包括企业管理人对企业环境报告书所作的序言、公司概况、报告书涵盖的范围等；第二部分是介绍企业环境保护的经营方针、环境保护目标、计划和环境保护成绩等；第三部分是介绍企业环境管理情况，包括环境管理系统、负荷环境保护要求的技术、产品、服务的设计开发情况，对环境法规的遵守情况，以及对环境的社会贡献情况等；第四部分是说明企业为降低环境负荷所作的努力以及成效，包括环境负荷的总体情况，与所购入原材料、能源、半产品、服务等相关的环境负荷情况及削减对策，与废弃物排放相关的环境负荷及削减对策，与所生产和销售产品相关的环境负荷及削减对策，与产品运输相关的环境负荷及削减对策等。

第三节　国内企业承担环保与社会责任的典型经验

我国很多企业正在从以前的"高投入、高污染、低产出"向"高技术含量、节能环保"的方式发展。其中，青岛港就是比较典型的国内成功经验。青岛港以科学发展观为指导，转变思想观念，转变增长方式，把节能减排放在突出的战略位置，依靠科技进步和科技创新为节能减排创造先进的技术条件；通过改变操作方法和提高操作技能，保证先进技术发挥最大效能；持续实施"蓝天、绿地、碧水"三大环保工程，努力提高环境质量；创新管理体制机制，实现节能减排环保长效化，把青岛港打造成资源节约、环境友好、质量效益型大港。具体做法是：

一、转变观念，把节能减排放在重要战略地位上

青岛港不断强化全员节能环保意识，每年都开展全员脱产培训，把环境保护和节约资源作为必修课程，坚持开展"节能宣传周""环境保护日"等活动，通过宣传介绍，在全港牢固树立起"节能环保是科学发展观的必然要求，是企业义不容辞的社会责任，是增强企业核心竞争力的战略举措""节能减排是落实科学发展观、实践精忠报国的检验标准"等观念，全港上下都把节能环保放在突出的位置，积极推进港口发展"由主要依靠物质能源消耗向主要依靠科技进步、劳动者素质提高、管理创新转变"，由粗放型向集约型转变，做精做强做大青岛港，大力建设资源节约、环境友好、质量效益型港口。

青岛港把节能减排摆在更加突出的战略位置。先后实施了夯基战略、超前战略、中心战略、创新战略四大发展战略，每一次战略的制定都对建设资源节约和

环境友好型港口做出规划安排，对节能减排提出明确的目标要求，把节能减排作为港口战略发展的一项长期工作来抓，并落实到每一年、每个月。

二、推进科技研发，为实施节能减排创造技术条件

过去的青岛港属于劳动力密集型企业，整体设备水平落后，能耗大，在节能减排方面缺少有效的技术能力和手段。近几年来，青岛港依靠科技进步和技术创新提升港口现代化水平，实现了安全高效节能清洁生产。

一方面，青岛港开展技术革新，研发节能型技术。青岛港建设了两个现代化新港，建成投产了一批世界级的大码头，并配备了现代化节能环保装卸设备，从源头上杜绝了资源能源浪费、环境污染。青岛港实施码头技术改造，优化生产工艺。例如，青岛港实施的"解放"20万吨级矿石码头工程；青岛港对一个原依靠汽车搬倒的矿石码头进行流程化技术改造，一年减少矿石搬倒720万吨，节油79万升，减少CO_2排放2070吨，节支1245.6万元。同时，青岛港是全国最大的冷藏箱进出口港。冷藏箱作业电能消耗巨大，占全港用电量的1/3。为了有效降低电能消耗，对冷藏箱进行节电技术改造，节电率达到10%以上，年可节电740万千瓦时，节支562万元。同时，每年都在全港开展群众性工属具研发活动，仅"十五"以来就创造工属具革新成果1200多项，其中267项获得国家专利。这些成果在提高装卸质量和作业效率、降低能源消耗、保障安全生产中取得了显著成效。如青岛港研制了62吨矿石抓斗，年节电24.5万千瓦时。纸浆、大袋散货是青岛港的传统货种，青岛港研发了多用途吊架，一次可吊起24件1吨纸浆或20件1吨大袋货，作业效率提高了3倍，节电率40%以上。另一方面，青岛港加强信息化建设，以信息技术"改造"传统码头工艺。青岛港的集装箱、铁矿石、原油、煤炭、粮食五大货种，全部实现了中央控制室调度指挥、机械化、系统化、流程化作业。青岛港自主研发的"集成可视化港口生产指挥系统""港口物流信息及电子商务系统""青岛港船舶动态监控及电子海图管理信息系统"等，为港口科学管理、提高效率、节能降耗发挥了重要作用。如青岛港自主研发的中央调度系统，实现了生产、引航、拖轮调度"三位一体"，提高了港口机械设备的有效利用率，节省了大量的燃油消耗。青岛港开发了集装箱码头装卸工艺优化系统，实现了各类装卸设备在码头装卸过程中的资源共享和智能调配，集卡空载率由50%下降至35%，轮胎吊作业效率提高10%，桥吊作业效率提高20%。

三、进行流程再造，提高工作效率促进节能减排

青岛港改变了过去单纯从安全生产的角度确定工作方式的思维模式，而从节能减排等方面综合考虑确定工作方式。青岛港不断优化生产流程，最大限度地减

少能源消耗和废气排放。比如，以前煤炭流程作业都采取逆向启动、停机的模式，作业等待时间长、电能无谓浪费，现在实现了"流程顺启、顺停"，使煤炭卸车作业每启动一次就可节电135千瓦时，每次停机节电30千瓦时。以往生产机械都是到固定加油点加油，来回途中白白耗油。现在采用了加油车流动加油，一个直属的分公司每年就节省非生产耗油4.2万升以上。青岛港的装卸机械司机以前都是回机械基地交接班，现在改为现场交接班，既保证了生产连续性，又降低了燃油消耗。青岛港的员工成立了119个节能环保攻关小组，创造发明了"四无"工作法、"超极限"工作法、桥吊作业"六到位操作法"、吊车作业"四步节油操作法"等100多个节能减排工作法，实现了节能减排最大化。特别是拖轮船长周学良同志发明的"学良节油工作法"，通过一系列节油操作，一年节油近百吨，并带动了所有拖轮的节能减排，2008年节油1000多吨。

四、转变管理方式，实现节能环保长效化

青岛港建立了"五级管理"节能环保管理体制，推进港口管理由粗放型向精细型转变，由随机节能环保向长效节能环保转变，由自发自动的节能环保向有组织有计划的节能环保转变。

青岛港构建了"集团规划、公司领导、队为核心、班为基础、车为单元"的五级节能环保管理格局，变过去节能环保由单一部门主管、少数人忙碌，为各层次、各部门齐抓共管，人人身上有指标、有责任。五级管理格局，每个层次、每个单位、每个部门管生产的同时必须管节能环保，为做好节能环保提供了强有力的组织保障。青岛港抓住能源的直接管理者基层队和直接消耗者单车，强化"队为核心、车为单元"管理，推行单车核算。集团制定管理决定，公司制定管理办法，基层队制定实施细则，班组制定小立法，个人制定岗位责任制，全面推行单车核算、单船核算、单班核算、单货种核算、单项工程核算，全港1300多台装卸机械设备设置了车长，并制定了不同的能源消耗定额；全港近千台燃油机械安装了燃油计量仪，300多台大型电动机械设备和125座冷藏箱插座平台安装了高精度的电度表，实现了节能环保管理精细化。

同时，青岛港建立并实施了ISO9001：2000质量管理体系、OHSAS18001职业安全健康管理体系、ISO14001：1996环境管理体系三大体系和206个节能环保管理标准文件，保证了节能环保的制度化、规范化。

层层落实节能环保责任制，集团每年与直属分公司签订经营管理目标责任书，都把节能环保作为一票否决的硬指标，月月考核兑现。每月召开一次经营绩效分析会，对集团和各分公司的节能降耗等绩效进行全面分析，持续改进。每季度总结表彰新涌现出来的科技创新成果、装卸工属具革新成果、软件开发应用成果、生产纪录、职工"金点子"、员工品牌和行业专家、节能环保工作先进个人，不断推动节能环保深入开展。

第四节　国有企业承担环保与社会责任面临的问题

企业的社会责任要求企业要超越把利润作为唯一追求目标的传统理念，强调再生产过程中对人的价值的关注，强调对消费者、对环境和对社会的贡献。从企业自身发展的需要来看，企业的可持续发展离不开各种资源的支撑，而企业同时又是资源的消耗大户。传统增长模式，即"资源—产品—废弃物"的单向式直线过程，意味着创造的财富越多，消耗的资源就越多，产生的废弃物也就越多，对资源环境的负面影响就越大。过度地消耗资源，必然会制约企业的发展，因此，企业作为社会经济活动的基本单位，作为自然资源的主要利用者，应主动在节约资源和保护环境方面担负起社会责任，成为可持续发展战略的实施主体。这就必然要求企业主动调整与自然的关系，最大限度地节约资源、保护环境，走社会效益、环境效益与企业经济效益相统一的道路。

国有企业承担环保责任的重要性毋庸置疑，但是目前，部分国有企业对承担环保责任缺乏动力，存在诸多问题，主要有以下几个方面：

一、制度层面保障不完善

环境管理是一种新的经营理念，它对协调企业、消费者、社会利益具有重要作用，既需要政府的大力支持，也需要社会和消费者的接受和认同。企业环境管理除需要资金上的保障，还需要政府制定环境政策、法律法规和制度来规范人们的环境行为，目的是纠正环境作为公共物品而引起的市场失灵，而政府的这种干预是否有效则取决于是否充分尊重和考虑了相关方的切身利益，所采取的措施是否能激发约束方的主观能动性。企业的根本利益就是追求利润的最大化。如果环境政策措施的制定能够让企业通过改善环境形象提高产品的市场竞争力，从而使企业真正获得经济效益和环境效益的双赢，就能激发企业的自觉行为，使环境政策的实施容易获得成功。反之，如果企业实施环境政策措施的成本过高，又不能得到相应的回报，则会挫伤企业的积极性，必然导致执法难度加大。

我国已经颁布实施了《环境保护法》等五部专门的环境保护法规以及《环境噪声污染防治条例》等20多项环境保护行政法规，还有许多地方性的环保法规和条例，但是相对于发达国家，我国的环境立法滞后且量刑偏轻，环境法规和标准的执行不力，弹性很大；行政上存在政企不分、以言代法、以权代法的弊端。这一方面是因为环境立法在我国尚属新领域，在立法体系上还存在许多空白，现行的法律不适用，法律责任不够明确，在实践中难以执行，而且我国的环境执法以行政执法为主，执法活动经常涉及地区经济利益，往往会受到地方政府的干扰，造成行政管理部门在依法行政时不能做到执法必严和违法必究。在具体的执法实践中，环境保护部门也缺乏有效的法律手段，因执法经费、交通工具、仪器设备等原因往往不能及时有效取证，使执法显得相当困难。另外，环境执法机构的不健全等因素也影响了执法力度与效果。

我国节能减排技术要素市场监督管理方式和水平不完善。首先，我国当前节能减排技术要素市场的管理和监督在行政体制建设方面存在缺陷。虽然国家层面上的节能减排相关技术与服务市场管理办公室仍存在，但各地技术要素市场管理部大多被精简或者合并，我国节能减排相关技术与服务市场监管呈现弱化趋势。其次，我国节能减排技术要素市场上的中介机构建设不完善，不能很好地发挥其在政府部门和企业部门之间的桥梁作用，也不能很好地发挥其辅助政府参与节能减排技术要素市场监督和管理的作用。作为技术中介机构，它应该具备沟通、评估、协调、组织和经营的功能，但我国的技术经纪机构、技术评估机构等科技中介机构总体实力不强，研究开发型技术贸易机构发展缓慢，甚至一些技术中介机构的法律地位、经济地位、管理体制和运作机制均不明确、不合理，严重制约了技术要素市场向更高层次发展。相当一部分技术中介机构的服务水平、质量和人员素质偏低，缺乏竞争力。同时，"先排污，后收费"的排污费征收方式使政府处于被动局面，难以约束企业珍惜环境。目前的排污费征收是一种事后行为，即企业污染在先，排污费征收在后。这样造成环保部门十分被动，无法对所有企业或企业的全部生产行为实施有效监督，也难以形成对企业的有效约束机制。同时，这种方式还将环保的责任过多地转嫁给了政府：一是政府为了征收排污费，需要维持庞大的征收队伍，设立监督机构。二是企业缴纳排污费后，大多数企业实际上就不再承担污染治理的责任，这一责任最终落到了政府的头上。这使得政府不得不额外增加支出来治理企业生产中造成的环境污染，从而形成了"企业污染，政府治理"的恶性循环。

二、企业动力不足，没有形成系统管理

（一）企业对节能减排、承担环保责任的动力不足

很多企业对节能减排和推进企业承担环保责任的重要性、紧迫性认识不足，还是一向重经济增长、轻环境保护。企业追求经济效益是企业的生命之本。承担

环保责任比较成功的企业，基本上都能够通过循环利用本企业的副产品或废弃物取得较好的经济效益。追求经济效益，是企业发展和环保并行的基本原动力。既然企业节能减排、承担环保责任能够减少资源的投入，能够产生较高的经济效益、环境效益和社会效益，那为什么还有那么多的企业宁愿继续走"高投入、高消耗、高排放"的老路子呢？主要原因是，在我国当前市场经济条件下，对传统经济的成本约束不力，对节能减排、承担环保责任的效益激励不够，动力不足。

一是我国资源税普遍较低，自然资源价格相对低廉。矿产资源、生态环境等公共资源的企业"私人"使用与社会付出成本不对等，使得初次资源和再生资源的价格形成机制不同。企业总是在开采初次资源与利用再生资源之间进行成本比较，总是试图免费或低价使用环境来排放废弃物，从而节约其局部成本。

二是我国的自然环境尚没有被严格监管。企业支付的排污费不仅远低于污染损害补偿费用，甚至也明显低于污染治理费用，这就使废弃物排放具有显著的负外部性。因此，尽管整个社会需要为"三高"发展模式付出沉重的代价，但个别企业需要付出的成本相对较低。

三是没有完全将自然资源和对环境的污染纳入成本。相比之下，许多循环经济投资项目需要企业前期投入大量的技术开发资金和运行管理费用，这使得投资项目显得周期长、投资大、比较效益不明显。尤其是那些资金比较薄弱的中小企业，由于企业经济效益差、负担重，自觉发展循环经济的意愿更是不强。

(二) 企业的技术支撑体系不能满足节能减排的要求

污染治理投资总量不足是造成我国环境污染的主要因素之一。我国的污染治理投资虽然逐年有所提高，但同国际水平相比，差距仍然很大。而已有的环保设施因报废、闲置、停运的原因没有运行的比例很高，即使在运行中的设施，其有效利用率也有待提高，很多投资没有发挥效益，投资效益非常低。这与企业的财力、技术等条件有关，当然环保投资意识的淡薄也是重要原因之一，企业只看到了环保投资的短期投入，而没有从长远的角度看到这些投资给企业带来的收益。

节能环保的技术研发是企业承担环保责任的基础，企业是否有积极性节能减排，则取决于技术水平所决定的经济效益的好坏。但节能减排要实现的生产废物减量化、再利用、再循环，显然是常规技术所无法支撑的，而是以成熟的污染治理技术、废物利用技术等清洁生产技术为主的绿色技术体系为基础。但在目前，我国生态技术的发展水平还远远不够。我国过去科技的发展更多的是强调为经济建设服务，相对而言忽视了环境污染、区域协调发展等问题。我国企业节能环保技术在原创性基础研究方面十分欠缺，手段相对落后；缺少大跨度学科交叉的系统综合研究；企业偏重末端治理，忽视全过程和区域性控制；缺乏全球视野，参与国际计划能力不足；长期、连续、动态的基础数据积累不够；缺少自主知识产权的集成技术与成套设备；科技对政府决策的支撑面相对薄弱。这一切表明，我国的科技水平与发达国家存在巨大差距，在一定程度上制约着我国企业节能减排、承担环保责任的发展进程。

（三）企业节能减排管理组织结构效率低

相当一部分企业没有从战略、组织、人力资源、绩效考核等方面来系统地整合能源管理的运作。

一是企业节能减排管理组织效率较低。国有企业，尤其是中央企业中的能源管理工作大多是在各部门专业化分工的基础上自发形成的，且多部门与多级管理导致管理效率较低。部分企业虽然建立了相应的能源管理机制，但其设置为"公司—分厂—车间—班组"的四级管理模式，公司领导和主管部门的各项决定和决策都需要层层向下传达，而且层级之间职责和界限分明，不能越级向下。决策的落实情况是由各相关单位分头解决和完成，完成结果需要逐级层层向上汇报。而各平行单位由于分工和工作侧重点不同，彼此之间缺乏足够的协调沟通，工作中发生的问题有时需要反复多次层层沟通。因此，往往以高层领导召集各相关单位开专题会、发文件的形式才能得到解决。

二是企业没有形成以能源数据为管理核心的管理思想。能源数据的记录随意性大，没有实现标准化；多层次信息传递的信息失真与滞后；节能统计工作的基本顺序是每月的月底计量处将各单位当月的用能（水、电、气等）数量进行统计后发到车间，由车间制成能耗完成情况统计表，传递到技术发展处，由技术发展处进行数据汇总、输入、计算出当月的综合能耗、单因耗能等数据，在统计中完全由人工来进行纸制报表的制作和传递工作以及数据的人工集中录入、分析，工作程序烦琐、任务量大，而且分析数据滞后，不能及时反映当时的能耗变化情况，不利于对生产过程耗能状况进行及时、有效的检测。重点耗能设备的监控采用月底上报、分析，不能及时反映设备运行耗能状况，难以达到高效、经济运行。信息滞后的问题最终会影响主管部门的判断和决策，而统计数据口径不一，既会给审计工作造成麻烦，也会影响到能耗数据的准确性。

三是企业对节能减排的统计没有融入企业整体管理体系之中。能源管理是企业管理中的一部分，是企业行为，能源审计是政府加强能源管理的重要手段。但在实际工作中，两者在一定程度上并非完全独立，它们有着相通的理论要求和共同的数据来源。审计工作的开展，不仅是政府对企业能源使用情况的审核与考查，同时用能单位借助能源审计这个平台，发现节能薄弱环节，挖掘节能潜力，完善能源管理机制，两者相辅相成。方法论与政策、制度相结合，为企业降低能耗、达到节能目标发挥着巨大的作用。在工作中，企业若将能源审计的理论与方法融合到本企业的能源管理体系中去，会有事半功倍的成效。因此，应当以能源审计的内容为企业能源管理的对象，以审计方法优化管理手段，融入企业业务流程再造（BPR）的管理理论，建立企业"集散"式能源管理体系，从而实现管理集中、控制分散。

第五节　国有企业推进环保与社会责任管理现代化的对策

一、加强企业环保制度文化建设

企业环保文化是指企业及其员工在长期的生产经营实践中逐渐形成的为全体职工所认同遵循、具有本企业特色的、对企业成长产生重要影响的，对节约资源、保护环境及其与企业成长关系的看法和认识的总和。企业环保文化是企业从可持续发展的角度出发，将环保目标与企业的经济目标融为一体，使环保观念融入企业文化中的新的文化观念。

（一）制度建设，建立严格的规章管理制度，形成企业环保的制度文化

企业建立环保文化，必须从严格的规章制度开始。企业承担环保责任的管理制度的形成和落实过程也是企业环保文化的形成过程。企业生态文化的规章制度的编制工作是一项非常重要且技术性较强的工作，它要结合组织的特点，充分考虑组织的环境状况、现有机构和其他资源状况。具体的环保规章制度应包括：专业技术规程、环保业务管理制度、环境保护责任制度。环保制度将生态价值观念融入企业的生产、人事、营销和财务工作的各种规章制度中，形成了一套系统化、文件化的管理制度和方法。这些成文的制度与约定及不成文的企业规范和习惯，对企业员工行为起着约束作用，保证企业的整个环保管理工作能够分工协作、井然有序。生态管理规章的评审是指企业在生态规章制度的运行阶段，检查整个体系的充分性、适用性和有效性，及时发现各规章制度的问题，找出问题的根源，及时进行纠正。

（二）公示环境信息，树立企业形象

企业通过将其环境信息公布于众，使广大职工对企业的环境状况和奋斗目标心中有数。企业要让消费者、社区居民、利益相关者、社会公众了解企业的资源和生态管理情况，理解企业的环保文化，这样也便于社会监督，反馈回来的批评、建议等信息，是企业推进环保文化建设的重要依据。同时，在企业中进行环保文化建设，自然会被各种新闻媒体进行广泛宣传，这等于给企业做了免费广

告。通过宣传，树立了企业的良好形象，提升了企业在社会中的地位，增强了客户对企业的信赖，从而能为企业的发展带来新的契机。

（三）建立企业生态文化的教育和培训制度

通过对企业管理者与员工进行生态环境保护教育，能提高人们对保护生态环境重要性的认识，明确企业和本人对于保护生态环境所担负的责任与权利，从而形成有利于保护生态环境的价值观念和行为规则。使企业家抛弃"环保不经济"的成见，树立起重视环境有益于经济发展的文化理念，形成新的生态化经营理念，打牢构建生态文化的思想基础，自觉地将企业的生态效益、社会效益及经济效益统一于企业的经营目标中。

二、加强研发投入管理

环保技术是企业节能减排的重要支撑，如果没有技术创新和先进技术的输入，企业所追求良好的经济效益和生态效益的目标将难以实现。我国企业普遍存在环保研发不足和研发产出比偏低的现象，所以企业可以通过以下方式创新自己的研发途径。

（一）拓展绿色产品创新领域

产品创新的重要目标在于为不断发展变化的社会需要和市场需求提供新的使用价值、新的效用和功能，从而扩大和开辟新市场，增加产品销售额和盈利的新来源。而循环经济发展正将人类文明推向一个新的转型阶段，同时这种转型也将会改造原有的产业结构，塑造新的消费观念和消费市场，这就为企业的产品创新提供了新的发展领域。企业应该把握生态、环保建设带来的机遇，在生物、材料、信息以及关乎人类全面发展的休闲、保健、医疗等领域开发新产品；开发各种能节约原材料和能源、少用昂贵和稀缺资源，并且在使用过程中以及在使用后不危害或少危害人体健康和生态环境的产品；开发易于回收、复用和再生的产品。产品设计要按生态化的要求，以获得经济效益、社会效益、生态效益，服务于人为目标；要小型化、轻型化设计产品；尽量采用非毒性材料、可循环使用材料；减少产品使用的材料种类及材料的使用量。同时，在产品投放市场后，企业要反馈环保产品的市场认知度，进一步改进产品。在相同或者更少的物质基础上实现产品和服务最大化，或者在获取相同的产品和服务功能时，实现物质和能量投入最小化。

（二）提升环保工艺创新水平

环保工艺过程是指为实现一个特定的技术结果而开展的一系列操作。顺应企业节能减排的发展要求，工艺创新不仅可以有效减少废物和污染物的产生和排放，降低工业活动对环境的威胁，而且可以降低资源的利用成本，降低物耗，使产品在质量和成本上都具有较强的市场竞争力。环保工艺创新的主要特点是：科学、合理、综合、高效地利用现有资源，延缓资源危机，采用新工艺，开发尚未利用的富有自然资源来取代已经耗竭和将要耗竭的稀缺资源，发展有益于社会效益、生态效益的新工艺技术的研究、开发与应用。同时，环保工艺要变污染末端治理为全程治理，以利于企业降低成本，在提高经济效益的同时取得社会效益、生态效益。

（三）实施信息化，促进资源优化配置和节约

信息技术是实现资源最佳配置、节能降耗及提高资源利用效益的重要手段，已成为发展企业生态化关联度最高的核心技术。利用信息化和网络化技术，可以实现对环境和资源的有效监测；现代通信与网络手段的应用，有利于加快信息的流动，优化人流、物流结构与途径，提高资源的利用率，实现资源最佳配置，促进资源的再循环；信息产业在改造和转化传统产业方面作用尤其突出，通过对传统产业实施信息化改造，其结构可得以显著优化和提升，由原来的粗放式经营变为集约式经营，甚至由原来的劳动密集型或资本密集型变为智力密集型或知识密集型，成为节能降耗、提高经济效益的有效手段。

（四）需要建立企业环保技术创新分享平台

环境保护是宏观层面的概念，其本身要达到整个社会再生产领域的资源循环利用。这种资源的反复循环利用过程不是单个企业、产业能够完成的，它需要建立一条完整的工业链。每个企业应根据自身的资本、人才、科技、产品等特点构建自己的技术创新分享平台，并与其他企业的创新平台建立联盟，共同进行技术创新活动。例如，一家企业在废气、废物、废水等废弃物的处理上有了技术创新成果，则可以将这些成果给别的企业享用，使废弃物成为别的企业的原料或能源。而别的企业提高材料、能源使用率的技术创新成果又会为其他企业提供更低廉的原料，如此环环相扣、循环利用，企业通过技术创新分享平台能够创造经济效益、社会效益、生态效益。

三、构建企业系统化的环保管理体系

企业环境管理体系是一个企业有计划、协调运作的环境管理活动，有规范的运作程序和文件化的控制机制，是一项企业内部管理工具，旨在帮助企业实现自身设定的环境表现水平，并不断地改进环境行为，以达到新的高度。ISO14001标准是企业建立环境管理体系的依据和标准模式，也是企业所要申请认证的唯一标准。它规范了环境管理体系的基本内容和要求，向各类企业提供标准化的环境管理体系的模式。ISO14001环境管理体系是一种非常科学的管理体系，它运用了PDCA的管理模式，通过17个要素的运行，对企业中与环境有关的课题实行有

效管理。企业会通过这一体系的实施，使自己的管理水平得到明显的提高。所以企业如能正确实施这一体系可以全面优化下述各方面的管理：生产活动中最小环境影响的控制、产品最小环境影响的控制、最低能耗的控制、最低材料消耗的控制、最低成本的控制、废弃物最小化的控制、最低环境（安全）风险的控制。所以，认真实施环境管理体系是全面优化企业管理的重要手段，也是变粗放型管理为集约型管理的重要手段。

（一）扁平化的组织结构

企业环保系统的组织机构应当是扁平化的、高效的。管理团队中每个成员的能力都可以得到充分发挥，真正实现全员参与。

从"集散"式能源管理组织结构可以看出，能源管理中心从定位上来说不仅是一个管理部门，更是一个服务部门，类似于生产中公用工程系统所起到的作用，不仅有领导功能，还具有组织、协调的作用。它的主要职能包括：①在线监控，平衡调整。采用综合监控技术，实现对能源系统运行状况的及时监控，并且结合节能调度的措施，确保系统运行在最佳状态。②能源系统实现分散控制和集中管理。针对管理的要求，在公司层面建立能源管理系统，可以实现满足能源工艺系统特点的分散控制和集中管理。③减少能源的管理环节，优化管理流程。④减少能源系统运行管理成本，提高劳动生产力。⑤加大能源系统的故障和异常处理，提高对全厂性能源事故的反应能力，提高处理异常事故的效率。⑥优化能源调度和平衡，节约能源，改善环境。⑦进一步对能源数据进行挖掘、分析、加工、处理。去除不必要的中间环节，提高能源的管理水平和整体管理水平，提高能源系统的劳动生产率，改善劳动的质量。

（二）强化监督，专业化流程设计

在"扁平化"的环保管理组织结构下，管理人员要按照其专业知识背景和企业性质、生产工艺的不同进行岗位分工，大致可以分为管理岗位、技术岗位和操作与服务岗位，各负其责，落实到位，使管理人员的工作对象更加专一化，职业操守更加专业化，突出工作的高效、有序。

以上管理团队的岗位和职责设计完全体现了"简化流程、减少机构、弱化权力、强化监督"的指导思想和管理理念。团队将摒弃过去森严的等级管理制度，与各生产单位形成团结的、合作的和相互依存的关系。由于能源管理的主要业务均在本部门或团队中实现，而每个岗位和工序都是在为下一个岗位和工序服务，因此可以做到业务相互衔接、信息完全共享、工作能够自主。所有员工都是以服务生产一线为目标，注重现场解决问题，注重整体效率和资源优化。当然，由于这种管理模式和流程对员工的素质要求较高，团队内应当制定考核管理机制，让责任心强、精通管理、善于合作、技术娴熟的员工有充分发挥的舞台，而不称职的员工有相应的退出机制，以保证团队和部门始终充满活力。

四、企业实行绿色运营模式

绿色、环保的企业运营模式主要包括产品设计、采购、生产、包装、营销、物流和逆向物流七个环节。企业在制造全过程的各个环节都有产生环境问题的可能，如果从制造的准备过程就开始对全过程以及生产完成后的产品进行全面的分析评价，对可能产生的环境问题事先进行预测，环境面临的危害就会大大减轻。

（一）产品的绿色设计

产品的传统设计是从"摇篮到坟墓"的过程，一旦设计和制造过程结束，产品设计人员和生产人员就不再关心产品使用和废弃过程中所出现的问题。所以，在产品开发过程中，产品使用和废弃后的各个环节没有被考虑，这样设计出来的产品结构复杂，拆卸回收难度大，也很少考虑产品的环境属性，容易造成大量的资源浪费和环境污染，难以适应市场竞争和可持续发展的需要。然而出于环保的需要，绿色运营模式下产品的设计，除包括传统设计的各个阶段外，还包括产品使用过程及产品废弃后的拆卸回收、处理处置，实现了产品整个生命周期的闭路循环，因而是一种闭环设计，面向产品的整个生命周期。这种模式要求在产品开发的所有阶段均考虑环境因素，通过设计上的改进，使产品在整个生命周期中对环境的影响降为最低，并最终引导产生一个具有可持续性的企业生产系统和社会消费系统。

产品的绿色设计模式主要包括生态环保材料的选择和产品可回收性设计两个部分。环保材料的主要特点包括材料本身的先进性（优质的、生产能耗低的材料）、生产过程的安全性（低噪声、无污染）、材料使用的合理性（节省的、可回收的）以及符合现代工程学的要求等。生态环保材料的选择要求把环保因素及材料的工程性质（性能、可制造性、可靠性、可维修性等）共同作为选材的目标，使产品既具有优良的预订功能，又有利于保护生态环境。产品可回收性设计要求产品在初期设计时就考虑到产品未来的回收及再利用问题，可以使产品、零件的回收利用率大为提高，从而可以节约材料及能源，并对环境影响最小。面向回收的设计思想，使产品设计考虑产品生命周期的全过程，既减少了对环境的影响，又使资源得到充分利用，同时还明显降低了产品成本。

（二）绿色采购

绿色采购是指企业在采购行为中充分考虑环境因素，实现资源的循环利用，尽量减少固体废物和气体污染物的排放量，以保护自然资源。一家公司的绿色（环境）采购是应对自然环境相关问题而制定的一系列方针、采取的一系列行动和形成的相应关系。相关问题涉及原材料的获取，包括供应商的选择、评估和开发、供应商的运营、内向分发、包装、再循环、再使用、减少资源使用以及公司产品的最后处置。在绿色采购过程中，采购企业可以通过采购的权利影响供应企业并帮助它创造一个可靠的绿色产品市场。通过优先采购环境影响小的产品，企业可以刺激供应商采用清洁的制造过程和材料，开展生态设计，消耗更少的能源或水，产生最小化废物，或者减少有毒产品的排放。同时，采购企业和供应商之间可以进行合作，如识别供应企业能够帮助解决的改进机会，在绿色产品的开发中，由于响应时间较长，因此需要供应企业的尽早介入等。

（三）清洁生产

清洁生产作为一种绿色生产方式，从产业经济学角度来看，它是可持续工业即生态工业的基本形式，是实现可持续经济发展的最佳模式。从微观的角度来看，它是企业实现环境保护的最佳形态，使企业名正言顺地在生态化建设中成为主体地位，真正成为发展循环经济的微观主体。清洁生产是在较长的工业污染防治进程中逐步形成的工业生产方式与技术形式。20世纪七八十年代，工业污染控制主要集中在末端治理上，当发达国家在末端治理取得成绩时，人们发现与此同时花费了巨大的治理成本。高昂的治理代价迫使人们寻找与发现较为便宜以及生态的污染控制方式。20世纪90年代，随着可持续发展思想不断深入人心，并纳入各国实际工作范围，全球出现了以末端治理为主向以源头预防为主转变的趋势，这是工业污染控制战略的根本性变革，被看作防治工业污染、保护环境的根本出路。这种"源头预防"战略，被联合国环境规划署定义为清洁生产战略，并由联合国和国际组织积极推动。1992年，联合国环境与发展大会在《21世纪议程》中，把清洁生产看成是实行可持续发展战略的关键因素，这一理念受到全世界科学家和企业界的普遍推崇，从而在全球迅速形成了工业发展的国际新潮流。

（四）绿色包装

生态包装是生态化的企业生产系统的一个重要环节，在保护产品、提高物流、促进销售、展示企业的生态形象等方面起着十分重要的作用。由于包装要耗用大量资源，包装废弃物对环境的污染也日益严重，引起世界公众和环保界的高度重视，于是，在20世纪80年代，出现了企业生态化的新理念"生态包装"。生态包装（Ecological Package）也称为绿色包装（Green Package）或环境友好型包装（Environmental Friendly Package），即包装产品从原材料选择、产品制造、使用、回收到废弃的整个过程均应符合生态环境保护的"清洁生产"要求。它包括了节省资源、能源，减量、避免废弃物产生，易回收复用，再循环利用，可焚烧或降解等生态环境保护要求的内容。生态包装不仅需要考虑包装的质量、功能、成本，更要考虑到其从原材料到加工、使用、废弃这一全过程小包装对环境的影响,不是"从摇篮到坟墓"而是从"摇篮到再造"的过程。一般认为,生态包装具有四个方面的内涵,即材料最省,废弃物最少,且节省资源和能源;易于回收再利用和再循环;废弃物燃烧产生新能源而不产生二次污染;包装材料最少并能自行分解,不污染环境。生态包装可使资源、能源得到最大限度的利用,将包装对环境的影响降到最低或完全无污染,是企业生态化发展的必然选择。

(五)绿色营销

肯·毕提(2004)在其所著的《生态营销——化危机为商机的经营趋势》一书中指出:"生态营销是一种能辨识、预期及符合消费的社会需求,并且可带来利润及永续经营的管理过程。"他把生态营销定义为:用既能获利又可持续发展的方式来识别、预见并满足消费者与社会要求的整个管理过程。综合国内外关于生态营销的表述,可以认为生态营销是指企业在市场调查、产品研制、产品定价、促销活动等整个营销过程中,都以维持生态平衡、重视环保的绿色理论为指导,使企业的发展与消费者和社会的利益相一致。生态营销要求将生态管理思想贯穿于整个营销环节,它作为市场营销发展的新阶段,代表一种以可持续发展为指导思想,照顾生态层面的、新的营销思维方式和操作方式。

建立生态营销最重要的内容就是形成绿色物流和绿色渠道。绿色渠道是在分销渠道基础上形成的使绿色产品从生产者转移到消费者所经过的通道。它不仅具有一般分销渠道的含义,而且还具有一定的绿色标志。绿色渠道要求制造绿色商品的生产者、中间商或代理人具有很强的绿色观念,并促使最终消费者成为生态消费者。企业实施生态营销必须建立稳定的生态营销渠道,策略上可从以下几方面努力:启发和引导中间商的绿色意识,建立与中间商恰当的利益关系,不断发现和选择热心的营销伙伴,逐步建立稳定的营销网络,注重营销渠道有关环节的工作。为了真正实施生态营销,从绿色交通工具的选择、绿色仓库的建立,到绿色装卸、运输、贮存、管理办法的制定与实施,都需要认真做好生态营销渠道的一系列基础工作,尽可能建立短渠道、宽渠道,减少渠道资源消耗,降低渠道费用。

(六)绿色物流

绿色物流又称为环保物流,是指在物流过程中抑制物流对环境造成危害的同时,实现对物流环境的净化,使物流资源得到最充分利用;绿色物流是融入环境可持续发展理念后的物流活动,通过改革运输、储存、包装、装卸、流通加工等物流环节,可以达到降低环境污染、减少资源消耗的目的。构建绿色物流体系是企业在未来的发展中不可回避的选择,它不仅对企业自身的发展有利,而且对整个社会的发展有利,能够实现企业的生态化建设,具有重要的意义。绿色物流有利于企业取得新的竞争优势。绿色物流的核心思想在于实现企业物流活动与社会效益和生态效益的协调，进而实现企业的可持续发展。日益严峻的环境问题和日趋严厉的环保法规，使企业为了持续发展，必须积极解决经济活动中的环境问题，放弃危及企业生存和发展的生产方式，建立绿色物流体系，追求高于竞争对手的相对竞争优势。乔克利（Choucri，1993）认为，如果一个企业想要在竞争激烈的全球市场中有效发展，它就不能忽视日益明显的环境信号，继续像过去那样经营。对各个企业来说，接受这一责任并不意味着经济上的损失，因为符合并超过政府和环境组织对某一工业的要求，能使企业减少物料和操作成本，从而增强其竞争力。绿色物流从产品的开发设计、整个生产流程，到其最终消费都将对这些因素的考虑附在其中，其构建不但可以降低旧产品及原料回收的成本，而且有利于提高企业的声誉度，增加其品牌的价值和寿命，延长产品的生命周期，从而间接地增强了企业的竞争力。

（七）绿色循环

企业的绿色运营模式不仅要考虑从原料供应到产品生产、包装、流通的正向链条上的环保问题，还应重视促进以废弃物的回收、再利用为目的的循环链条上物料的有效流动即逆向物流（Reversal Logistics）。这种物料再循环和零部件再利用既具有明显的环境效益，又能给企业带来巨大的经济效益，有利于企业的生态化建设发展。绿色循环是指不合格物品的返修、退货以及周转使用的包装容器，从需求方返回到供应方所形成的物品实体流动；废弃物物流（Waste Material Logistics）是指将经济活动中失去原有使用价值的物品，根据实际需要进行收集、分类、加工、包装、搬运、储存，并分送到专门的处理场所时所形成的物品实体流动，其中包括产品的回收、分拆、再加工和报废处理。

第十一章　国有企业国际化经营现代化

国有企业特别是中央企业是国民经济的骨干力量，大多处在关系国家安全和国民经济命脉的重要行业和关键领域。党中央、国务院对中央企业寄予了厚望。从最初提出发展 30～50 家具有较强国际竞争力的大公司、大企业集团，到发展具有国际竞争力的世界一流企业，都体现了国家对中央企业加快实施"走出去"战略，在国际经济竞争中发挥国家队作用的殷切希望和迫切要求。

加快"走出去"步伐，实施国际化经营战略，是党和国家赋予中央企业的历史使命和重要责任，也是中央企业做强做优、培育具有国际竞争力的世界一流企业的必然选择。中央企业要有强烈的责任感和拼搏进取精神，站得更高，看得更远，谋划得更长久，用全球视野来引领企业发展。

第一节　企业国际化经营的基本内容

一、企业国际化的几个概念

（一）国际化经营

国际化经营是指企业在国与国之间从事生产经营活动，包括在全球范围内进行生产资源的配置，以及其他超出国境的各种经营活动。国际化经营意味着企业必须面对世界上最强大的竞争对手，必须准确、迅速地掌握国际市场的信息，能对国际市场的变化做出快速反应；同时，国际化经营也意味着企业可以占有广阔的国际市场，更广泛地利用国际资源，得到世界最新的科学技术，企业可以在世界范围内更有效地配置资源。国际化经营将给企业带来更多的利润和更大的风险，对企业的要求也更高。国际化经营是企业由国内市场向国际市场发展的渐进过程，是企业有意识地追逐国际市场行为的体现。它包括企业进行跨国经营的所有活动和形式，如产品出口、直接投资、技术许可、管理合同、交钥匙工程、国际分包生产、特许经营等，是企业积极参与国际分工、由国内企业发展成为跨国企业的过程。

（二）外向国际化和内向国际化

国际化是一个双向过程，它包括外向国际化和内向国际化两个方面。外向国际化的内容主要指直接或间接出口、技术转让、国外各种合同安排、国外合资合营、海外子公司和分公司。内向国际化活动主要包括进口、购买技术专利、三来一补、国内合资合营、成为外国公司的子公司或分公司。企业的内向国际化与外向国际化是相互联系、相互促进的。特别是对于发展中国家而言，内向国际化往往是一个国家、一个产业和企业外向国际化的必要阶段和条件。

（三）对外直接投资

对外直接投资是国际间长期资本流动的一种形式，是投资者在国外投资经营企业并由投资者控制其企业的经营活动。它的主要特征是投资者一揽子提供资金、技术和管理经验，实现生产要素的直接转移。对外直接投资是实现企业国际化的重要前提和手段，但对外直接投资并不等于企业国际化的完成，它只是建立和完成企业国际化的必备因素。对外直接投资活动推动了跨国公司的形成，而跨国公司的进一步发展必然促进真正意义上的企业国际化。

（四）跨国公司

根据跨国公司委员会的定义，跨国公司是由分设在两个或两个以上国家的实体组成的，并从事生产、销售和其他经营活动的国际性大型企业，又称国际公司或多国公司。跨国公司是企业国际化的一般形态，然而，当跨国公司形成后企业的国际化程度得不到相应的调整和提升，其跨国经营活动也很难有效地展开。因此，跨国公司的形成也不等于真正意义上的企业国际化的终结，只能说是企业国际化的一般表现。

二、国际化程度的衡量

（一）单一维度单一指标的衡量

国际化程度的衡量指标主要包括：企业国外销售额占总销售额的比重（Foreign Sales to Total Sales，FSTS）、企业出口销售额占总销售额的比重（Export Sales Ratio，ESR）、企业在本国以外实现的经营收入占总收入的比重（Foreign Revenue to Total Revenue，FRTR）、企业海外资产占总资产的比重（Foreign Assets to Total Assets，FATA）、海外雇员占雇员总人数的比重（Foreign Employee to Total Employee，FETE）、海外子公司占全部子公司的比重（Number of Overseas Subsidiary to Total Subsidiaries，NOSTS）、企业的海外子公司数量（Number of Overseas Subsidiaries，NOS）、海外子公司分布国数量（Number of Countries where Overseas Subsidiaries are Established，NCOS）、高级管理人员的国际经验（Total Numbers of Years of Managers' International Experience，TMIE）、国际化经营的心理离散程度（Psychic Dispersion of International Operation，PDIO）。

上述各种衡量指标都从不同方面反映了企业涉足海外的程度，如 FSTS 可以被视为企业在销售收入上依赖海外市场的替代变量，FATA 可衡量企业依赖海外生产的程度，而 NOS 或 NCOS 基于各地区销售额或子公司数的赫芬达尔指数或熵值指标则可反映区位成本和收益等的分散程度。

联合国贸发会议（UNCTAD）出版的《2000 世界投资报告》采用了 FATA、FSTS、FETE 三个指标的平均数作为跨国公司国际化程度的衡量标准。

（二）国际化深度

国际化深度指的是企业针对某一特定市场资源投入的程度（Degree of Commitment），它可以通过企业的市场进入模式反映出来，如出口意味着较低程度的资源投入，而对外直接投资代表了较高程度的资源投入。根据已有文献，海外销售占总销售额的比重（FSTS）、海外资产占总资产的比例（FATA）、海外机构占全部机构的比例（FOTO）以及海外雇员的比例（FETE）可以作为海外市场涉入深度的测量指标。

（三）国际化广度

国际化广度指的是企业经营海外市场的广泛程度，以往的研究大多采用海外经营涉及国家的数量（NCOS）或海外子公司的数量（NOS）来衡量，但潘加尔卡（Pangarkar，2008）认为这些指标忽视了不同国家对企业国际化经营重要性的不同（在企业海外销售中所占份额的高低），以及海外市场与母国在文化、体制和商业管理方面的相异程度（与母国心理距离的差异）。

第二节　企业国际化经营的理论探析

一、企业国际化经营的阶段

普哈拉和哈默尔（Prahalad and Hamel，1990）认为企业的国际化可分成四个阶段：第一个阶段是 Multi-domestic Enterprises，企业在单一国家运营，然后将产品输出到其他国家；第二个阶段是 International Enterprise，跨国企业在海外设立分公司，以处理当地业务；第三个阶段是 Global Enterprise，企业将某一部分业务移至他国经营；第四个阶段是 Transnational Enterprise，即"超国界公司"，其最大的不同是，公司没有一个通常意义上的固定总部，负责公司运营的各主要部门的高层主管都分布在全球不同的国家和地区，以求发挥各国在人才、资金、低成本等方面不一样的资源优势，来提升自己的竞争力。

罗宾逊（1989）将企业国际化的过程分为六个阶段：①起步阶段，经营范围完全限于国内市场，但原材料采购等经营活动开始涉足国外市场；②出口阶段，出口逐渐成为企业长期经营的内容，企业建立了开发出口市场的专职部门；③国际经营阶段，出口业务进一步扩大，并开始以参股形式在国外创建子公司，或建立跨国战略联盟；④多国经营阶段，国外子公司的数量开始增加，母子公司的经营决策方式由单向联系发展为双向联系；⑤跨国经营阶段，子公司和母公司以及子公司之间开始组建沟通网络，决策权限由分散趋于集中；⑥超国界经营，全球范围内的全方位战略贯穿整个企业集团的经营过程。

小林规威（1998）及其领导的研究小组通过对欧、美、日的跨国公司国际化经营的进展进行计量分析，提出了国际化经营的五个阶段：①以总公司经营为中心的国际化阶段；②重视出口市场的国际化经营阶段；③区域联系与开始从事海外生产阶段；④以全球战略进行跨国经营阶段；⑤全球战略经营的深化阶段。

综合以上学者的观点可以得出一个一般性的结论，即企业的国际化是一个漫长的过程，假如以出口作为国际化的开端，那么可以将国际化分为如下五个阶段：

第一阶段，大多数企业与国外的联系是通过将国内商品出口到国外或直接收到国外订单开始的。如果这种出口能长久维持下去，且不断扩大，企业就会考虑建立自己的出口机构。尽管海外事业主要以出口活动为主，但企业仍属于内向型的。企业的行事方式还是以母国为取向，即以总公司的经营为中心。

第二阶段，随着出口扩大，企业会在出口地面临激烈的竞争及受到关税、非关税壁垒的限制，于是开始进行进口替代产品的当地生产。对外直接投资标志着企业开始了真正意义上的国际经营。

第三阶段，国外子公司的数量开始增加，企业意识到与出口国之外的第三国市场的结合，在多个国家建立海外据点，并且逐渐成熟巩固，积累了相当多的海外经营经验。但各子公司之间还是各行其道，整个企业集团尚未形成统一的步调。在行事方式上以东道国为取向。

第四阶段，母公司开始全盘考虑其整体利益的极大化，在行事方式上以世界为取向。母、子公司之间开始组建沟通网络，使全面统一的管理成为可能。各子公司逐渐被纳入同一条全球性价值链，成为其中的一个环节，负责公司全球整体战略的某一专项职能，各环节之间由公司总部统一加以协调控制。随着全球战略经营的深化，企业成为真正的国际化企业。

第五阶段，这是企业国际化的最高形态。企业国际经营的范围已遍及全球市场，全球范围的全方位的战略已贯穿整个企业集团的经营过程，由于自身实力和应变能力的强化，企业调配和利用各国资源的自由度大大增强，"国界"对其约束力已大大减弱，企业成为"无国界、无国籍"的庞大经济王国。

二、国际化路径选择和进入方式

进入国外市场的行为模式决策指的是企业计划进入哪个国外市场和以何种模式进入该市场。传统上国外学术界对该问题的研究涉及三个层面：

（一）国外地理市场的选择

现有研究认为，企业在制定国际化战略时首先必须做出的决策是进入或服务于哪个国家或地区的市场最为有利。是否进入某个特定的市场取决于企业对该市场吸引力（规模、发展前景、政府规制）、产品的相对竞争优势、运输费用以及企业的国际化战略和自身能力（或者说国际竞争力）等因素的综合衡量和判断。

（二）进入模式的选择

关于企业以何种模式进入该市场的问题，现有研究将其归结为企业对海外资产投资的控制权决策。从对海外资产控制的角度出发，企业进入国际市场的模式选择大体可分为两个层次：基本层次和高级层次。前者是指非资产型进入模式，包括货物、服务、技术、劳务等的出口贸易和特许经营。对于制造业企业而言，非资产型进入模式不涉及产品海外生产的问题，因此企业无需或只需少量的资产投资于国外市场。后者高级层次主要指的是资产型进入模式，即对外直接投资（FDI），主要包括收购、合资和新建全资子公司。对于制造业企业而言，资产型进入模式涉及产品海外生产的问题，因此企业需要考虑独立生产还是寻找国外合作伙伴合作生产的问题。无论是独立生产还是合作生产，实际上都涉及企业对海外投资资产的控制权的决策。

（1）FDI。FDI 即国外直接投资。用于国外直接投资的资本有多种形式：使用商标、品牌或专利技术等无形资本的投资往往采用特许经营的模式；而以资金、人员或设备为资本的投资往往采用收购、合资或独资的模式。通常，FDI 又可分为"水平 FDI"和"垂直 FDI"。水平 FDI 指的是在海外投资生产设备用以生产为当地客户设计的产品，即国外子公司主要为当地市场服务，而不是向母公司出口中间产品。垂直 FDI 指的是产品的各个部分在不同国家制造。FDI 按照对资产控制程度和资源投入程度可以进一步划分为合资、收购和独资（全资新建和全资收购）三种形式。

（2）收购。收购是实现 FDI 的一种形式。收购企业通过购买国外某公司

（被收购企业）足够的股票以获得对其一定程度上的控制权。获得部分控制权，则收购企业与被收购企业组成合资公司；获得全部控制权，则收购公司使被收购企业成为自己的独资公司。

（3）合资。合资是两个或两个以上的企业共同投入一定数量的资产组成合资企业，并因此共享合资企业的所有权和控制权，共同使用合资企业的资产和分享资产带来的收益。合资企业既可以是合作各方通过合作性协议而成立，也可以通过非合作的购并而建立。合资方式常常被看作是一种国际战略联盟。根据所有权占有程度的不同，合资又可以进一步分为少数所有权合资（占有合资企业股份低于50%）和多数所有权合资（占有合资企业股份高于50%）。

（4）新建全资子公司。新建全资子公司是投资企业在东道国全资新建一家企业。它被西方研究者称为绿地投资（Greenfield Investment）。许多研究将全资新建模式和全资收购模式看作是相互替代的进入模式。

（三）进入的时间顺序选择

对进入国外市场的行为模式决策的研究还存在与市场选择和控制权决策有所区别但又紧密联系的领域，即企业进入国外市场的时间顺序（以下简称时间顺序）。时间顺序与国外市场选择的结合指的是企业对先进入地理距离相近的市场，还是地理距离较远的市场的连续性决策。时间顺序与控制权结合指的是企业在非资产型模式的各种形式之间、资产型模式的各种形式之间以及两种模式之间的连续性选择。如先出口，还是直接进行海外生产以及何时由出口转变为国外生产等诸如此类的与时间顺序有关的决策。时间顺序也是进入模式决策中的一项重要选择，它影响企业国际扩张的行为并最终会对企业绩效产生深远的影响。时间顺序决策不仅反映了企业国际竞争优势的重要来源（如先发优势），而且是进入壁垒、东道国产业发展状况以及市场结构等诸多因素的综合体现。

第三节　中国企业国际化经营的进程

我国企业国际化是伴随着改革开放的不断深入而发展的。党的十一届三中全会做出实行改革开放的重大决策后，我国企业开始尝试进入国际市场。1988年，国务院正式批准中国化工进出口总公司为跨国经营试点单位，这标志着中国企业国际化经营进入了自觉推广阶段。1992年党的十四大确立建设社会主义市场经济体制的目标后，企业纷纷把国际化发展提高到进一步扩大开放、促进经济发展的战略角度来考虑，并使其与自身的多元化发展战略相结合，从而使企业国际化进入新的发展阶段。20 世纪 90 年代中期，随着中国国际收支经常项目顺差的不断延续和外汇储备的不断增加，国内企业界和学术界对我国企业走出国门从事国际化经营的问题开始重视起来。当时普遍的观点是，在中国国际收支处于顺差的背景下，中国企业不仅有必要"走出去"，而且有了走出国门到海外投资，在全球范围内从事资源的利用与生产的现实条件，这为企业进一步开拓国际市场提供了有力的支持。但是，在这个阶段，企业国际化经营问题尚未成为国家的发展战略，还处于理论探讨和舆论准备阶段。

20 世纪 90 年代末，随着中国加入 WTO 进程的加快，中国企业国际化经营问题逐渐被政府有关部门提上了议事日程。1999 年 2 月，国务院办公厅转发了外经贸部、国家经贸委、财政部颁布的《关于鼓励企业开展境外带料加工装配业务的意见》，这被认为是中国企业"走出去"开放战略的前兆性标志。自 2000 年党中央明确提出实施"走出去"战略以来，"走出去"战略成为中国经济发展和加入 WTO 后迎接国际竞争的重要战略措施之一。此后，党的十六大以后的历届全会、国家《十五计划纲要》和《"十一五"规划》都明确指出，实施"走出去"战略是对外开放新阶段的重大举措，鼓励和支持有比较优势的各种所有制企业对外投资，带动商品和劳务输出，形成一批有实力的跨国企业和著名品牌，在更大范围、更广领域和更高层次上参与国际经济技术合作和竞争。

"十五"期间在国家政策的支持和鼓励下，我国企业的对外投资和跨国经营实现了跨越式增长，取得了丰硕的成果：

（1）企业国际化步伐明显加快，各项业务总量持续增长。

（2）"亚洲为主，发展非洲，拓展欧美、拉美和南太"的多元化市场格局初步形成。

（3）企业跨国经营的优势行业仍然集中在劳动密集型产业，资源开发、加工制造业和服务贸易成为我国对外投资的三大支柱领域。近几年来，随着我国经济的快速发展，能源不足问题日益突出，包含石油、天然气开发在内的采矿业，成为我国企业对外直接投资的重点领域。采矿业与以通信设备、计算机等电子设备制造以及纺织、交通运输设备、医药设备、冶金等为中心的制造业的投资、商业贸易和商务服务业的投资占据了我国对外直接投资的主要份额。

（4）跨国并购已经成为中国企业对外直接投资的重要方式。"十五"期间，中国企业对外直接投资由"绿地投资"向跨国并购等方式扩展。

（5）投资主体更加多元化，国有企业所占比重下降。

（6）大型和特大型项目增多，技术含量提高。一批境外研发中心、工业产业集聚区逐步建立。对外承包工程向 EPC 总承包、BOT 等更高层次发展，大型项目增多，技术含量提高。

（7）企业国际化经营对促进国民经济和对外关系发展的作用日益明显。我国企业不断增加在境外从事家电、机电、纺织、服装、轻工等行业的生产经营活动，不仅配合了国内产业结构调整，带动了机电成套设备和自有技术出口，而且增进了我国与周边和发展中国家的友好关系，促进共同发展。

（8）企业"走出去"战略政策体系进一步完善。加入 WTO 以后，针对世界经济发展变化的新形势，结合我国经济全面协调可持续发展和广大企业自身发展壮大的需要，国家陆续出台了一系列促进、支持、保障企业"走出去"的政策和便利化措施，为企业加快实施国际化经营战略营造了良好的体制环境和政策环境。2004 年商务部制定下发了《关于境外投资开办企业核准事项的规定》，并与国务院港澳办联合下发了《关于内地企业赴香港、澳门投资开办企业核准事项的规定》，在全国范围内下放境外投资核准权限，简化手续，进一步体现了在市场化原则下国家投资体制改革的精神和政府职能转变的要求，对推动中国企业对外投资起到了积极的促进作用。与此同时，商务部联合外交部或单独制定发布了《对外投资国别产业导向目录（一）》，印发了《在拉美地区开展纺织加工贸易类投资国别导向目录》《在亚洲地区开展纺织服装加工贸易类投资国别指导目录》，旨在完善对外投资服务体系，为各种所有制企业对外投资提供国外信息服务。此外，我国还建立了《国别投资经营障碍报告制度》，通过多双边机制解除对外投资合作障碍，维护我国企业合法权益。同时，建立国内有关行业组织、我驻外使领馆经商机构、境外中资企业商会、国内投资主体等共同参与的、形式多样的协调机制，加强行业自律，规范企业经营行为。

总之，在国际化经营的战略目标方面，我国企业经历了从以寻求市场和寻求资源为主，到以获取战略性资产和提升效率为主的演进过程。改革开放初期，我国企业国际化经营的主要目标是寻求市场和资源。其中，寻求市场主要通过出口贸易、在海外建立贸易分支机构或服务机构，从而开拓当地市场；寻求资源是指在海外建立资源贸易或开发企业，从而获取海外资源。这一阶段，我国企业对外投资主要集中于贸易、餐饮、旅游、建筑等服务性行业以及石油等能源行业。随着改革开放的深入，市场寻求和资源寻求仍然是我国企业国际化经营的战略目标，但以获取战略资产和提升效率为主要动机的境外投资行为明显增加。其中，战略资产既包括技术、品牌等无形资产，也包括采矿权等有形资产；效率既包括市场份额扩大带来的规模经济，也包括不同市场和资源整合带来的协同效应。这一时期，我国企业的对外投资不再完全集中于服务性行业和能源行业，开始选择生产加工行业，如首钢集团、海尔集团等。对外直接投资的重点区域仍是亚洲，但美洲、欧洲的比重明显上升。加入 WTO 以后，我国制造业企业通过国际化经营获取战略资产和提升效率的意图更加明显。越来越多的企业境外投资或并购是为了获取核心技术、建立国际销售网络、学习国际先进的管理经验、提高品牌的国际影响力，大量的海外并购均发生在欧美等发达国家。在对外投资时，企业可选择的行业领域大大拓宽，既包括一般加工制造业，也包括机械、电子等高新技术产业，还有部分企业涉足电信、金融等服务产业。与此同时，由于国内资源和能源短缺，一些大型企业也纷纷到境外从事资源开发类的投资，以确保原材料和能源的供应。

第四节　国有企业国际化经营面临的问题

随着"走出去"战略的实施，国有企业（中央企业）也在不断地拓展国际化经营。在国有企业拓展国际化经营的过程中，存在若干问题，需要加以解决。

一、把握和运筹国际市场的经验和能力不足

中国企业不但这方面的能力较弱，而且对这个问题的重要性也认识不足，研究国际市场的意愿和能力都还远远不够，这也是当前中国很多优势企业面对国际市场"败走麦城"的主要原因之一，中航油在新加坡的倒闭就是一个典型的例证。

二、在全球范围内配置资源的能力有待提升

随着全球经济一体化的加速发展，最大限度地利用全球优势资源就成为跨国公司获得竞争优势的一个重要途径。在全球范围内配置人力及资本资源的能力、采购原材料质量与效率的高低在很大程度上决定着企业最终产品的价值和竞争力。因此，在全球范围内配置资源就成为跨国公司最为重要的战略选择和策略手段。中国的优势大企业要想通过国际化道路发展为跨国公司，这种全球范围内配置资源的能力是必不可少的。

三、缺乏合理的产权结构和管理运营机制

综观全球范围内绝大多数的跨国公司，大都是因为有合理的、多元化的产权结构及规范化的公司运营机制，才孕育并强化了其持久不衰的国际竞争力。真正市场化的竞争机制是建立在合理的产权结构和管理运营机制之上的，它们能大大增强企业自身的抗风险能力，提高企业的竞争力。只有产权结构合理了，才容易形成有效的管理运营机制。在这方面，国有企业的产权结构需要进一步优化。一

些国有企业对海外子公司的经营监管机制不完善，也极易造成境外企业管理中出现"内部人控制"现象。国有企业的管理运营机制需要不断完善。

四、尚未形成全球化的经营网络，国际营销渠道能力需要提高

经营网点是企业推销产品和服务的前沿阵地，其主要功能是市场调查、产品宣传、技术支持和市场开拓。长期以来，由于我国企业把关注的重点放在国内市场，其物流、人流、资金流、信息流基本在国内一个封闭的系统中循环，未形成全球化的经营网络。面对国外经营网络缺乏的现状，企业在跨国经营过程中就无法充分地利用"两种资源"，也不利于企业更好地服务国外客户和减少经营成本，妨碍了企业形成合理的价值链。

五、缺乏适应全球化运营的合理人才管理机制

在经济高度全球化的今天，企业之间的竞争在很大程度上归结于人力资源的竞争，人才已经成为第一资源。跨国公司依靠其雄厚的资金、良好的工作环境、优厚的待遇和科学的人才管理机制吸纳了大量优秀的人才，这是它们能够在国际市场上纵横驰骋的资本。目前中国企业派往海外企业的经理人员多数任期只有三年左右，刚刚能胜任工作就被调回国，经理人员只关心企业在自己任期内的情况，从而导致企业的短期行为，使得我国海外企业发展缓慢，在人才的引进、培养、使用和激励等方面与跨国公司相比还有相当大的差距，特别是国际化人才的储备更是不足，这种不合理的人才管理机制将成为中国优势企业发展成为跨国公司的一个极大障碍。

企业实施国际化战略使得管理的问题变得更为复杂和不确定，对管理者的水平相应地提出了更高的要求，需要一批具有全球化眼光、善于从全球的视角定位企业的未来和发展方向、能够在全球范围内成功管理企业的高级管理人才。可是，目前我国企业中可以达到这种要求的管理者可谓微乎其微，严重地影响了企业跨国经营战略的实施。目前国际化的高层管理人才的短缺已严重制约了我国企业对"走出去"战略的顺利实施。

第五节　国有企业如何做好国际化经营

中央企业在国际化经营中出现的问题，其根本还是在于战略、风险控制、组织结构、人才和跨文化管理能力不足，只有将这些基础的管理做好，才能进一步

提升企业国际化运营能力，形成国际品牌。

一、国际化战略规划和控制能力的构建及评估

企业国际化战略控制能力的评估是对国际化战略有效性进行持续评估的过程，而且它也是一个与国际化战略实施流程相并行的系统工程。企业国际化战略实施控制能力的流程如下。

（一）明确整体的战略规划

国际化经营战略应当包括以下三个方面的内容：

（1）企业的经营领域。即企业要明确出售何种产品或服务，目标市场定位在哪里，企业为哪一类消费者服务。

（2）企业经营领域方面的差别优势。了解企业提供的产品及劳务是在什么基础上取得了超过竞争对手的优势。例如，是较容易获得原材料的途径，还是更优秀的人才；是掌握特殊技术，还是有较低的成本与价格优势等。

（3）期望取得的目标成果。企业用什么样的财务标准和其他标准衡量自己的成就，以及预期达到什么样的成果水平。

在经济全球化条件下，企业为建立和维持自身的全球竞争优势地位，必须达到以下三个战略目标：

（1）必须在其所有活动中建立全球规模效率。开展国际化经营的企业是一个投入产出系统，它的总体效率就是产出价值与投入价值之比。产出价值与投入价值通常用销售收入和产品成本表示。因此，效率的提高意味着提高销售收入和降低产品成本。建立世界范围的竞争优势，必须同时把收入和成本作为战略重点。降低成本，需要在研究与开发、生产、后勤、采购上提高效率，建立专门化设施；提高收入，需要有很强的品牌组合、有效的分销网络、进入重要市场的能力、有效调整产品或品牌的当地资源。

（2）必须增强多国适应能力以应对不同国家的特殊风险和机遇。跨国经营环境的重要特征是多样性和易变性。各国在政治、经济、文化、法律和自然条件等方面的差异，使得企业在进行国际化经营活动时，必须考虑多国经营的灵活性。多国经营的灵活性是一种能力，它使企业能够有效管理在跨国经营环境中产生的风险和机会。

（3）必须建立从其国际经营实践和机遇中学习的能力，并能在全球范围内利用所获得的知识。企业的跨国经营活动是一个不断学习和积累经验的过程。国际经营环境中多种多样复杂的情况给企业提供了广泛的学习机会和发展不同能力的机会。在不同国家经营获得的知识和经验，通过各子公司之间的互相交流和学习，可以增强企业的创新能力和适应能力。跨国经营环境的多样性只是提供了一

种学习机会，并不能保证会形成学习风气。要想抓住这种学习机会，企业必须把学习作为一个明确的目标，建立必要的机制来促进学习过程，进而建立起全球范围的学习能力。

（二）选择进入的战略模式

对各个具体目标市场采取何种方式"登陆"是企业国际经营战略规划中的重要内容。进入国际市场的战略模式有：

（1）商品出口。这是国际经营活动的初级形式。商品出口可分为直接出口和间接出口，而直接出口是指企业将产品出口给国外客户，这些客户可能是最终用户，也可能是中间商；间接出口是指通过本国的各种外贸机构或国外企业设在本国的分支机构出口。直接出口中企业对出口产品的经营管理保留部分或全部的控制权，企业要参与国际营销活动如市场调查、寻找客户、办理出口手续等。其优点是企业可加强控制，更有效地按企业自身的意图实施出口战略，有利于积累国际营销经验，培养营销人才。但是这种方式要求企业投入的资源也较多，需要大量的人力、物力，同时风险也较大。直接出口形式有直接卖给用户和直接卖给国外中间商如代理商、经销商、零售商等。间接出口中企业的产品走出了国界，而企业的营销活动仍在国内进行，企业并不直接参与该产品的国际营销活动。间接出口的优点是风险最低，资金、人力等资源投入较少；但是企业控制海外营销活动的能力较差，学习国际经营的潜力较弱，一般适合中小企业，或把间接出口作为进一步发展的跳板。间接出口的方式主要有：外贸收购、外贸代理、委托出口管理公司代理、联营出口等。

（2）技术转让。是指授权人与受权人签订合同，提供使用专有的工业产权或技术，并收取相应费用和报酬，授权的内容有专利使用权、专有技术和商标，许可的方式有独占许可、排他许可、普通许可、可转售许可等。技术转让一般比较适用于中小企业，但是大公司也用来进行市场测试或占领次要市场。

（3）合同安排。企业以承包商、代理商、经销商、经营管理者和技术人员的身份，通过国际工程承包、经营管理、技术咨询等形式，取得利润和为产品开辟新的市场。合同安排主要包括制造合同、工程项目合同、交钥匙工程、管理合同、国际分包合同、劳务输出合同等。

（4）直接投资。是指企业用股份控制的办法，直接参与目标国市场厂商的生产，并对该企业的经营管理有一定程度控制权的投资活动。直接投资是国际经营活动的高级形式，也是企业国际化成熟的标志，但是直接投资风险更大，而且灵活性差，一旦受挫，可逆转性差；由于是全面介入，管理难度更大。

直接投资从投资方式看有以下几种常见方式：一是全资子公司，跨国母公司至少持有95%以上的股权，它是直接投资中母公司介入程度最大、控制性最强的方式。全资子公司的效率一般比合营企业高，能保护技术秘密，保证产品质量，有利于贯彻母公司的管理文化。二是分公司，是母公司在海外的分支机构，无独立法人地位，一般授权东道国的某公司或个人担任法律上的代理人。三是合营子公司，指母公司拥有非全部股权的子公司：一种形式是合资经营，合营双方确定股权比例，双方按股权比例共担风险，共负盈亏；另一种形式是契约式合营企业，双方不按股权，而是通过契约来规定双方的权利和义务。合营可以使双方优势互补，分散经营风险。但是，合营企业面临的困难和问题也很多，如双方经营目标不一致、管理方式上的摩擦、文化上的冲突等都有可能使合营失败。

上述几种进入战略的风险及可控制程度是不一样的。间接出口风险和可控程度最低，而全股子公司（独资）的风险和可控程度最高。

（三）持续地评估战略控制能力

战略控制能力是企业家对企业所拥有资源进行优化配置的能力。企业在"走出去"战略的实施过程中，不仅要有战略执行力，而且要有战略控制力。高效的企业战略控制力非常重要，这也是中国企业在"走出去"过程中要牢牢把握住的一点。企业的战略控制能力及其动态过程在全球化经营中起到了决定性的作用。企业的国际化过程实际上就是一个能力利用和能力构建的动态过程。

二、国际化人才培养和管理机制构建

（一）国际化人才的界定

由于企业跨国经营需要在海外设立子公司，海外子公司的员工会与普通企业有所差别。海外子公司的员工可以分为三种：一是来自母国的员工；二是来自东道国的员工；三是除此之外的第三国人员。由于海外经营相比国内经营具有特殊性，国际化人才对海外工程而言，有重要的作用和意义。所以国际化人才需要具备相应的特殊能力，才能符合企业跨国发展的要求。

在当前经济全球化背景下，国际化人才是经济全球化导致人才资源在全球范围内流动的必然结果。国际化人才的含义已不再局限于一个国家或者一个地区的范围内，而是以本民族的文化为背景，超越国家的范畴，在全球范围内进行开发与配置，人才资源的开发、利用呈现国际化的格局。国际化人才通常是指具有涉外工作所需要的知识、能力和技能，在参与经济全球化进程中做出积极贡献的人才，他们在开放的国际市场中流动，是中国企业参与国际竞争与合作的重要保证和核心优势。现阶段，大多数国际化人才都是企业的核心员工，他们知识广博，熟练掌握一门以上的外语，精通国际交往合作的种种技能，对不同文化有着很强的适应能力，拥有卓越的管理经验，掌握着行业市场资源或者是技术资源，通常是企业跨国经营的先锋力量。

国有企业要认识到国际化人才对于跨国经营的重要性，把培养和吸收国际化人才放在战略的重要位置，建立合理的人才制度，有效地选拔、培养、激励、约束国际化人才。

（二）国际化人才战略的指导思想和目标

人才战略是企业职能战略的重要组成部分。构建企业跨国经营进程中的国际化人才战略，就要从企业总体战略出发，研究在国际化人才开发和管理方面的一系列战略问题。从发挥人才作用的角度，配合企业总体战略，对人才国际化做出长远的谋划。

人才战略目标是企业实施人才战略的导向，由一系列具体目标组成。人才战略目标既包括总体目标，还包括具体目标，如人才队伍的规模目标、层次目标、结构目标和效能目标等，是一个由人才总量目标、人才素质目标、人才管理体制目标、人才管理机制目标等多方面具体目标结合在一起的综合体。

面对日益激烈的全球化人才竞争，中央企业在跨国经营进程中，必须要有国际视野，从战略高度推动人才资源的开发和优化配置，学习优秀企业先进的管理经验，加强人才开发投入，实施人才创新激励，建立科学的考评体系，以构筑具有国际竞争力的人才优势。所以其国际化人才战略目标主要应包含以下几种具体指标：一是人才的数量和结构；二是人才的学历结构；三是人才的年龄结构；四是人才的地区或者部门结构。

（三）国际化人才战略的方案、实施和控制

1. 研究制订国际化人才方案

根据海外公司跨国经营进程中的环境状况和发展需求，针对其缺乏国际化经营管理人才的实际情况，研究制订国际化人才战略方案。具体做法的设计思路可以有以下六个方面：

第一，对目前海外公司所拥有的人才结构、数量，做好详细的岗位分析，得出确切的岗位说明书。同时分析集团所能提供的人才种类数量，结合自身发展的实际情况制订详尽的人才需求计划。

第二，重点提升海外公司现有人才的能力。经过多年的发展和海外经营的实际经验，中央企业已经具备一批经验丰富的项目经理和专业人才。海外公司可以因才适用，把他们派往最能发挥其特长的岗位和国家去，同时针对工程项目的需要，在外派的实际工作中，提升其国际化的素质和能力，如英语能力、创新能力、适应国际惯例以及东道国文化能力等。

第三，设立科学、针对性强的国际化人才培养体系。重点培育各方面素质层次较高的人才，与相关院校合作，定点培养人才。同时在工作实践中运用实践性培训方法，以老带新来学习相关技术和管理实务。

第四，建立合理的国际化人才引进机制。海外公司尚没有自己的用人权力，一直以来都是由集团根据需要调拨。所以公司可以成立专事人才招聘、选拔、引进的人力资源部门，由专业人员负责，有效控制公司人才计划实施的成本，确保合格人员的高效引进。在国际化人才的引进过程中，海外公司应该拓展人才引进的视野和范围，对于应届毕业生、海外留学人员、竞争对手企业的人才、国际市场上的人才，甚至跳槽离开公司的人才都可加以考虑。

第五，利用精神和物质双重激励来留住人才。海外公司可以通过帮助员工做好职业生涯规划，树立其对企业的信心；加强企业文化的建设和宣传；建立科学合理的绩效考评系统和薪酬福利系统；提供良好的事业发展平台等方式有效地留住人才。还可以积极与集团其他公司合作，安排归国人员到国内项目工程中去，解决海外人才的后顾之忧。

第六，以人才的国际化为起点，以推进海外公司跨国经营的全球化为终点，建立一套符合国际化要求、具有竞争激励机制、公正规范、科学高效的人才管理平台，对人才战略进行有效的控制和调整。

2. 战略实施与控制

国际化人才战略目标和方案可以通过如下策略来有效地实施和控制，以保障海外公司国际化人才战略效用的发挥。

第一，海外公司各层管理者及员工都要树立国际化人才是企业第一资源的主导战略思想。这需要公司各层管理者的支持，同时用各种方式把这个思想传达给员工，逐渐形成企业的共同价值观，甚至形成一种企业文化。

第二，优化企业人才结构，优化配置人才。优秀的人才不仅看重企业的待遇，他们更重视的是在企业中个人的发展空间以及自身价值的实现。所以海外公司应该为这些优秀的员工搭建一个实现其价值的平台，在他们实现自身价值的同时，也能得到能力和素质的提升。这是海外公司提升现有人才能力的重要途径。

第三，建立与国际接轨的人才培养、选拔、使用机制。建立国际化的人才培养机制。对于管理人才，要把培训重点放在提高其国际化的管理能力、培养其战略性前瞻思维及市场洞察力上；而对于工程技术人才，则需要把培训重点放在其知识技术的更新、专业水平的提高和工作的创新上；对于设备操作及维护人员，其培训的重点在于实际操作水平的提高和安全意识的增强。

建立国际化人才的选拔机制。人才的选拔属于企业内部晋升，比外部招聘更节约成本，而且让熟悉的人才来担任更高的职位，也省去了很多新人需要的磨合。企业内部越高的岗位，也意味着越大的责任，需要越强的工作能力，拥有越高的薪水。所以人才的选拔对开发员工潜能是一种非常有效的方式。由于职位越高的人才，对企业的重要程度越高，所以海外公司进行内部选拔的时候，可以参考这样一些标准来进行：人才的思想品质、管理能力、专业能力、身体素质、心理素质等，并可以将这些标准制定成科学的考评体系，对人才进行客观的甄选。

建立国际化人才的使用机制。人才使用的重点在于因人适用，根据不同人才的专长和素质优势，安排其到能最大限度地发挥其特长的岗位上去。海外公司针对人才的使用机制，可以分门别类地建立各种人才信息库，在项目施工的时候便于人员的职位安排。

第四，建立国际化人才的引进机制。根据企业的具体人才需求分析，参加各国的人才交流会，也可以通过行业协会、人才猎头、收集信息去发现人才、挖掘人才；和高校建立双赢的合作关系，利用高校的智力优势和人才优势，聘请专家顾问来企业工作、讲学或指导工作；制订人才回收方案，和跳槽的人才保持联系，欢迎企业需要的流失人才回归。

第五，完善薪酬激励机制。在海外公司，人才长期在施工一线，生活、语言、文化等各方面都会遇到困难，所以人才流动大是海外公司不可避免的问题。为了吸引人才、留住人才，重点需要解决的就是人才待遇问题，这也是薪酬激励机制的核心问题。海外公司薪酬机制的主要缺点在于缺少竞争力，收入差距没有明显拉开，因而没有突出关键人才的竞争优势。所以完善薪酬机制的重点在于公正、合理地使关键员工的薪酬适度领先。比如，对参与特大项目、艰苦项目或者艰苦地区的人员要给予适当的补助；对于有突出贡献的员工要有明确的奖励；对杰出的管理人员、技术人员、高难度工种要与普通岗位的薪酬拉开距离。

三、跨文化管理

（一）根据不同的文化背景选择跨文化管理的适用模式

（1）文化背景分析。建立有效的跨文化管理模式，首先要分析不同文化特质对企业管理职能的影响，了解具有不同文化背景员工的需求和价值观、行为模式，找出文化特质，减少文化冲突和矛盾。

（2）寻找文化交叉点。跨文化沟通和文化融合的首要条件就是达成共识，双方在此基础之上互相容忍。找出双方文化的共同点，是进行文化整合的基点，应以此为契机发展双方都能接受的、高效的企业经营理念和管理模式。

（3）确定文化整合方式。不同企业中的跨文化冲突各有特点，进行整合也应因地制宜，应选择最适合企业实情和所处文化环境的方式。根据双方文化的共同点，确定双方都能接受的企业经营理念和管理模式。

（4）树立新的管理文化。将企业确定的经营理念和管理模式贯彻到企业管理的各项职能中去，形成融合了双方文化特质优点的经营理念和管理模式，通过各种激励、约束手段，使之内化为员工的价值观念和行为准则，形成独特的企业文化。

认知、尊重和协调是跨文化管理的基础。虽然从形式上看，跨国企业跨文化管理的首要目的就是中外各方需要达成一种"合作共事"的状态，但这种状态的获得，却不能分别从"认知""尊重""协调"中单独给出。如果从博弈的重复性方面来考虑，跨国公司中双方就必须选择较大程度的对文化差异的"认知"和"尊重"，在两者之间进行有效的"协调"，这样跨国企业才能实现跨文化融合。所以说，"认知""尊重"是"协调"的基础，协调关系即文化融合的实现是以"认知""尊重"为保证的。

中国跨国企业只有把这些跨国度、跨文化、跨环境等方面的因素充分考虑进来，充分融合所在国的文化特质优点和积极有效的管理思想，才能形成一套适用于所在国的经营模式。

(二) 根据不同的文化背景组建跨文化管理团队

中国企业跨国经营时会组建不同类型的跨文化团队，如象征性文化团队、双文化团队或多文化团队等。大多数合资企业的高层都属于双文化团队，其团队成员通常来自两种文化环境，并且来自不同文化的人员在数量上大致相当，该团队中不存在一方主导、另一方被压的状态。中国企业在打造双文化团队时会遇到矛盾或冲突，双文化团队虽然文化平衡，但却是可能产生最多冲突的团队。特别是那种企图仅以中国文化来管理外国员工的做法，本身就是一个认识上的误区。华人企业国际化过程中普遍面临着文化弱势的问题，要让西方人接受中国人的管理并不是件容易的事。选拔合适的跨文化团队成员，要着眼于国际化经营结构调整对高层次人才的需求，从国际范围内选拔境外公司经理、项目经理以及熟悉国际投资和资本运作的高级管理人才，从专业技术人才中选拔急需的复合型人才，选拔具有国际战略思维、能有效整合国际资源的战略型人才。

(三) 根据不同的文化背景培养不同的企业国际化经营人才

我国企业拓展海外市场，必须积极开发国际化人才资源，建设素质优良的国际化人才队伍，为打造具有国际竞争力的跨国公司提供智力支撑。全球化经理人是中国企业实施跨文化管理的主体，其地位和作用在跨国经营中举足轻重，是企业最重要的资源，他们的作用直接影响到企业管理的各个层面。

培养全球化经理人是中国企业解决跨文化管理问题的当务之急。跨文化培训是解决文化差异、搞好跨文化管理最基本、最有效的手段。跨文化培训有利于改善不同文化背景员工之间的关系，使人们能够迅速适应新文化，并提高他们的工作绩效。跨文化培训主要通过介绍和讲解不同文化背景中的风土人情、生活方式和人际关系等内容，让受训者更好地适应跨文化环境。

四、国际化经营风险的防范和控制

（一）企业国际化经营风险管理的内容

（1）国际化战略目标。中央企业只有先制定目标，管理层才能辨识影响目标实现的因素和事件。企业国际化经营风险管理要确保管理层参与目标制定流程，确保所选择的目标不仅和企业使命方向一致，支持企业的使命，而且与其风险承受能力相符。

（2）内部环境。是指中央企业内部人员如何认识企业国际化经营风险及对其态度如何。包括风险管理理念、风险承受能力、企业核心价值观及工作环境。内部环境为中央企业中的人员控制企业国际化经营风险确立了基础。

（3）风险辨识。必须辨识影响中央企业国际化战略目标实现的内外因素和事件，分清风险和机会。管理层制定战略或目标时应考虑到机会因素，并将其贯穿到管理层的战略或目标制定过程。

（4）风险测度。中央企业需要借助相关方法，通过一定的方法和程序来定量、定性分析风险的相关方面，包括风险源、风险因素、风险事件、风险损失和损失暴露。

（5）风险评估。要对辨识出的风险进行分析，以便确定管理的依据。风险与可能被影响的目标息息相关，既要对固有风险进行评估，也要对剩余风险进行评估，评估要考虑到风险的可能性和影响。

（6）风险控制。制定和实施政策与程序以确保管理层所选择的国际化经营风险应对策略得以有效实施。

（7）风险对策。管理层选择风险应对方式，包括规避、接受、降低或分担并制定一套措施把风险控制在企业的风险容忍度和风险承受能力之内。

（二）识别国际化经营风险的类别

1. 系统性风险

（1）金融服务滞后的风险。目前国内企业跨国并购时融资渠道和方式相对单一，主要是合资注入业务资产或以现金支付，资金来源多为自有资金或者银团贷款，支付手段和融资手段都很单一。而国外并购的主要方式——定向发股、换股合并、股票支付等，国内企业都无法运用。未来，完成跨国并购的这些企业都将面临比较大的经营现金流压力。

（2）专业性服务功能缺乏的风险。我国企业对海外资讯掌握不够，可行性研究和分析不全面，导致并购后发现"上当"的情况很多，缺乏为并购者提供准确信息的专业咨询机构。可行性研究是海外并购最难的环节，政府应参与到并购初期的可行性研究环节。未来应建立境外投资促进中心，成立调研基金支持企业做初期工作，基金由企业和政府共同出资。若并购成功可归还政府出资部分，失败则国家也应承担部分损失，以此分摊风险。

（3）世界经济形势不明朗的风险。如果经济在底部常驻，那么资产就迟迟不能得到利用。世界经济的低迷对中国企业的产出有很大的影响，哪怕资产的价格再低，如果中国企业的产出品价格也很低，那么抄到的"底"就没有任何经济价值；同时，国外真正的优质资产如核心技术、专利等报价都很高，难以凭借国际化经营的方式获得。

2. 结构性风险

（1）战略制定风险。战略制定及实施是国有企业唯一能够自主控制的风险。企业的国际化战略可以分为本国中心战略、多国中心战略和全球中心战略三种，如何选取适合企业自身发展的方向、制定切实可行而又富有远见的国际化战略是企业国际化最为重要的第一步。而在国际化的过程中，企业又将面临各种困境和问题，如何处理这些问题、保证战略的实施，也是考量企业国际化能力的重要方面。

（2）财务压力和经营困境。在国有企业国际化经营中，对财务风险的认识、预防和控制的研究已成为重要内容，忽视财务压力与投资决策失误是很多项目失败的主要原因。在筹资过程中，存在潜在的"杠杆陷阱"资本结构在很大程度上决定着企业的财务状况和总体筹资能力。中央企业不同的筹资组合将直接影响筹资成本的高低，进而影响生产经营成本甚至企业的竞争地位。在海外设立的公司由于没有诸多的制度制约，出现杠杆陷阱的风险远高于国内。国有企业在国际化经营中，由于企业资源的有限性，不可避免地会经受财务压力，甚至陷入经营困境。

（3）管控风险。企业的财务管控能力，尤其是走向国际化的财务管控能力必须达到战略要求，对国际和国内金融环境具备深刻的研究，否则国际化过程中一旦财务筹划不周，甚至会给企业的生存带来危险。目前，我国企业的海外并购还存在明显不足：一是缺乏明确的海外并购战略；二是过于关注收购价格，实际上，更重要的是收购企业的价值提升潜力；三是我国企业管理水平和管理经验明显不足，缺乏可持续的国际核心竞争力，缺乏强大的自主研发能力及关键的核心技术；四是缺乏并购后的整合能力。而在金融危机中，面对扑朔迷离的经济格局，管控风险是国有企业在国际化经营中需要时刻警醒的。

（三）国际化经营的风险识别框架和流程

风险辨识机制的构建为国有企业国际化风险管理提供了清晰而且明确的体系框架。这一机制明确了风险辨识的概念、原则及特点等，也正是在这一机制的基础之上，企业得以提出风险辨识流程。二者不仅仅是国有企业国际化风险管理的重要内容，同时也为企业国际化风险管理和防范提供了较好的指导和参考。只有拥有良好的国际化风险辨识机制和完备的国际化风险辨识流程，企业国际化风险管理才会更加充实和完整。

1. 国际化经营风险资料收集

在国有企业国际化经营风险辨识流程中，基础性的工作是企业国际化进程中所需要的各种资料的收集。国际化资料是国有企业进行风险分析的信息源泉，只有充分地掌握了相关信息，风险的辨识才可能准确。需要收集的国际化资料包括企业战略、企业现有或潜在的资源、产品或服务的特征、市场的竞争状况、竞争对手的状况、目标国的环境分析（包括生产要素、需求条件是否单独列出）、相关产业企业的案例及先例等。

2. 国际化经营风险分析

分析国际化风险这一步主要是通过对国有企业国际化风险形势的预测，建立国际化风险清单，并在此基础上对已经建立的清单进行风险分析，重点针对风险的各个要素进行分析，包括风险源、危害、风险发生的可能性以及损失暴露等。国有企业国际化风险形势预测的目的是明确国际化风险分析的战略、目标、战术以及实现目标的资源和手段，以确定国际化及其环境变数，如产业政策、参与者、原材料价格、费用、规模时间等。以企业国际化行业风险形势预测作为说明，那么内容包括：行业环境因素及其相关因素的解析；可采用的风险分析方法及其优劣势的分析；行业风险分析的原因、目标；对风险分析有影响的各相关方面考虑；行业风险分析执行过程的一些特点及困难评价；等等。

国有企业国际化风险清单是将企业各种潜在风险及其可能引发的损失加以分类，并按可能的成因项目进行排列，表现形式就是所说的风险潜在损失一览表，也称风险损失清单。国际化的国有企业的风险管理者应从本企业的实际情况出发，对照一览表中的各个项目来辨识风险，以避免遗漏任何较为普遍的、常见的风险。国际化的国有企业若能建立本企业的损失一览表，把一般性和特殊性结合起来，那么风险辨识工作将会更有成效。总体来看，国有企业国际化风险清单包括的主要内容有：国际化宏观环境风险及其潜在损失、国际化行业环境风险及其损失、国际化企业内部环境风险及其损失。采用风险清单作为分析风险的途径，需要在列出风险清单后，对清单中的各种损失进行分析，并找到相应的风险源、危害、风险概率与损失暴露等，继而进行下一步的风险评估。

3. 国际化经营风险评估

国有企业国际化风险分析角度因人而异，借鉴金融管理风险评估的逻辑思路，国际化风险评估可以用三元素图来表示，包括紧密相连的三大环节，即筛选—监测—诊断法。风险辨识的三大环节均使用相同的元素：征兆辨识、疑因估计、仔细检查，只是顺序不同。筛选是指风险辨识主体（国有企业）对其内部和外部潜在的各种国际化风险因素进行分类，从而确定哪些风险是最可能发生的、哪些还有待进一步的研究，同时也确定哪些是不重要的。筛选使中央企业能够排除干扰，注意力集中在最可能引致风险而且风险产生后其影响较大的因素上。监测指风险辨识主体根据某种信用风险及其后果，并且对涉及这种风险的过程进行观测、记录和分析，也就是当筛选结果提出后，对这些结果进行观测、记录和分析，掌握这些结果的变动范围以及变动趋势。诊断是指找出问题的起因并且仔细检查，只有对风险主体所面临风险的起因进行全面正确的诊断，才能真正达到对风险进行辨识和评价的目的。在国有企业国际化风险评估过程中需要对前一步经过初步分析过的风险进行仔细的研究，尽可能采用一些定量手段，以及一些相应的评估工具。

4. 国际化经营风险目录摘要汇总编制

经过上述三个步骤后，国有企业国际化风险辨识已经完成。为了积累风险辨识、风险管理的相关历史资料，还需要对风险辨识的过程和结果进行汇总，并且编制风险辨识的目录摘要，以便为企业开拓新国际市场提供风险辨识和防范的方法及策略参考，提高中央企业国际化风险辨识能力、控制能力和防范能力。总体来看，国际化风险目录摘要汇编的内容主要包括以下方面：国际化风险的来源，包括风险因素、风险可能的后果、风险的引致因素等；国际化风险类别，将国有企业国际化进程中遭遇的风险分类，以辨清风险性质，既有助于制定相应的风险管理的目标，也有助于为国有企业今后的国际化风险管理提供参考；国际化风险症状，也就是风险的具体表现形式及其先兆等；国际化风险的应对策略以及风险管理的其他相关要求。

参考文献

［1］国有企业内部控制课题组．国有企业内部控制框架［M］．北京：机械工业出版社，2009.

［2］戴夫·纳尔逊，帕特里夏·E. 穆迪，乔纳森·斯特格纳．供应链管理最佳实践［M］．刘祥亚，译．北京：机械工业出版社，2003.

［3］Kraljic P. Purchasing must become supply management［J］．Harvard Business Review，1983（9-10）：109-117.

［4］利恩德斯·约翰逊．采购与供应管理（原书第13版）［M］．张杰，等，译．北京：机械工业出版社，2009.

［5］Friedman L. A competitive bidding strategy［J］．Operation Research，1956（4）：104-112.

［6］Englbrecht-Wiggans R. Auctions and bidding models：A survey［J］．J Manage Science，1981，26（2）：119-142.

［7］Arrow K J，Debreu D. Existence of equilibrium for a competitive economy［J］．Econometrica，1952，22（3）：265-290.

［8］Vickrey W. Counterspeculation，auction and competitive sealed［J］．Journal of Finance，1961，16（1）：8-37.

［9］冯·诺伊曼，摩根斯顿．博弈论与经济行为［M］．王文玉，王宇，译．北京：生活·读书·新知三联书店，2004.

［10］约翰·纳什．纳什博弈论论文集［M］．张良桥，王晓刚，译．北京：首都经济贸易大学出版社，2000.

［11］W. 爱德华·戴明．转危为安［M］．钟汉清，译．北京：机械工业出版社，2016.

［12］约瑟夫·M. 朱兰，约瑟夫·A. 德费欧．朱兰质量手册［M］．焦叔斌，苏强，杨坤，译．北京：中国人民大学出版社，2014.

［13］A. V. 菲根堡姆．全面质量管理［M］．北京：机械工业出版社，1991.

[14] 石川馨．质量管理入门 [M]．刘灯宝，译．北京：机械工业出版社，2020．

[15] 张双才，于增彪，刘强．企业集团财务控制系统研究 [M]．北京：中国财政经济出版社，2006．

[16] 汤谷良．企业财务管理 [M]．杭州：浙江人民出版社，2000．

[17] 北森研究院，中国人民大学劳动人事学院．人才管理：中国人力资源管理新纪元 [R]．2010．

[18] 许洋．我国人力资源管理发展经历的阶段及未来发展趋势 [J]．中小企业管理与科技（上旬刊），2009（4）：51．

[19] Mcclelland D C. Testing for competence rather than for "intelligence" [J]. American Psychologist，1973（28）：1-14．

[20] 吴敬琏．论现代企业制度 [J]．财经研究，1994（2）：3-13．

[21] 贾和亭．论公司法人治理结构 [J]．特区理论与实践，1999（11）：12-15．

[22] 王峻岩．建立现代企业制度 健全公司法人治理结构 [J]．今日海南，1999（11）：22-23．

[23] 张维迎．所有制、治理结构及委托—代理关系——兼评崔之元和周其仁的一些观点 [J]．经济研究，1996（9）：3-15，53．

[24] 荣兆梓．现代企业法人治理结构 [M]．合肥：安徽人民出版社，1995．

[25] 何玉长．国有公司产权结构与治理结构 [M]．上海：上海财经大学出版社，1997．

[26] 杨瑞龙．怎样提高国有企业治理结构的效率 [J]．前线，1999（1）：14-17．

[27] 卢昌崇．公司治理机构及新、老三会关系论 [J]．经济研究，1994（11）：10-17．

[28] 林毅夫，蔡昉，李周．现代企业制度的内涵与国有企业改革方向 [J]．经济研究，1997（3）：3-10．

[29] 玛格丽特·M.布莱尔．雇员与公司治理 [M]．陈宇峰，等，译．北京：中国人民大学出版社，2014．

[30] 中工网．央企董事会建设取得重大进展 [EB/OL]．[2022-01-03]．https：//www. workercn. cn/c/2021-10-19/6831376. shtml．

[31] 菲利普·科特勒．营销管理 [M]．梅清豪，译．上海：上海人民出版社，2006．

［32］Kitchen P J. The rhetoric and reality of marketing：An international managerial approach ［M］. Basingstoke：Palgrave-Macmillan，2003.

［33］张喜民. 跨国公司在华子公司营销战略研究 ［M］. 济南：山东人民出版社，2011.

［34］Schultz D E. Opinion piece：The next generation of integrated marketing communication ［J］. Interaction Marketing，2003（4）：318-319.

［35］傅升，梁嘉骅. 营销风险及风险防范 ［J］. 华东经济管理，2005（2）：68-69.

［36］Groot I M，Gerrit A，Daniel R，et al. The effects of direct experience on consumer product evaluation ［J］. The Journal of Socio-Economics，2009，38（3）：509-518.

［37］约瑟夫·熊彼特. 经济发展理论 ［M］. 贾拥民，译. 北京：中国人民大学出版社，2019.

［38］彼得·德鲁克. 创新与企业家精神 ［M］. 北京：机械工业出版社，2018.

［39］Freeman C，Soete L. The economics of industrial innovation ［M］. Cambridge：MIT Press，1997.

［40］克莱顿·克里斯坦森. 创新者的窘境：大公司面对突破性技术时引发的失败 ［M］. 胡建桥，译. 北京：中信出版社，2010.

［41］傅家骥. 技术创新学 ［M］. 北京：清华大学出版社，1998.

［42］夏保华. 企业持续技术创新：本质、动因和管理 ［J］. 科学技术与辩证法，2003（2）：78-80.

［43］德勤华永会计师事务所. 对标世界一流企业 ［M］. 北京：经济管理出版社，2013.

［44］黄群慧. 世界一流企业管理：理论与实践 ［M］. 北京：经济管理出版社，2019.

［45］Schmookler J. Invention and economic growth ［M］. Cambridge：Harvard University Press，1966.

［46］罗森伯格. 探索黑箱：技术经济学和历史 ［M］. 王文勇，吕睿，译. 北京：商务印书馆，2004.

［47］鱼金涛，郝跃英. 斋藤优的新著《国际技术转移政治经济学》［J］. 外国经济与管理，1987，9（8）：44.

［48］段云龙，余义勇，刘永松. 创新型企业持续创新机遇决策模型研究 ［J］. 商业研究，2016（5）：120-128.

［49］李相银，杨亚平．论企业创新体系［J］．科技管理研究，2002（1）：78-80.

［50］杜宏巍，张东生．企业技术创新体系设计［J］．科学学研究，2004，(s1)：146-152.

［51］连燕华．技术创新政策体系的目标与结构［J］．科学学研究，1999（3）：30-36.

［52］中共中央马克思恩格斯列宁斯大林著作编译局．资本论［M］．北京：人民出版社，2004.

［53］Peattie K，Charter M. Green marketing［M］//BAKER M. The Marketing Book. Burlington：Butterworth-Heinemann，2003.

［54］Choucri N. Global accord：Environmental challenges and international responses［M］. Cambridge：MIT Press，1993.

［55］Pangarkar N. Internationalization and performance of small-and medium-sized enterprises［J］. Journal of World Business Volume，2008，43（4）：475-485.

［56］Prahalad C K，Hamel G. The core competence of the corporation［J］. Harvard Business Review，1990，70（3）：79-93.

［57］罗宾逊．企业国际化导论［M］．马春光，等，译．北京：对外贸易教育出版社，1989.

［58］小林规威．日本企业的海外经营之道：全球化·现地化·实态［M］．陈多友，译．广州：花城出版社，1998.

附录　中国石化物资采购供应考察报告

国务院国资委"中央企业采购管理基本规范"课题组于 2011 年 6 月对中国石化集团公司进行了为期一个月的调研和考察工作，就中石化在物资采购供应方面的先进经验进行了较为充分的交流。课题组总结发现，其采购供应工作力求通过专业化分工和流程化操作，达到决策民主、操作公开、过程受控、全程在案、永久追溯的目标。

基本经验点总结

经验一：集中采购

中国石化集团在推广集中采购模式的同时，将集中采购细化为直接集中采购、组织集中采购以及授权集中采购。大宗通用的重要物资由集团总部物资装备部直接进行采购；其余非通用物资可以由集团组织进行供应商遴选，确定定价公式，签订框架协议，由各分子公司在框架协议下完成采购过程。另外，将集权与分权充分结合，给予综合实力较强、管理水平较高的子公司一定的自主权，代替总部完成特定物资在集团范围内的采购工作。中国石化充分发挥集中采购集团化、规模化优势的同时，赋予集中采购不同的推广模式，使其更具有可操作性，在一定程度上灵活地处理了集团与子公司在集权与分权上的矛盾。

经验二：权力分置

在传统的采购模式下，采购部往往掌握着采购全流程的决策权，造成"一竿子插到底"的现象，从而容易滋生滥用权力和采购腐败等问题。中国石化集团将采购过程中最核心的三项权力——制订采购计划、合同签订、结算付款分置于三个不同部门，相互制衡。设置计划、采购和执行岗位；计划岗位负责指定采购计划和采购策略；采购岗位负责采购方案拟订和合同签订；执行岗位负责过程控制和申请付款。一笔采购业务由计划、采购和执行三个岗位分段操作完成，彼此监督和牵制达到整体效率最优和决策民主。

经验三：电子平台全程追溯

中国石化集团的采购全流程依托电子商务平台完成，网上采购占比很高。从各子公司提交物资需求、集团制订采购计划、编制询价方案、供应商的遴选和审批到追踪物资制造进度、入库检验和结算付款都需要在网上采购平台进行相应的操作。这不仅保证了流程公开透明，而且询价报价信息和审批过程等关键信息实现了永久可追溯，使原本隐蔽的权力进一步公开化。

经验四：供应商管理——重准入严考核

中国石化集团对供应商实行全方位管理，建立了供应商网络。所有进入该网络的供应商需要通过资格预审和相关认证，方可为中国石化提供物资，并且其供应物资的种类和数量需要遵守事先约定的目录。通过较高的准入门槛，从源头上控制中国石化供应商的质量和水准。进入中国石化供应商网络后，还需要接受严格的考核。供应商每次报价，供货时间、产品质量都能够在网上采购系统中查找到相关信息，并且定期汇总作为供应商考核的第一手依据。年审不合格的供应商将被取消资格，同时有优秀的供应商通过审核，实现了整个供应商网络的动态优化。

经验五：严密的过程控制

中国石化把采购过程中的产品质量、交货期、价格以及资金作为关键要素进行相应的控制。明确各部门主体职责，制定细致、全面的控制要点和流程规范，力求保证物资质量，通过市场分析和价格比对以及动态竞价等方式降低成本，加强对采购资金在审批、预算管理、使用和支付等重要环节的控制。

第一部分　中国石化集团公司物资装备部概况

中国石化集团物资采购和供应工作由物资装备部（国际事业公司）统一归口管理和协调。组织机构设置如附图1所示。

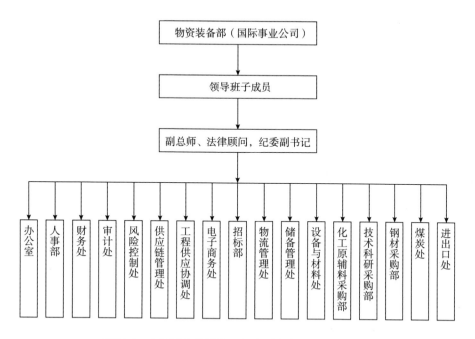

附图1 中国石化集团公司物资装备部组织机构设置

在各职能处室中，风险控制处负责法律、纪检以及合同和企业管理，物流管理处分管进出口物流以及制单，供应链管理处负责体制机制研究和供应商管理，电子商务处主管信息管理、企业系统应用管理等，技术科研采购部负责技术引进，工程供应协调处负责进行国际项目的协调工作，各职能采购部对订单、合同、结算等采购具体流程进行追踪，进出口处由客户经理负责设备材料和化工产品的进出口工作。

第二部分 中国石化特色的物资供应管理体制与机制

一、物资供应管理体制

中国石化实行"归口管理、集中采购、统一储备、统一结算"的物资供应管理体制。

1. 归口管理

企业由一位领导分管、一个物资供应部门负责物资供应的专业化管理，实行物资供应业务与管理职能有机结合，包括规章制度管理、计划管理、供应商管理、质量管理、价格管理、物流管理、绩效管理以及物资供应队伍建设等职能。

2. 集中采购

由一个物资供应部门负责对生产经营、工程建设所需物资实施统一对外采购，发挥集团化整体采购优势。集团公司物资装备部负责对石油地质专用管、煤炭、压缩机等大宗、通用、重要物资实施总部集中采购。

3. 统一储备

由一个物资供应部门负责对采购物资实施集中储备，实现物资储备资源共享。集团公司物资装备部负责对总部集中采购物资按专业或区域实施集中储备和统一配送。闲置储备物资实行中国石化内部调度调剂。

4. 统一结算

由物资供应部门统一使用采购资金，发挥集中采购和集中储备的优势，提高资金使用效率。集团公司物资装备部实施采购的物资由物资装备部统一对外结算，中国石化内部实行转账结算。企业其他部门和使用单位不得对外结算付款。

二、物资供应运行机制

中国石化的物资供应运行机制的核心内容是专业化分工、流程化操作，改造传统"一竿子插到底"的采购业务操作方式，建立起物资采购业务流程中环节间分工明确、协调高效、监督制衡和自我纠错的运行机制。关键点在于以下两个方面：

1. 三段式权力分置

设置计划、采购和执行岗位、计划岗位负责指定采购计划和采购策略；采购岗位负责采购方案拟订和合同签订；执行岗位负责过程控制和申请付款。一笔采购业务由计划、采购和执行三个岗位分段操作完成。如附表1所示。

附表1　三段式权力分置

三段式	岗位	计划		采购		执行	
	主要业务	采购计划	采购策略	采购方案	合同签订	过程控制	申请付款

2. 工作重心转移

将物资采购工作的重心由询比价、签订合同等简单重复性操作转移到强化需求分析、市场研究、供应商关系管理和过程控制等职能上来，推进物资采购由业务操作型向管理控制型转变。

（1）强化需求分析职能。加强与设计、生产和使用单位的沟通和协调，贴近现场，提前介入需求形成过程，对接物资需求计划，把握物资供应工作的主动权；运用数据统计工具，分析历史消耗数据，掌握物资需求规律，提高物资需求的预测和把握能力。

（2）强化市场分析研究职能。紧盯供应市场和供应变动的主要因素，把握供应市场变化的趋势，科学制定物资采购策略；广泛收集市场价格信息，密切跟踪价格变化，分析价格走势和主要物资价格成本构成，科学理性确定物资采购价格。

（3）强化供应商关系管理职能。实行供应商资格预审制，严格目录制管理，开展供应商动态量化考核，培育战略、主力供应商群体。

（4）强化物资供应的过程控制职能。强化进度控制、质量控制、物流控制和资金控制。

第三部分　中国石化电子商务平台与 网上采购管理办法

物资装备部是中国石化网上采购的归口管理部门，负责网上采购工作的管理、监督、指导和协调。企业物资供应部门要设置专门机构或岗位，负责网上采购管理工作。

一、电子商务各系统之间的关系

电子商务各系统之间的关系如附图 2 所示。

各系统之间的数据流如附图 3 所示。

二、网上物资采购总体流程

网上物资采购总体流程如附图 4 所示。

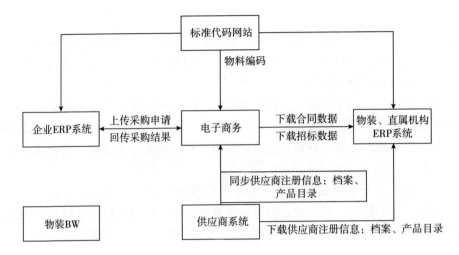

附图2　电子商务各系统之间的关系

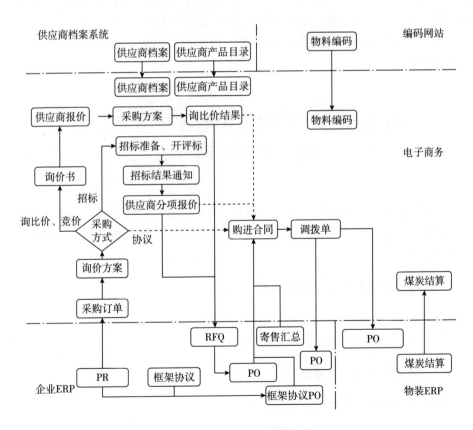

附图3　各系统之间的数据流

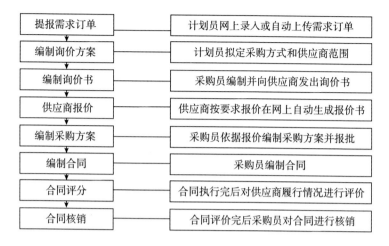

附图 4　网上物资采购总体流程

三、以集团总部为主体的采购流程

1. 询比价采购流程

询比价采购流程如附图 5 所示。

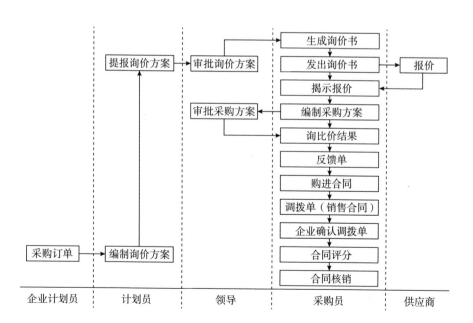

附图 5　询比价采购流程

2. 一般协议采购流程

一般协议采购流程如附图 6 所示。

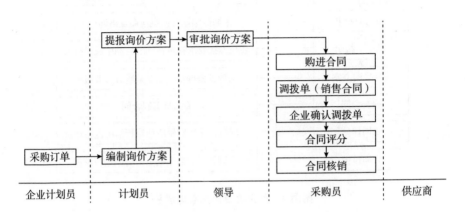

附图 6　一般协议采购流程

3. 竞价采购流程

竞价采购流程如附图 7 所示。

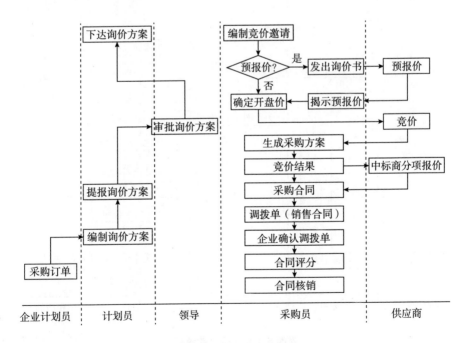

附图 7　竞价采购流程

四、以企业为主体的采购流程

1. 组织集中采购邀请招标采购流程

组织集中采购邀请招标采购流程如附图 8 所示。

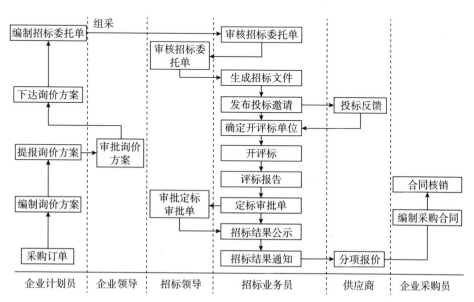

附图 8　组织集中采购邀请招标采购流程

2. 企业询比价（定向，公开）采购流程

企业询比价（定向，公开）采购流程如附图 9 所示。

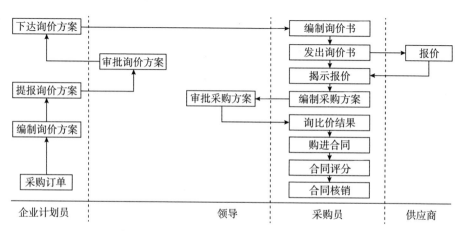

附图 9　企业询比价（定向，公开）采购流程

3. 企业一般协议采购流程

企业一般协议采购流程如附图 10 所示。

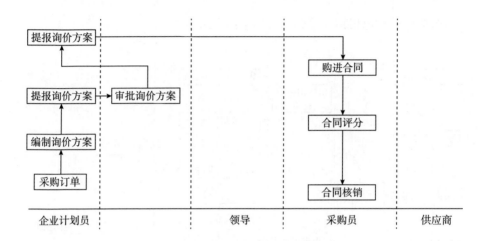

附图 10　企业一般协议采购流程

4. 企业竞价采购流程

企业竞价采购流程如附图 11 所示。

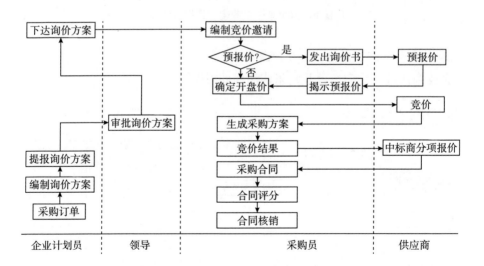

附图 11　企业竞价采购流程

5. 企业自采招标采购流程

企业自采招标采购流程如附图 12 所示。

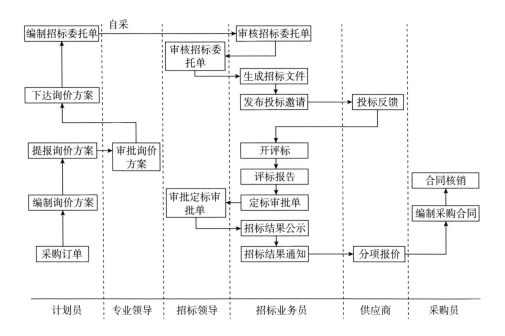

附图 12　企业自采招标采购流程

6. 组采进口采购流程

组采进口采购流程如附图 13 所示。

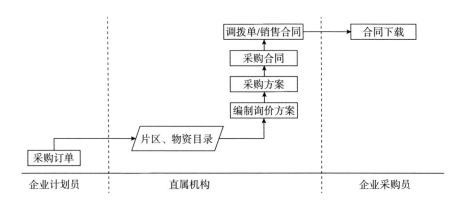

附图 13　组采进口采购流程

五、重点管控内容

（1）严格按照总部集团化采购物资目录，确定采购订单的物资品种和采购类型，严禁将属于总部直接集中采购的物资设定为组织集中采购或企业自行采购。

（2）询价方案、采购方案必须在网上履行审批程序，采购合同要按照内控制度规定权限审批，合同执行结束后要及时对合同执行情况进行评分，并核销。

（3）对于向单一供应商询价、未能及时上网等情况，要注明原因，并严格履行审批程序。

（4）物资供应部门要加强网上采购监管工作。对独家询价、特殊采购、业务处理不及时、先采购后上网补录等不规范行为进行监控，及时下达整改通知，定期公布监控及整改结果。

（5）企业要建立网上采购例会制度，研究分析本单位网上采购情况，汇总问题，制订解决方案。网上采购发生的问题和整改落实情况要在本单位内部定期通报。

（6）已实施 ERP 的企业，采购订单、采购方案和合同需通过电子商务网站与 ERP 系统接口进行传递，确保网站与 ERP 系统数据一致。未实施 ERP 的企业，采购合同经审批后录入电子商务网站。

六、网上采购考核办法

1. 网上采购达标率

网上采购达标率＝上网采购率×30%＋网上业务处理及时率×30%＋采购方式合理率×20%（未上 ERP 企业为 40%）＋通过接口上传合同和订单的比率×20%（未上 ERP 企业为 0）

2. 上网采购率

上网采购率＝上网采购总金额/物资采购总额×100%

3. 网上业务处理及时率

网上业务处理及时率＝（1−已到交货期未处理的订单数量/网上订单总量）×100%

4. 采购方式合理率

采购方式合理率＝（动态竞价采购金额＋框架协议采购金额＋询比价采购金额＋招标采购金额）/（上网采购总金额−内部互供金额−总部委托采购金额）×100%

5. 通过接口上传合同和订单的比率

通过接口上传合同和订单的比率＝通过接口上传合同数量/网上合同总量×50%＋通过接口上传订单数量/网上订单总量×50%

第四部分　中国石化集团化采购管理办法

集团化采购实施统一管理，按目录操作，物资装备部、总部授权集中采购中心和企业分工负责的管控方式。

一、集团化采购的三种方式

总部直接集中采购由物资装备部（国际事业公司）统一对外签订合同实施采购。

总部组织集中采购由物资装备部（国际事业公司）组织企业优选确定供应商、采购价格或定价公式。物资装备部（国际事业公司）或企业与供应商签订框架协议，企业采取合同（订单）方式执行框架协议。

总部授权集中采购由物资装备部授权企业成立授权集中采购中心，组织企业优选确定供应商、采购价格或定价公式。授权集中采购中心或企业与供应商签订框架协议，企业采取合同（订单）方式执行框架协议。

二、集中采购主体及职责

物资装备部负责制定集团化采购规章制度，规划、指导、协调、监督和检查总部组织集中采购、总部授权集中采购工作开展情况。

物资装备部（国际事业公司）负责实施总部直接集中采购和总部组织集中采购范围内进口物资的采购。

总部授权集中采购中心负责授权集中采购的组织实施，协助物资装备部对授权集中采购执行情况实施监督考核。

企业物资供应部门配合物资装备部、总部授权集中采购中心开展集团化采购工作，负责实施总部组织集中采购范围内国产物资的采购。

三、集中采购实施流程

1. 计划提报

企业物资供应部门按年度、季度及时提报生产类物资集团化采购计划，项目类物资计划提报执行《中国石化固定资产投资项目物资采购策略管理规定》。各企业通过中国石化物资采购电子商务网站提报总部集团化采购物资订单。

2. 采购实施

集团化采购在总部直接集中采购供应商名单和总部组织集中采购供应商名单中选择供应商，特殊情况按规定履行审批程序。

总部直接集中采购由物资装备部（国际事业公司）组织企业专业人员共同确定供应商和采购价格。

物资装备部定期组织发布总部组织集中采购和总部授权集中采购执行价和参考价，对执行价格各企业必须严格执行。

总部直接集中采购和总部组织集中采购范围内进口物资采购由物资装备部（国际事业公司）与企业签订集团化采购物资供应协议或代理采购协议。

股份公司各分（子）公司所需的总部直接集中采购物资，依据提报的订单和年度集团化采购物资供应协议实行内部调拨。物资装备部（国际事业公司）与各分（子）公司不再签订内部购销合同，各分（子）公司对集团化采购物资调拨单履行物资供应部门内部审批程序。

对集团公司各企业所需的总部直接集中采购物资，依据提报的订单，签订内部购销合同，履行集团化采购物资供应协议。各企业要简化内部购销合同审批程序。

物资装备部（国际事业公司）要及时向企业反馈总部直接集中采购和总部组织集中采购范围内进口物资采购的进度安排和合同执行情况。

集团化采购物资必须在中国石化物资采购电子商务网上实施采购。

3. 验收结算

企业负责集团化采购物资的接货和验收，对质量不合格的物资不准入库或投入使用。企业在货物及相关资料到达后，要在 20 个工作日以内完成设备类物资的验收；对于钢材、煤炭和化工原辅料等物资要在 10 个工作日以内验收完毕。特殊情况，经物资装备部（国际事业公司）同意后可适当延长验收时间。总部直接集中采购物资验收完毕后要及时向物资装备部（国际事业公司）返回集团化采购物资验收单。

总部直接集中采购物资货款和总部组织集中采购的进口物资货款，通过中国石化财务有限责任公司实行内部转账，依据集团化采购物资调拨单（或内部购销合同）、集团化采购物资验收单向企业结算。物资装备部（国际事业公司）统一留置供应商质量保证金。各企业不再留置质量保证金。

4. 检查和监督

物资装备部（国际事业公司）在集团化采购过程中，接受各企业对采购渠道、价格、质量、交货和服务等方面的监督。

物资装备部对各企业提报的集团化采购计划的及时性和网上订单的准确率进行考核和通报，对实施总部组织集中采购和授权集中采购的情况进行监督检查。

第五部分　中国石化供应商管理办法

一、供应商准入——供应商资格预审制、供应物资目录制

1. 注册

申请入网供应商登录中国石化供应商注册和管理信息系统（http：//supplier. sinopec. com）（以下简称供应商管理系统，目前使用的系统为中国石化物资采购电子商务平台，网址为 https：//ec. sinopec. com/supp/index. shtml），根据《供应商注册指南》进行注册，录入基本信息，上传相关资料。

2. 推荐

根据供应商申请供应物资品种不同，由不同单位进行推荐：

申请供应总部集中采购物资品种的供应商，由物资装备部业务处进行推荐。

申请供应企业自采物资品种的供应商，由企业物资供应部门或物资装备部（国际事业公司）〔以下简称部（公司）〕直属机构进行推荐。推荐单位按照中国石化供应商准入标准，审核申请入网供应商的基本信息、档案资料和资质，按照中国石化供应商现场考察标准组织供应商现场考察，审核、考察通过后，在部（公司）业务管理信息系统（以下简称业务管理系统）内写明推荐理由，上传现场考察报告。

现场考察评价标准主要内容：①供应商基本信息，包括供应商名称、经营范围、类型、资质证书等内容。②评价项目，包括供应商基本资质、质量保证体系、售后服务、供应商违约情况 4 个部分。③评价小组意见：包括供应商许可供应产品目录、评价结论和评价小组成员签字 3 个部分。

现场考察评价程序：①供应商填写基本信息以及基本资质、质量保证体系、售后服务 3 个部分的评价内容，并上传至供应商注册和管理信息系统。②推荐单位审核供应商资质，确定是否对供应商进行现场考察。在确定框架采购协议和重要采购合同的供应商之前，要对供应商进行风险评估，对于风险评估高的供应商，必须进行现场考察。③评价小组根据供应商评价标准逐项进行评价，如实填写得分情况。单项评价被判定否决、分项小计分数低于判定值、合计分数低于判定值的，网络外供应商拒绝加入中国石化供应商网络，网络内供应商暂停交易资格，限期整改或予以淘汰。④评价小组成员充分讨论，明确供应商许可供应产品目录，出具评价结论，并签字确认。

3. 审批

部（公司）业务处和直属机构推荐的供应商，由推荐单位通过业务管理系统，报物资装备部分管副主任、主任审批。

企业物资供应部门推荐的供应商，由推荐单位填写《中国石化供应商准入审批表》，报企业物资供应分管领导审批，并将审批结果（审批表）上传业务管理系统。

4. 建立电子档案

推荐单位在供应商管理系统内对审批通过的供应商进行配码确认，建立供应商电子档案。严格限定准入供应商许可供应产品目录，物资供应部门不得向供应商采购许可供应产品目录以外的物资。

二、供应商管理监控点

（1）凡供应物资用于生产装置、涉及生产建设安全的供应商，准入前必须进行现场考察。

（2）在重要合同或框架协议签订前，须对供应商进行风险评估，对风险评估高的供应商，必须进行现场考察。现场考察不合格的供应商不得交易。

（3）通过竞争方式择优选择供应商。任何单位和个人不得指定供应商，严格控制从中间商采购。凡独家采购必须报企业主管领导审批。

（4）实行供应商管理责任追究制。按照供应商准入"谁考察，谁负责"、供应商选用"谁采购，谁负责"的原则，落实管理责任。

三、供应商考核——动态量化考核办法

供应商动态量化考核得分＝（整体实力评分×20%）＋（供应份额评分×30%）＋（合同评分×40%）＋（网上报价率评分×10%）±（供应商奖惩情况评分）

1. 供应商整体实力评分

从财务资信、技术装备、质量管理、研发能力、市场竞争程度、仓储管理、检验管理等方面考核供应商整体实力。生产商总分为100分，代理商和流通商总分为80分。

2. 供应商供应份额考核评分

将供应商考核期内的累计合同金额作为该供应商供应份额考核评分依据，总分为100分。同物资品种中供应份额最大的供应商该项得分为100分，其他供应商的该项得分按其供应份额与该品种供应商最大供应份额的比例，由信息系统自动计算得出。公式如下：

其他供应商得分＝100×（该供应商供应份额/该品种供应商最大供应份额）

3. 供应商合同执行考核评分

由物资供应部门组织对交易供应商每笔合同（含框架协议项下的订单）的执行情况，按质量、价格、交货期、服务 4 个方面的标准进行评分，总分为 100 分。供应商合同执行考核得分选取考核期内各企业合同评分的算术平均值，由信息系统自动计算。

4. 供应商网上报价率考核评分

以供应商网上报价次数占向该供应商发出询价次数的百分比作为考核评分的依据，总分为 100 分。供应商考核期内的网上报价率乘以 100，得出其网上报价率考核得分，由信息系统自动计算。

5. 供应商奖惩情况考核评分

嘉奖在工程建设、重大装备和材料国产化、救灾抢险、原料供应、生产保障、装置抢修、新技术研发及应用等方面给予中国石化及时、有力支持，实现重大经济和社会效益的供应商，根据贡献分别在动态量化考核综合评分中给予 5 分、10 分、15 分、20 分的嘉奖分值。

对于存在违约行为的供应商，根据其违约事实及对中国石化生产建设物资供应的影响程度，分别给予警告、通报、暂停交易资格、取消中国石化供应商网络成员资格等处罚，同时在动态量化考核综合评分中扣减相应分值。

四、供应商绩效反馈——供应商年审制和供应商网络动态优化

企业每年对网络供应商的资质、经营状况、整体实力、业绩以及合作风险进行评估和审定，界定和调整与供应商的合作关系。

1. 清理无业绩供应商和供应商许可供应产品目录

集团公司物资装备部（以下简称物资装备部）每年对连续 2 年无交易业绩的供应商和供应商许可供应产品目录进行清理，在集团公司范围内公示后，取消相应供应商网络成员资格，停用相应供应商许可供应产品目录。

2. 清理主要资质超过有效期的供应商

物资装备部每月对网络内供应商的生产许可证、经营许可证等国家法律法规明确要求的重要资质有效期进行监控。在有效期到期前 1 个月，提示供应商更新相关资质材料，到期未更新的，取消其供应商网络成员资格。

3. 发布主要供应商排名

物资装备部、各直属单位每年按照物资品种类别，依据供应商历史供货业绩和动态量化考核结果，分别对集团化采购和企业自采物资供应商进行排队，经公示后发布主要供应商排名，并作为各单位编制采购策略的依据。各单位物资采购要向排名靠前的主要供应商倾斜。

4. 建立优胜劣汰的供应商准入与淘汰机制

批准新供应商加入中国石化供应商网络，原则上同步淘汰网络内相同许可供应产品目录中实力差的供应商。根据供应商在质量、价格、交货期和服务等方面的评定，分别给予警告、通报批评、暂停交易资格和取消供应商网络成员资格等处罚措施。

对出现如下情况之一的供应商，给予暂停交易资格的处罚：

资质年审不合格，限期未进行整改的；整体实力评分在 60 分以下的；综合评估供应风险高，整改不合格的；连续两年供应商动态量化考核评分排名后 10% 的；连续两年以上无交易业绩的。

如出现如下情况之一的供应商，给予取消供应商网络成员资格：

以佣金、回扣、咨询费、中介费等各种名义行贿的；期满、造价、围标的；不签订恪守商业道德协议的；给中国石化造成重大经济损失或重大不良影响的；其他违反国家法律法规或中国石化规定的。

5. 供应商资格恢复

供应商发生不良表现应首先按合同承担违约责任。供应商在实际履行完成合同违约责任后，并经整改符合中国石化供应商管理标准和要求，可以向中国石化申请恢复其网络成员资格。

不良表现国内供应商恢复网络成员资格时需与物资装备部签订《继续合作保证协议》，协议有效期 2 年，并按协议交纳供应商继续合作保证金（以下简称合作保证金）。供应商初次发生不良表现，恢复资格前交纳合作保证金 20 万元人民币；再次发生不良表现，恢复资格前交纳合作保证金 40 万元人民币；第三次发生不良表现，中国石化原则上将不再恢复该供应商网络成员资格，终止与该供应商的合作。

协议有效期内供应商发生一次不良表现，物资装备部按协议约定扣罚供应商交纳的全部合作保证金并中止其网络成员资格。协议有效期内供应商未发生不良表现，有效期结束后物资装备部原值返还供应商合作保证金。

第六部分 中国石化物资采购过程控制

一、质量控制

1. 主体职责

物资装备部负责集团公司物资供应质量管理制度建设，推进物资供应质量管理改革、创新，实施物资供应全过程质量监督管理。编制并组织实施集团公司物资供应质量工作计划，负责对重大物资供应质量问题进行调查处理，对各企业物资供应质量管理工作进行指导、协调和监管。

各企业应明确和落实设计单位或生产技术（机动）部门、使用部门和物资供应部门在设计或生产选型、供应商选择、技术协议与商务合同签订、加工生产过程、验收检验、储运和安装调试等物资供应关键环节的质量管理责任。

各企业物资供应部门负责本企业物资供应质量管理体系建设和制度建设；落实物资供应质量管理责任机构，并配备专职管理人员和必要的检验检测仪器及装备；组织制定本企业必检物资目录和质量控制措施等，负责编制并组织实施本企业物资供应质量计划；负责物资供应全过程质量管理和监督，负责组织对一般物资供应质量问题的及时调查和处理。

2. 重点管控要点

（1）需求计划提报部门应及时准确地提出所需物资质量标准、技术要求及合理的交货周期。

（2）需求计划审核管理部门必须对各单位提报的物资需求计划准确性严格审核把关。

（3）物资供应部门必须严格审查交易供应商的资质、装备水平、生产能力和质量保证能力。原则上重要合同签订前须对拟选供应商进行风险评估。

（4）物资供应部门在询价、谈判和签订合同时，必须明确所需物资的质量检验标准、技术要求、包装储运条件和质量违约责任。对于重要设备材料的采购，必须约定主要原材料和关键外协部件的外委单位资质、质量技术指标和验证方式，必要时可指定外委单位。

（5）对于重要设备材料，各企业要严格按照《中国石化重要设备材料监造管理办法》的规定要求实施监造（见附表2）。

附表2　物资质量分类控制策略

类别	物资重要程度	检验手段	控制措施	检验单位
A	用于主要装置，对石油石化产品有直接影响、材质特殊、价值高	驻厂监造	监造大纲，质量控制实施细则，周报，检验备忘录，巡检监造报告	监造单位
B	对石油石化产品有一定影响、周期较长、价值较高的设备和材料	点检、巡检、出厂检验	过程控制卡，巡检检验报告	物资供应和技术部门，使用单位
C	一般材料，备件易损，易耗物资	化学分析和检验	每项每批抽检，部分检验	检测部门

依据资质、监造业绩和应急处理能力，择优选择监造单位；监造单位编制监造大纲和监造实施细则，明确关键控制点，制定主要控制点检验，见证和出厂检验计划；监造单位建立监造日志，每周向物资供应部门报送监造报告，发现质量问题及时发放监造通知，督办落实整改措施，同时书面通报物资供应部门；制造完毕，监造单位根据合同质量条款和技术附件，做出明确的质量评价，合格后编制监造放行报告，签发放行。

（6）物资供应部门组织设计、生产等部门和使用单位共同对加工制造过程中关键节点进行质量巡检，设立质量过程控制卡，了解设备材料加工制造各节点质量控制情况；出厂发货前，实施出厂检验。质量检验验收部门必须严格按合同质量条款或技术协议、设计文件和图纸、检验标准或检验大纲等进行验收检验，仔细核对出厂质量证明资料，做好验收检验记录（报告）。

（7）物资供应部门必须建立质量问题台账，如实记录日常物资供应中发现的质量问题，并于每月28日前向集团公司物资装备部进行报告，实行质量问题零报告制度。重大物资供应质量问题，须在2小时内口头上报，并在12小时内书面上报。

（8）质量回访和跟踪。采取现场走访、座谈会和问卷调查等方式，定期向物资使用部门收集在用物资的质量状况和存在问题，建立重要物资质量档案，制定整改措施并及时向供应商反馈。

（9）对于存在质量问题的物资，各企业要积极组织进行处理，物资供应部门要及时办理退货、更换或让步接收以及索赔事宜。另外，可以建立质量保证金或质量保函制度。使用试用过程中出现质量问题，可以由使用部门提出意见，物资供应部门核实，生产和技术部门共同研究，财务部门根据研究意见，冻结合同约定的质量保证金，问题处置完成后，需要供应商进行赔偿的，扣除保证金。

3. 检查与监督

物资装备部负责定期对集团内部物资供应质量工作进行监督、检查和考核。各企业要对设计选型、供应商选择、签订技术协议与商务合同、加工生产过程、验收检验、储运和安装调试等任何环节发生的质量问题进行考核，追究相关部门及人员质量责任。对发生质量问题的供应商，要视情节轻重，给予警告、通报、暂停交易资格、取消供应商网络成员资格等处罚。

二、价格控制

1. 加强市场研究

研究市场现状和发展趋势，及时准确获取市场价格信息，有助于争取主动，把握时机，降低采购成本。主要内容包括政策导向、法律法规、技术进步、自然条件；资源供给量、供应商分布、物资品质、互换性、使用寿命、保质期、供货周期等；物资市场价格定位、竞争程度、价格走势等。

对以上内容进行研究后，可以提前锁定资源，确保及时供应；合理确定采购价格；调整采购节奏，避峰就谷，捕捉最佳采购时机；识别恶性竞争，防范采购风险；实施理性采购，改善供需合作关系。

2. 价格比对分析

（1）建立价格数据库，包括市场价。跟踪对比市场实时物资价格，收集专业权威机构发布的当期市场物资价格及价格变化趋势；参考价：依据历史采购价格、当前市场价格和变动趋势，利用价格公式或价格模型等进行分析，发布物资采购参考价格；执行价：经招标或联合谈判，确定物资采购的执行价格。

（2）价格比对分析。发布执行价范围的物资品种，遵照执行价确定物资采购价格；将供应商报价与参考价进行比对，高于参考价，依据参考价与供应商商谈，进一步下浮报价后确定采购价格；将供应商报价与历史成交价和当期采购价格进行比对，分析与历史或当期成交最低价、最高价及平均价的差异，判断供应商报价的合理性；将供应商报价与市场价格变动趋势进行比对分析，判断供应商报价的合理性；将供应商报价与产品成本构成进行比对分析，判断供应商报价的合理性。

3. 公开竞争

（1）对于买方市场和竞争充分的物资而言，采用询比价、招标、动态竞价等采购方式，原则上必须选择三家以上实力相当、产品档次相同的供应商参与竞争。

（2）避免独家采购。对专利、专有技术或产品，应寻找替代品，对长期依赖进口的垄断产品，推进国产化，打破价格垄断。

（3）要识别明显低于产品制造技术、不能满足制造周期的恶意报价，防范供应风险。

4. 厂家直供率

设置厂家直供率指标进行考核，减少中间环节，以达到节约成本的目的。

三、进度控制

1. 制订进度控制方案

按照物资的重要性、制造周期及需求时间要求，将进度控制分为四个等级，见附表3，并明确相应级别负责人。依据合同约定的交付进度和物资特性，审核供应商加工制造进度网络图，明确关键控制节点，编制进度控制图表。主要包括图纸确认时间、原材料或重要外协件到货时间、加工制造进度（关键工序加工完成时间)、组装完成时间、检验测试时间、出厂时间和最终资料交付时间等阶段。

附表3 进度控制

等级	物资重要程度	典型物资	进度控制环节和方法
一级	长周期，关键设备	塔类、反应器、锅炉、压缩机、裂解炉、球罐等	召开开工会、协调会，驻厂催交监控，每周报告进度，督办材料提交及确认进度，定期进行检查，监控运输方案的落实
二级	重要设备，原辅料	石油钻机、换热器、变压器、泵、化工原料等	定期现场察看与定时电话询访相结合，并报告进度，必要时驻厂催交
三级	重要材料	石油地质专用管、工艺管线、大型焊接 H 型钢等	现场巡检与定时电话询访相结合
四级	一般设备材料	低压阀门、电器仪表、通用设备、一般钢材等	定期电话询访

2. 强化催交管理

（1）督促供应商编制并提交合同规定的相关文件资料，包括制造计划、图纸资料、制造状态报告等。

（2）掌握供应商设计进度、排产计划、材料到货、制造进度、设备和人员配备等实际情况。

（3）及时撰写和反馈催交报告。供应商报告：供应商定期提交合同执行状态报告，对影响计划进度的关键环节，包括订货计划、加工周期、实际制造情况和到货情况，提供详细的报告；催交人员报告：催交人员要关注宏观政策、供需状况、市场行情变化及供应商经营情况、生产饱和程度等影响因素，根据加工制造各节点完成情况、风险比对分析情况，定期更新进度控制报告，包括合同执行状态、预计对总进度的影响、可能发生供货延期的原因和补救措施等；报警报告：催交人员发现供应商有可能无法按时交货时，要立即提交报警报告，并向负责人汇报，提出相应解决措施。

3. 建立信息沟通与协调机制

（1）按照合同约定或开工会确定的时间，跟踪、督促资料交付进展情况。

（2）供应商及时报告加工制造信息，重要设备至少每月报告一次制造进度。

（3）物资供应部门及时召开协调会，重点工程建设项目至少每月召开一次，协调解决物资供应问题。根据生产制造进度情况及市场变化等因素，更新进度控制方案，及早采取措施确保进度。

（4）按照合同约定，及时协调财务部门按付款条件支付预付款、进度款。

（5）合同约定在供应商生产、制造过程中需要检验的物资，催交人员要及时联系检验人员进行检验。检验不符合要求的，要督促供应商尽快整改并再次检验。

（6）在供应商供货后，要及时通知储备部门或现场准备接货。到货后如有盈、缺、损等问题，要查明原因并及时反馈给供应商和相关部门。

4. 化解进度控制风险

当交货进度可能延迟或催交遇到困难时，可以考虑采取如下措施：

（1）提高进度控制等级，由高级别人员到厂催交，召开催交会议，制定应对措施，调整制造计划。

（2）对影响供应商生产、制造进度的原材料，经设计部门批准后可变更或代用。

（3）因运输问题影响到货时间，要调整运输方案，改变运输方式，确保及时到货，如船运改空运等。

（4）由于不可抗拒原因造成交货延期的，供应商必须出示权威部门的书面证明文件。

四、资金控制

1. 建立采购资金授权审批体系

（1）严格界定授权审批的权限和责任。企业根据采购与付款业务的重要性、金额大小的不同进行分级授权，合理设置采购与付款业务的机构和岗位，确定各个层次的职责及审批权限。采购与付款严格按程序操作，严格按审批权限执行。未经审核和批准，不得采购，不得付款。严禁未经授权或越权采购和付款，防止资金失控。

（2）实行不相容岗位分离。将采购与申请付款项分离，货款支付与付款审批相分离，应付款项核算与出纳相分离，加强不相容业务环节的内部控制。

（3）加强授权审批的监督。对采购及付款业务流程的资金授权审批执行情况进行定期或不定期的检查，防止不适当授权或违规操作，建立监控防线。审计、监查等部门定期对资金支付与审批情况进行监督检查。

2. 采购资金集中使用控制

由集团总部实施的集中采购，实行集团内部转账结算。企业自行采购所需资金由物资供应部门统一使用，由财务部门统一对外结算。采购资金支付由物资供应部门过程控制岗或计划岗位人员，依据采购合同或集团总部供应物资调拨单、入库单、发票等付款凭据填制付款申请，按规定权限审批后提交财务部门，财务人员核实无误后付款。

3. 采购资金预算管理控制

（1）编制采购资金预算。采购资金预算分年度、季度和月底预算，由物资供应部门具体负责，财务、计划、技术等部门共同参与修订。结合生产经营和工程建设的实际需求，充分调研，编制采购资金预算，尽可能细化到物资类别、采购数量、规格型号、采购金额等，提高预算的透明度、准确度，保证资金预算的真实、准确及落实的可靠性。

（2）执行和平衡采购资金预算。采购资金预算审批下达后，严格按预算执行实际采购任务，做好预算控制。预算执行过程中，定期组织召开预算平衡会，审核采购资金预算的合理性、准确性及预算执行情况，并汇总平衡。预算平衡一经审核批准，即成为新的预算执行依据，不得任意改变或调整。

4. 采购资金使用计划控制

（1）将资金使用计划细化到合同、时间，按计划控制使用。

（2）物资供应部门及时向财务部门提出资金使用计划，包括合同号、收款单位、金额、付款方式、付款日期等内容。

（3）财务部门注意审核提报的资金使用计划是否经过审批，欠款是否已到合同约定的付款期等。对计划外的款项支付，必须按照规定履行审批手续方可支付。

（4）定期考核资金使用计划的准确性，并通报考核情况。

5. 采购资金支付控制

（1）制定采购资金支付策略。大宗、通用、重要物资资金优先保证；相对于一般供应商，给予战略供应商、主力供应商更为优惠的付款政策，相对于制造商，对中间商采取比较严格的付款政策；市场供需资源紧缺时，采用宽松的付款政策，市场价格持续上涨时，应捕捉有利的付款时机；生产经营和工程建设急需的物资，优先保障资金。

（2）选择合适的资金结算方式。根据资金支付策略、付款期限、付款条件（如提前付款、即期付款、分期付款、延后付款等）选择相应的付款结算方式，如支票、汇票、汇兑、委托收款、托收承付、信用证等形式。

（3）严格资金借结算审核。办理付款结算前，检查付款申请是否经过审批，是否符合付款期限、付款条件等合同约定条款，审核提交的原始凭证内容是否齐全完整，数量金额是否正确。按合同对外支付的款项，必须与合同标的价格、数量、质量及金额相匹配，必须在合同约定条款满足后才能予以结算。

（4）加强预付款和进度款管理。建立预付款额度审核规定，支付审批程序与及时冲销责任制度。只对信誉好、产品质量稳定可靠的供应商实行预付款方式。工程建设项目所需的重要原材料、长周期设备，按交货进度、质量情况控制付款。长周期设备建造，提供由监造人员审核的制造进度，质量证明材料后，可以按照设备制造进度申请支付进度款。预付的进度款，在设备完工后要及时跟进、及时结算。

第七部分 中国石化物资供应绩效考核管理办法

一、考核主体和职责

物资装备部负责建立物资供应管理绩效考核评价体系，对企业物资供应管理工作进行考核评价，对企业物资供应绩效考核工作进行指导和监督。物资装备部每季度按专业、板块对考核结果进行比对、分析、排名和通报。季度、年度绩效考核分板块排名靠后的企业要分析问题，查找原因，制定措施，积极改进。

各企业负责将物资供应管理绩效考核指标纳入本企业绩效考核体系，负责组织实施物资供应绩效考核工作。各企业要对每季度物资供应管理绩效考核指标完成情况进行分析，并将分析报告于次季度首月 15 日前上报物资装备部。各企业要对物资供应工作绩效进行考核，应成立由物资供应主管领导任组长、相关部门参加的物资供应管理绩效考核领导小组，制定相应的绩效考核实施细则，明确奖惩措施并落实兑现。

二、绩效考核重点内容及方法

(一) 定量考核

1. 需求计划管理

主要考核企业物资需求单位及计划、生产、设计、技术、机动、工程等部门掌握物资消耗规律，按照合理的采购周期，准确、及时提报物资需求计划的情况。考核指标为需求计划达标率，由需求计划准确率和需求计划及时率两项分指标构成。

需求计划达标率＝需求计划准确率×50%＋需求计划及时率×50%

需求计划准确率＝（1-变更需求计划项数/需求计划总项数）×100%

需求计划及时率＝（月度需求计划项数/月度需求计划总项数）/n×60%＋（按合理制造周期提报的长周期设备材料需求计划项数/长周期设备材料需求计划项数）×100%×40%

n＝1，2，3，…，12

2. 业务模式改造

主要考核企业打破"一单一询价、一单一谈判、一单一签约、一单一结算"的传统采购业务模式，集合一段时间和不同空间的物资需求，通过集中招标或联合谈判确定少数优秀供应商，并签订框架协议、执行订单操作一揽子采购的工作情况。考核指标为框架协议采购率。

框架协议采购率=框架协议项下合同（订单）金额/物资采购总额×100%

3. 储备管理

主要考核企业推进库存资金占用责任主体调整、控制储备规模、推进积压物资调度调剂和改代利用、优化库存结构、加快储备资金周转的工作情况。考核指标为储备管理达标率。由总库存资金周转次数，钢材、三剂及设备配件库存资金周转次数，积压物资减少比率3项分指标构成。

总库存资金周转次数=物资消耗金额/总库存资金平均占用额

钢材、三剂及设备配件库存资金周转次数=钢材、三剂及设备配件消耗金额之和/钢材、三剂及设备配件库存资金平均占用额

积压物资减少比率=（上年末积压物资金额-本年报告期末积压物资金额）/上年末积压物资金额×100%

4. 采购成本控制

主要考核企业物资供应部门在保证安全供应、及时供应的前提下，建立健全物资采购价格管理体系，强化市场分析研究，控制采购价格的工作成效。考核指标为采购资金节约率。

采购资金节约率=资金节约金额/物资采购总额×100%

节约采购资金=概算金额或标底金额-成交金额或中标金额
=（平均报价或出厂价格-成交价格）×数量

5. 供应商管理

主要考核企业在优化供应商结构、实施业绩引导订货、培育主力供应商群体、推进厂家直购、不断强化供应商关系管理、有效控制供应风险的工作情况。考核指标为供应商管理达标率，由供应商平均供应份额和厂家直供率两项分指标构成。

供应商管理达标率=供应商平均供应份额（指标得分）×50%+厂家直供率×50%

供应商平均供应份额=供应商供应金额/交易供应商数量

厂家直供率=厂家采购金额/物资采购金额×100%

（二）定性考核

1. 年度重点工作推进情况

考核企业推进物资供应管理年度重点工作的质量和效果。

2. 网上采购质量

考核企业实施网上采购、提高网上采购质量的工作情况。

3. 业务公开

考核企业推进物资采购业务过程公开、信息公开、结果公开，实施集中会审和开门采购的工作进展情况。

4. 安全供应

考核企业保证生产建设物资供应质量和及时供应的工作情况。

5. 职业道德建设

考核企业强化职业道德教育、执行"六条禁令"、防控职业道德风险的工作效果。

第八部分　中国石化治理商业贿赂六条禁令

一、严禁索取和收受供应商的贵重礼品和礼金，不得占用供应商的车辆、房屋、办公设施等财产

二、严禁索取和收受供应商的各种佣金、回扣、咨询费、中介费等各种费用

三、严禁向供应商报销应由本单位和本人支付的各类公、私费用

四、严禁在供应商及其所属企业投资参股、合伙经营、挂名任职

五、严禁在家中或非办公场所与供应商洽谈业务，严禁一人单独与供应商洽谈业务

六、严禁利用职权和工作之便为本人及亲戚牟取私利或从事中介活动牟取非法利益